创优导航

数学导学基础模块

（下册）

主　编　黄志文

副主编　黄峥嵘　蔡　进　黄立辉　杨丽君　邓化祥

编委会成员（排名不分先后）：

黄志文　黄峥嵘　杨丽君　黄立辉　邓化祥

文寒冬　李纯英　陈伏林　蔡　隽　谢雁飞

熊多明　李铁军　石爱莲　蔡　进　刘　勇

吴春雷　孙际满　云　慧　徐会兵　陈学军

邹祚兵　王建勇　许　睿　周春耕　王伟军

北京理工大学出版社

BEIJING INSTITUTE OF TECHNOLOGY PRESS

图书在版编目（CIP）数据

数学导学基础模块.下册/黄志文主编. —北京：北京理工大学出版社，2019.12重印

ISBN 978-7-5682-3211-1

Ⅰ.①数…　Ⅱ.①黄…　Ⅲ.①数学课–中等专业学校–教学参考资料　Ⅳ.①G634.603

中国版本图书馆CIP数据核字（2016）第238679号

出版发行 / 北京理工大学出版社有限责任公司
社　　址 / 北京市海淀区中关村南大街5号
邮　　编 / 100081
电　　话 / （010）68914775 (总编室)
（010）82562903 (教材售后服务热线)
（010）68948351 (其他图书服务热线)
网　　址 / http：//www.bitpress.com.cn
经　　销 / 全国各地新华书店
印　　刷 / 定州市新华印刷有限公司
开　　本 / 787毫米×1092毫米　1/16
印　　张 / 14.25
字　　数 / 330千字
版　　次 / 2019年12月第1版第3次印刷
定　　价 / 32.00元

责任编辑 / 张荣君
文案编辑 / 张荣君
责任校对 / 周瑞红
责任印制 / 边心超

前言 PREFACE

本书是为了帮助学生轻松高效地学好中等职业教育课程改革国家规划新教材《数学》基础模块下册而开发的学习指导用书．全书紧扣新教材和新教学大纲，突出了职教特色，比较全面、详细地讲解了教材中所有的知识点，突出了重点，突破了难点．例题、习题难易适中，可操作性强，材料新颖、注重原创，讲解精当、注重启发，力求方法的讲解、技能的训练与能力的提升逐步到位．本书既是一本学生的学习指导书，又是一本教师的教学参考书，还可作为学生参加普通高等学校对口招生考试的复习用书．

本书按照中等职业教育课程改革国家规划新教材《数学》基础模块下册的章节顺序编写，每节均由以下几个部分构成：

第一部分，学习目标点击，全面呈现了本节教材的主要学习内容和认知要求，让学生明白本节的学习要求以及努力学习的方向和应达到的程度，便于学生作学习过程中的自我评价．

第二部分，知识要点聚焦，对本节知识作了比较系统的归纳和总结，对教材中的重点、难点与疑点作了恰当的解析，使之各个击破，以扫清学生学习中的障碍，进而提高学习效率．

第三部分，题型分类剖析，根据教材内容、学习目标和学生的认知水平，结合相关例题分类剖析了本节教学内容所涵盖的重点题型，采用“点拨、尝试、示范、反思”的学习模式，帮助学生启迪思维，打开解题思路，培养科学的思维方法和推理能力以及运用所学知识解决问题的能力，进而掌握重点、突破难点.

第四部分，认知强化训练，让学生在练中学、在练中悟、在练中举一反三，触类旁通，积累解题经验，提高解题能力.

本书配有单元检测试卷和期中、期末检测试卷，方便师生使用. 书末提供了第四部分中认知强化训练题和单元检测试卷与期中、期末检测试卷的答案或解析，便于学生自学，以引领学生形成良好的学习习惯.

全书注重知识的迁移和能力的培养，坚持“低起点、高品位”的统一，是学生学好数学不可或缺的一本参考书.

本书在编写过程中，得到了广大同仁和编者所在单位的支持，在此表示感谢.

虽然，我们抱着严谨务实的态度，力求完美，但因水平有限，本书难免有不足和疏漏之处，敬请各位读者批评指正. 如有赐教，请发电子邮件至hzw966@126.com.

编　者

目录
CONTENTS

第 6 章　数　列

§6.1　数列的概念

学习目标点击

1. 理解数列的有关概念和数列的分类.

2. 了解数列与函数的关系，培养学生观察分析问题的能力.

3. 理解数列通项公式的意义，能根据通项公式写出数列的任意一项，能根据数列的前几项写出它的通项公式.

4. 体会数学与生活的密切联系，提高学习数学的兴趣.

知识要点聚焦

知识要点一　数列的概念

1. 数列的定义

按照一定顺序排成的一列数叫做数列．数列中的每一个数叫做这个数列的项，各项依次叫做这个数列的第 1 项(或首项)，第 2 项，第 3 项，……，第 n 项，…….

2. 数列的表示方法

数列的一般形式可以写成 a_1，a_2，a_3，…，a_n，…，此数列简记作 $\{a_n\}$，但是数列 a_1，a_2，…，a_n，…不能写成 $\{a_1, a_2, \cdots, a_n, \cdots\}$. 例如，数列 1，$\frac{1}{2}$，$\frac{1}{3}$，…，$\frac{1}{n}$，…简记作 $\left\{\frac{1}{n}\right\}$. 数列中的项一般用字母加右下角码表示，其中右下角码为项的位置序号.

3. 理解数列的概念要注意以下三点

(1)数列中的数是按一定顺序排列而成的. 如果组成两个数列的数相同而排列次序不

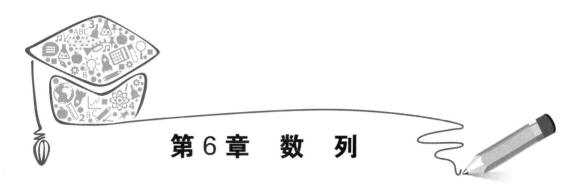

同，那么它们就是不同的数列，例如，数列 1，2，3，4，5 与数列 5，4，3，2，1 就是两个不同的数列.

(2)同一个数在数列中可以重复出现.

(3)数列的项与项数是两个不同的概念．数列的项是这个数列中的某一个确定的数，是一个函数值，相当于 $f(n)$，即为位置序号的函数；而项数是指这个数在数列中的位置序号，它是自变量的值，相当于 $f(n)$中的 n.

知识要点二　数列的通项公式

1. 数列的通项公式

如果一个数列的第 n 项(即通项)a_n 与项数 n 之间的关系可以用一个公式来表示，那么这个公式叫做这个数列的通项公式.

2. 理解数列的通项公式要注意以下五点

(1)数列的通项公式是一个以正整数集 $\mathbf{N}^*$ 或它的有限子集$\{1，2，\cdots，n\}$为定义域的函数的表达式.

(2)并非所有的数列都有通项公式.

(3)若已知一个数列的通项公式，则依次用 1，2，3，…去替代公式中的 n 就可以求出这个数列的各项.

(4)用数列的通项公式可以判断一个数是否是该数列中的项.

(5)数列的通项公式一般不唯一. 一个数列的通项公式，必须适合于数列中的任何一项.

知识要点三　数列的分类

1. 按数列的项数分类

(1)有穷数列. 项数有限的数列叫做有穷数列. 如数列 1，2，3，…，100.

(2)无穷数列. 项数无限的数列叫做无穷数列. 如数列 1，2，3，….

2. 按前后两项的大小分类

(1)递增数列. 如果数列$\{a_n\}$中，从第 2 项起，每一项都大于它的前一项，即 $a_{n+1}>a_n$，则称数列$\{a_n\}$为递增数列.

(2)递减数列. 如果数列$\{a_n\}$中，从第 2 项起，每一项都小于它的前一项，即 $a_{n+1}<a_n$，则称数列$\{a_n\}$为递减数列.

(3)摆动数列. 如果数列$\{a_n\}$中，从第 2 项起，有些项小于它的前一项，有些项又大于它的前一项，则称数列$\{a_n\}$为摆动数列.

(4)常数列. 各项都相等的数列叫做常数列.

3. 按各项的绝对值是否都超过某个正数来分类

(1)有界数列. 如果数列$\{a_n\}$中，任何一项的绝对值都小于某一个正数 M，即$|a_n|<$

$M(M>0)$，则称数列$\{a_n\}$为有界数列．如数列$\{a_n\}$：1，$\frac{1}{2}$，$\frac{1}{3}$，…，$\frac{1}{n}$中，$|a_n|<1$，故该数列为有界数列．

(2)无界数列．如果数列$\{a_n\}$中，任何一项的绝对值不都小于某一个正数 M，则称数列$\{a_n\}$为无界数列．

题型分类剖析

题型一　根据一个数列的前几项写出通项公式

例 1　根据数列的前几项，写出下列各数列的一个通项公式：

(1)1，-1，1，-1，…；　　(2)2，6，12，20，…；

(3)0，3，8，15，24，…；　　(4)2，$\frac{5}{2}$，$\frac{13}{4}$，$\frac{33}{8}$，$\frac{81}{16}$，….

【分析】用观察法考察数列中的每一项与它的序号之间的对应关系，并归纳各项数值的变化规律．

【解答】(1)原数列可以改写为$(-1)^2$，$(-1)^3$，$(-1)^4$，$(-1)^5$，…，因此数列的一个通项公式是 $a_n=(-1)^{n+1}$．

(2)原数列可以改写为 $1\times(1+1)$，$2\times(2+1)$，$3\times(3+1)$，$4\times(4+1)$，…，因此数列的一个通项公式是 $a_n=n(n+1)$．

(3)原数列可改写为 1^2-1，2^2-1，3^2-1，4^2-1，5^2-1，…，因此数列的一个通项公式是 $a_n=n^2-1$．

(4)原数列可改写为 $1+1$，$2+\frac{1}{2}$，$3+\frac{1}{4}$，$4+\frac{1}{8}$，$5+\frac{1}{16}$，…，即 $1+\frac{1}{2^0}$，$2+\frac{1}{2^1}$，$3+\frac{1}{2^2}$，$4+\frac{1}{2^3}$，$5+\frac{1}{2^4}$，…，因此数列的一个通项公式为 $a_n=n+\frac{1}{2^{n-1}}$．

【反思】(1)已知数列的前几项写通项公式实际上是寻找数列的第 n 项与项数 n(序号)之间的内在关系．通过观察分析已知的几项的构造规律，先找出各项中相同的部分，再找出不同部分与序号之间的关系．有时也将数列各项的结构形式加以变形，即将数列的各项分解成若干个基本对应项的"和""差""积""商"后再来写出它的通项公式．这就要求我们熟悉诸如正整数数列、正奇(偶)数数列、正整数的平方数数列、正整数的倒数数列等基本数列．(2)正负符号相间用$(-1)^n$或$(-1)^{n+1}$来控制，这是由于 n 和 $n+1$ 的奇偶性相反．(3)项是分式形式的数列，分子和分母分别找通项．(4)根据数列的前几项写通项公式，结果一般不唯一．

题型二　通项公式的简单运用

例 2　已知数列$\{a_n\}$的通项公式是$\{a_n\}=\frac{(-1)^{n+1}}{3n-1}$．

(1)求数列的第 3 项.

(2)判断$\frac{1}{26}$是不是这个数列中的项，如果是，是第几项?

【分析】令通项公式中的 $n=3$，即可求得第 3 项.

【解答】(1)因为 $a_n=\frac{(-1)^{n+1}}{3n-1}$，所以 $a_3=\frac{(-1)^4}{3\times3-1}=\frac{1}{8}$，即第 3 项为$\frac{1}{8}$.

(2)由$\frac{(-1)^{n+1}}{3n-1}=\frac{1}{26}$得 $n=9$.

因此，$\frac{1}{26}$是数列$\{a_n\}$中的项，并且是第 9 项.

【反思】判断一个数是否为该数列中的项，可以根据通项(即第 n 项)等于这个数来解关于n的方程而解出 n，若 n 为正整数，则这个数是数列中的项，反之，这个数不是数列中的项.

认知强化训练

1. 下列说法正确的是(　　)

   A. 数列中的数是有次序的，不能重复出现

   B. 数列 2，4，6，9，7 与数列 2，4，6，7，9 是相同的数列

   C. 一个数列的通项公式不一定存在，如果存在，则一定唯一

   D. 在每个数列中，首项是唯一的

2. 已知数列 2，4，6，8，…，$2n$，…，它的第 10 项是(　　)

   A. 18　　B. 19　　C. 20　　D. 21

3. 已知数列$\{a_n\}$，且 $a_n=n^2-2n$，则 $a_5=$(　　)

   A. 15　　B. 16　　C. 17　　D. 18

4. 若数列$\{a_n\}$的前四项分别是 4，8，16，32，则此数列的一个通项公式是(　　)

   A. $a_n=2^n$　　B. $a_n=2^{n+1}$　　C. $a_n=2n+2$　　D. $a_n=4n$

5. 已知数列的通项公式 $a_n=\frac{3n+1}{2n-3}$，则 $a_1=$________.

6. 数列-2，3，8，13，18，23 共有________项，第 4 项为________.

7. 按数列项数来分类，数列 1，2，3，…，10000 是________数列；数列 1，2，3，…是________数列.

8. 数列$\left\{(-1)^n\frac{2n-1}{2n+1}\right\}$的第 3 项是________.

9. 已知数列$\{a_n\}$的通项公式为$a_n=(-1)^n\cdot\frac{1}{2n-1}$，求 a_1，a_5，a_6，a_{2n+1}.

10. 已知数列$\{a_n\}$的通项公式是$a_n=\frac{n^2-1}{n^2+1}$.

(1)求这个数列的第 5 项.

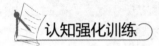

(2) $\frac{99}{101}$ 是不是这个数列中的项？若是，求是第几项.

§6.2　等差数列

学习目标点击

1. 理解等差数列的定义、通项公式以及等差中项的概念.
2. 理解数列的前 n 项和及等差数列的前 n 项和公式.
3. 会运用等差数列的通项公式和前 n 项和公式解决较简单的问题.
4. 培养观察、分析、归纳、推理的能力，渗透由特殊到一般的思想方法.

知识要点聚焦

知识要点一　等差数列的概念

1. 等差数列的定义

(1)文字语言：如果一个数列从第 2 项起，每一项减去它的前一项所得的差都等于同一个常数，那么这个数列叫做等差数列．这个常数叫做等差数列的公差，通常用字母 d 表示．

(2)符号语言：在数列 $\{a_n\}$ 中，若 $a_{n+1}-a_n=d$(d 为常数)，则称数列 $\{a_n\}$ 为等差数列，常数 d 叫做这个等差数列的公差.

2. 理解等差数列要注意以下五点

(1)如果一个数列不是从第 2 项起，每一项与它前一项的差是同一个常数，那么该数列不是等差数列.

(2)一个数列从第 2 项起，每一项与它的前一项的差，即使等于常数，这个数列也不一定是等差数列，只有当它们的差等于同一个常数时，该数列才是等差数列.

(3)根据等差数列的定义，求公差 d 时，可用 $d=a_{n+1}-a_n$，也可用 $d=a_n-a_{n-1}(n\geqslant 2)$来求.

(4) $d=a_n-a_{n-1}(n\geqslant 2)$ 或 $d=a_{n+1}-a_n$ 是证明或判断一个数列为等差数列的依据.

(5)公差 $d\in\mathbf{R}$. 当 $d=0$ 时，数列为常数列；当 $d>0$ 时，数列为递增数列；当 $d<0$ 时，数列为递减数列.

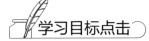

知识要点二　等差数列的通项公式

1. 等差数列的通项公式

(1)$a_n=a_1+(n-1)d$.

(2)$a_n=a_m+(n-m)d$.

2. 通项公式的作用

通项公式是数列的“密码”，利用等差数列的通项公式可以判断一个数是不是该数列中的项．由 $a_n=a_1+(n-1)d$. 可知，知道 a_n，a_1，n，d 中任意三个便可求出另一个，即“知三求一”. 利用 $a_n=a_m+(n-m)d$. 有时可以快速求出 a_n. 由通项公式可知 $d=\frac{a_n-a_1}{n-1}$或$d=\frac{a_n-a_m}{n-m}$，利用它可以快捷地求公差.

知识要点三　等差中项

若 3 个数 a，A，b 成等差数列，则 A 叫 a，b 的等差中项，且 $A=\frac{a+b}{2}$. 反之，若$A=\frac{a+b}{2}$，则称 A 为 a，b 的等差中项，它是三数 a，A，b 成等差数列的充要条件．若 a，b，c 三个数成等差数列，则 $b=\frac{a+c}{2}$，$2b=a+c$，$b-a=c-b$，$a-b=b-c$.

在等差数列中，从第 2 项起，每一项(有穷等差数列的末项除外)都是它的前后相邻两项的等差中项.

知识要点四　等差数列的主要性质

1. 在等差数列$\{a_n\}$中，若 $m+n=p+q$，则 $a_m+a_n=a_p+a_q$.

2. 等差数列$\{a_n\}$的公差 $d=\frac{a_n-a_1}{n-1}$或 $d=\frac{a_n-a_m}{n-m}$.

知识要点五　数列的前 n 项和

对于任意数列$\{a_n\}$，它的前 n 项和 S_n 是指 $a_1+a_2+\cdots+a_n$，记作 $S_n=a_1+a_2+\cdots+a_n$，显然，当 $n=1$ 时，$a_1=S_1$；当 $n\geqslant 2$ 时，$a_n=S_n-S_{n-1}$.

于是，便有如下数列的通项与前 n 项和的关系式：$a_n=\begin{cases}S_1, & n=1,\\ S_n-S_{n-1}, & n\geqslant 2.\end{cases}$

知识要点六　等差数列的前 n 项和

1. 等差数列的前 n 项和公式

(1)$S_n=\frac{n(a_1+a_n)}{2}$.

(2)$S_n=na_1+\frac{n(n-1)}{2}d$.

2. 理解和运用等差数列前 n 项和公式，要注意以下三点

(1)等差数列的求和公式有两个，共涉及 a_1，a_n，S_n，n，d 五个量，通常已知其中三个，可求另外两个，其方法为解方程或方程组.

(2)当已知首项 a_1，末项 a_n 和项数 n 时，可用公式 $S_n=\frac{n(a_1+a_n)}{2}$ 来求和.

(3)当已知首项 a_1，公差 d 和项数 n 时，可用公式 $S_n=na_1+\frac{n(n-1)}{2}d$ 来求和.

题型分类剖析

题型一　等差数列的定义及其运用

例 1　已知数列$\{a_n\}$的通项公式为 $a_n=-2n+1$，该数列是否为等差数列.

【分析】利用等差数列的定义，证明 $a_n-a_{n-1}(n\geqslant 2)$ 是否为常数．若为常数，则是等差数列；反之，不是等差数列.

【解答】因为数列$\{a_n\}$的通项公式为 $a_n=-2n+1$，所以 $a_n-a_{n-1}=(-2n+1)-[-2(n-1)+1]=-2(n\geqslant 2)$.

因此，该数列为等差数列.

【反思】判定一个数列是否为等差数列的常用方法有定义法，即利用 $a_n-a_{n-1}(n\geqslant 2)$ 或 $a_{n+1}-a_n=$常数．也可利用等差中项法，即利用 $2a_n=a_{n-1}+a_{n+1}(n\geqslant 2)$．要判定三个数 a，b，c 是否成等差数列，常用等差中项法，即判定 $2b=a+c$ 是否成立即可.

题型二　等差数列的通项公式

例 2　已知数列$\{a_n\}$为等差数列，试分别根据下列条件写出它的通项公式.

(1)$a_2=8$，$a_7=28$.

(2)前三项依次为 m，$m-3$，$2-m$.

【分析】写出等差数列的通项公式，一般需要先求出它的首项 a_1 和公差 d，再代入 $a_n=a_1+(n-1)d$ 即可.

【解答】(1)解法 1：设公差为 d，则$\begin{cases}a_2=a_1+d=8,\\a_7=a_1+6d=28,\end{cases}$解之得$\begin{cases}a_1=4,\\d=4.\end{cases}$

所以 $a_n=a_1+(n-1)d=4+4(n-1)=4n$.

故数列$\{a_n\}$的通项公式为 $a_n=4n$.

解法 2：因为公差 $d=\frac{a_n-a_m}{n-m}=\frac{a_7-a_2}{7-2}=\frac{28-8}{5}=4$，

所以 $a_n=a_m+(n-m)d=a_2+(n-2)d=8+4(n-2)=4n$.

故数列 $\{a_n\}$ 的通项公式为 $a_n=4n$.

(2)因为 m，$m-3$，$2-m$ 是等差数列的前三项，

所以 $2(m-3)=m+(2-m)$，解之得 $m=4$.

于是公差 $d=(m-3)-m=-3$，$a_n=a_1+(n-1)d=4+(n-1)\times(-3)=-3n+7$.

故数列 $\{a_n\}$ 的通项公式为 $a_n=-3n+7$.

【反思】已知等差数列的任意两项，可利用基本量法(列方程或方程组)求出其公差，也可利用其通项公式来求公差.

题型三　等差数列的性质运用

例 3　设 $\{a_n\}$ 为等差数列，且 $a_2+a_3+a_4+a_5+a_6=20$，求 a_1+a_7 的值.

【分析】注意到 $1+7=2+6=3+5=4+4$，则可利用等差数列的性质：若 $m+n=p+q$，则 $a_m+a_n=a_p+a_q$. 也可用基本量法来求解，即将 $a_2+a_3+a_4+a_5+a_6$ 和 a_1+a_7 分别用 a_1 和 d 表示，再从中寻找关系加以解决.

【解答】解法 1：因为 $a_2+a_6=a_3+a_5=2a_4=a_1+a_7$.

所以 $a_2+a_3+a_4+a_5+a_6=5a_4=20$，于是 $a_4=4$.

因此，$a_1+a_7=a_4+a_4=4+4=8$.

解法 2：设等差数列 $\{a_n\}$ 的公差为 d，则 $a_2+a_3+a_4+a_5+a_6=(a_1+d)+(a_1+2d)+(a_1+3d)+\cdots+(a_1+5d)=5a_1+15d=5(a_1+3d)=20$，于是 $a_1+3d=4$，所以 $a_1+a_7=a_1+(a_1+6d)=2(a_1+3d)=2\times4=8$.

【反思】解法 1 运用的是等差数列的性质，解法 2 运用的是基本量法，还用到了整体代入的思想，解法 1 十分简捷，而使用基本量 a_1 和 d 列方程或方程组适用于任何与等差数列通项有关的题目，是通用方法. 能利用性质求解的题目只是一部分. 因此，首先应掌握基本量法，然后再看能否利用性质来求解.

题型四　数列的前 n 项和 S_n 与通项 a_n 的关系

例 4　已知一个数列 $\{a_n\}$ 的前 n 项和 $S_n=n^2+n-1$，求它的通项公式.

【分析】数列的通项 a_n 与前 n 项和 S_n 的关系为 $a_n=\begin{cases}S_1, & n=1,\\ S_n-S_{n-1}, & n\geqslant 2.\end{cases}$

【解答】当 $n=1$ 时，$a_n=S_1=1^2+1-1=1$.

当 $n\geqslant2$ 时，$a_n=S_n-S_{n-1}=(n^2+n-1)-[(n-1)^2+(n-1)-1]=2n$.

因此，数列 $\{a_n\}$ 的通项公式为 $a^n=\begin{cases}1, & n=1,\\ 2n, & n\geqslant 2.\end{cases}$

【反思】在运用公式 $a_n=S_n-S_{n-1}$ 时，一定要注意前提条件是 $n\geqslant2$，而当 $n=1$ 时，$a_n=S_1$.

题型五 等差数列的前 n 项和

例 5 已知等差数列$\{a_n\}$，且 $a_{25}=60$，$a_{30}=70$.

(1)求通项公式.

(2)若 $S_n=242$，求 n 的值，

【分析】由 a_{25}，a_{30} 的值列出关于基本量 a_1 和 d 的方程组求出 a_1 和 d 可得 a_n；由 $S_n=na_1+\frac{n(n-1)}{2}d$ 列出关于 n 的方程即可求出 n.

【解答】(1)设数列$\{a_n\}$的公差为 d，则

$$\begin{cases}a_{25}=a_1+24d=60,\\a_{30}=a_1+29d=70,\end{cases}\text{解之得}\begin{cases}a_1=12,\\d=2.\end{cases}$$

因此，通项公式为 $a_n=a_1+(n-1)d=2n+10$.

(2)由 $a_1=12$，$d=2$，$S_n=242$ 得

$$12n+\frac{n(n-1)}{2}\times2=242,$$

即 $n^2+11n-242=0$，

解之得 $n=-22$(舍去)或 $n=11$.

因此，n 的值为 11.

【反思】在第(1)题中还可利用 $d=\frac{a_n-a_m}{n-m}=\frac{70-60}{30-25}=2$ 来求公差 d，求出 d 之后可利用 $a_n=a_m+(n-m)d$ 来求通项公式；等差数列的前 n 项和公式有两个：$S_n=\frac{n(a_1+a_n)}{2}$ 与 $S_n=na_1+\frac{n(n-1)}{2}d$，解题时要根据题目要求灵活选用. 在使用这两个公式时，常常同时解方程或方程组.

题型六 等差数列的应用问题

例 6 在小于 100 的正整数中，有多少个数是 7 的倍数？求出它们的和.

【分析】小于 100 的正整数中，7 的倍数有：7×1，7×2，7×3，…，7×14.

【解答】在小于 100 的正整数的集合中，7 的倍数有 7×1，7×2，7×3，…，7×14，即 7，14，21，…，98. 显然，这个数列是等差数列，其中首项 $a_1=7$，公差 $d=7$. 由 $7+(n-1)\times7=98$ 得 $n=14$. 于是 $S_{14}=\frac{14\times(7+98)}{2}=735$.

答：在小于 100 的正整数中，有 14 个数是 7 的倍数，它们的和等于 735.

【反思】在求解等差数列应用问题时，要分清是求项、项数、通项，还是求前 n 项的和.

认知强化训练

1. 下列各数列为等差数列的是(　　)

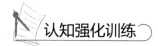

A. -1，-1，-1，-1，…　　B. 0，1，3，5，…

C. $\frac{1}{2}$，$\frac{1}{3}$，$\frac{1}{4}$，$\frac{1}{5}$，…　　D. -2，0，2，6，…

2. 在数列$\{a_n\}$中，若$a_{n+1}=a_n-3$，则该数列(　　)

A. 是公差为3的等差数列　　B. 是公差为-3的等差数列

C. 是公差不确定的等差数列　　D. 不是等差数列

3. 121是数列-1，1，3，5，…的(　　)

A. 第61项　　B. 第62项　　C. 第63项　　D. 第64项

4. 在等差数列$\{a_n\}$中，$a_1=-2$，$a_4=10$，则它的前10项的和S_{10}是(　　)

A. 160　　B. 180　　C. 200　　D. 220

5. $\sqrt{3}+1$与$\sqrt{3}-1$的等差中项是________.

6. 若等差数列$\{a_n\}$的前n项和$S_n=n^2+2n$，则$a_5=$________.

7. 若等差数列$\{a_n\}$的前9项和为-200，则$a_1+a_9=$________，$a_3+a_7=$________.

8. 在等差数列$\{a_n\}$中，$a_5+a_{16}=10$，则它的前20项之和$S_{20}=$________.

9. 在等差数列$\{a_n\}$中，$a_{10}=30$，$a_{20}=50$.

(1)求通项a_n；

(2)若数列a_n的前n项和$S_n=180$，求n.

10. 在等差数列$\{a_n\}$中，$a_2=3$，$a_8=17$，求a_5和S_5.

§6.3(1)　等比数列(1)

学习目标点击

1. 理解等比数列的定义、通项公式以及等比中项的概念.
2. 理解等比数列的前n项和公式.
3. 会运用等比数列的通项公式和前n项和公式解决较简单的问题.
4. 培养观察、分析、归纳、推理的能力，渗透由特殊到一般的思想方法.

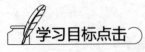

知识要点聚焦

知识要点一　等比数的概念

1. 等比数列的定义

(1)文字语言：如果一个数列从第2项起，每一项与它前一项的比都等于同一个不为零的常数，那么这个数列叫做等比数列，这个常数叫做等比数列的公比，通常用字母 q 表示.

(2)符号语言：在数列 $\{a_n\}$ 中，若 $\frac{a_{n+1}}{a_n}=q$（q 为常数且 $q\neq0$），则称数列 $\{a_n\}$ 为等比数列.

2. 理解等比数列要注意以下几点

(1)在等比数列中不存在数值为0的项，有为0的项的数列一定不是等比数列.

(2)如果一个数列从第2项起，每一项与它前一项之比是一个与 n 无关的常数，但却不相等，则此数列不是等比数列.

(3)定义中之所以"从第2项起"，是因为首项没有前一项.

(4)常数列都是等差数列，但不一定是等比数列．若常数列各项不为0，则既是等差数列又是等比数列．若常数列的各项均为0，即0，0，0，…，则它是等差数列而不是等比数列.

(5)等比数列的公比等于从第2项起，每一项与它前一项的比值，即 $\frac{a_{n+1}}{a_n}$，而不是 $\frac{a_n}{a_{n+1}}=q$，要防止前后次序颠倒.

(6) $\frac{a_{n+1}}{a_n}=q(q\in\mathbf{N}^*)$ 或 $\frac{a_n}{a_{n-1}}=q(n\geqslant2)$ 是证明或判断一个数列为等比数列的依据.

(7)公比 $q\neq0$，当公比 $q>0$ 时，等比数列的各项均为正数或者均为负数；当公比 $q<0$ 时，等比数列相邻两项的符号相反.

知识要点二　等比数列的通项公式

1. 等比数列的通项公式

(1) $a_n=a_1q^{n-1}$.

(2) $a_n=a_mq^{n-m}$.

2. 通项公式的作用

通项公式是数列的"密码"，利用等比数列的通项公式可以判断一个数是不是该数列中的项，由 $a_n=a_1q^{n-1}$ 可知，知道 a_1 和 q 可以求出等比数列中的任意一项．在等比数列中，已知 a_1，n，q，a_n 四个量中的三个，可以求出另一个量，在已知等比数列中任意两项的前提下，使用 $a_n=a_mq^{n-m}$ 可求得公比 q 和任意一项.

知识要点三　等比中项

1. 等比中项的意义

如果三个数以 a，G，b 依次成等比数列，则 G 叫做以 a，b 的等比中项，即有 $\frac{G}{a}=\frac{b}{G}$，于是 $G^2=ab$，$G=\pm\sqrt{ab}$.

2. 理解等比中项要注意以下三点

(1)在等比数列中，从第 2 项起，每一项(有穷等比数列的末项除外)都是它的前后相邻两项的等比中项.

(2)在 a，b 同号时，a，b 的等比中项有两个；在 a，b 异号时，a，b 没有等比中项.

(3)a，G，b 成等比数列 $\Leftrightarrow G^2=ab(ab>0)$. 可以利用它来判断或证明三个数成等比数列.

知识要点四　等比数列的主要性质

1. 同一个等比数列中的所有奇数项同号，所有偶数项同号，即 a_1，a_3，a_5，…同号，a_2，a_4，a_6，…同号.

2. 在等比数列 $\{a_n\}$ 中，若 $m+n=p+q$，则 $a_m\cdot a_n=a_p\cdot a_q$.

知识要点五　等比数列的前 *n* 项和

1. 等比数列的前 *n* 项和公式

$$S_n=\begin{cases}\frac{a_1(1-q^n)}{1-q}=\frac{a_1-a_nq}{1-q}, & q\neq1,\\ na_1, & q=1.\end{cases}$$

2. 理解和运用等比数列的前 *n* 项和公式，要注意以下几点

(1)在运用等比数列的前 n 项和公式时，一定要注意公比 q 是否等于 1. 当公比 $q=1$ 时，应按常数列来求和，即 $S_n=na_1$；当公比 $q\neq1$ 时，应按不是常数列的等比数列的前 n 项和公式来求和，即 $S_n=\frac{a_1(1-q^n)}{1-q}$ 或 $S_n=\frac{a_1-a_nq}{1-q}$.

(2)当公比已知 $q\neq1$ 时，若已知 a_1 及 q，则用公式 $S_n=\frac{a_1(1-q^n)}{1-q}$ 求和较好；若已知 a_n，则用公式 $S_n=\frac{a_1-a_nq}{1-q}$ 求和较好.

(3)在等比数列的通项公式及前 n 项和公式中共有 a_1，a_n，n，q，S_n 五个量，已知其中任意三个量，都可以利用方程或方程组等方法求出其余两个量.

题型分类剖析

题型一　等比数列的定义及其应用

例1　判断下列数列是否为等比数列：

(1)1，2，2^2，2^3，…，2^{n-1}，….

(2)-1，1，3，9，27，….

(3)a，a^2，a^3，…，a^n，….

【分析】利用等比数列的定义判断$\frac{a_{n+1}}{a_n}$是否等于非零常数. 若是，则该数列为等比数列；若不是，则该数列不是等比数列.

【解答】(1)记此数列为$\{a_n\}$，则$a_1=1$，$a_2=2$，…，$a_n=2^{n-1}$.

由于$\frac{a_{n+1}}{a_n}=\frac{2^n}{2^{n-1}}=2$，因此原数列是等比数列，且公比为2.

(2)记此数列为$\{a_n\}$，则$a_1=-1$，$a_2=1$，$a_3=3$. 由于$\frac{a_2}{a_1}=-1$，$\frac{a_3}{a_2}=3$，即$\frac{a_2}{a_1}\neq\frac{a_3}{a_2}$. 因此，原数列不是等比数列.

(3)若$a=0$，则数列为0，0，0，…，是常数列，是等差数列，不是等比数列. 若$a\neq 0$，则数列为a，a^2，a^3，…，a^n，…，是等比数列，且公比为a.

【反思】判断一个数列是否为等比数列的常用方法有定义法，即利用$\frac{a_{n+1}}{a_n}$等于常数或$\frac{a_n}{a_{n+1}}$等于常数，也可以利用等比中项法，即利用$a_n^2=a_{n-1}\cdot a_{n+1}(n\geqslant 2)$. 要判断三个数$a$，$b$，$c$是否成等比数列，常用等比中项法，即判定$b^2=ac$是否成立即可，如在第(2)题中，因为$-1\times 3\neq 1^2$，即第2项不是第1项和第3项的等比中项，所以本题中数列不是等比数列.

题型二　等比数列的通项公式

例2　一个等比数列的第3项和第6项分别是12和96，求它的第1项和公比q.

【分析】可以利用通项公式将第3项和第6项分别用第1项和公比q表示，即列关于a_1和q的方程组求解，也可以将第6项用第3项和公比q来表示.

【解答】解法1：设数列为$\{a_n\}$，则有$\begin{cases}a_6=a_1q^5=96,\\ a_3=a_1q^2=12,\end{cases}$两式相除，得$q^3=8$，$q=2$.

从而$a_1=3$. 故第1项为3，公比为2.

解法2：设数列为$\{a_n\}$，则有$a_6=a_3q^{6-3}$，即$12\times q^3=96$，$q=2$.

由$a_3=a_1q^2$得$a_1=\frac{a_3}{q^2}=\frac{12}{4}=3$.

故第1项为3，公比为2.

【反思】已知等比数列中的两项，可求其余的项和公比．通常有两种解法，一种是列方程组，一种是利用 $a_n=a_mq^{n-m}$ 先求出公比 q，再求其他项.

题型三　等比数列的性质的应用

例3　已知数列 $\{a_n\}$ 是等比数列，且 $a_4=8$，$a_8=2$，求 a_6.

【分析】本题可按例2的解法来解答，也可利用等比数列的性质来解答.

【解答】因为 $6+6=4+8$，所以 $a_6^2=a_4\cdot a_8$. 而 $a_4=8$，$a_8=2$，所以 $a_6^2=16$，$a_6=\pm4$. 又因为 a_4，a_6，a_8 同号，所以 $a_6=4$.

【反思】本题将 a_4 和 a_8 分别用 a_1 和公比 q 来表示，通过解方程组求出 a_1 和公比 q 再求 a_6 是最基本的解法. 若根据等比数列的性质"在等比数列 $\{a_n\}$ 中，若 $m+n=p+q$，则 $a_m\cdot a_n=a_p\cdot a_q$"来解，则十分简捷. 本题中还用到了"在等比数列中，偶数项同号，奇数项同号"这一性质.

题型四　等比数列的前 n 项和公式的应用

例4　在等比数列 $\{a_n\}$ 中，首项 $a_1=2$，第 n 项 $a_n=162$，前 n 项的和 S_n 为242，求公比 q 和项数 n.

【分析】根据 $a_n=162$，$S_n=242$ 列关于 q 和 n 的方程组.

【解答】由 $a_1=2$，$a_n=162$，$S_n=242$ 可知公比 $q\neq1$.

从而有 $\begin{cases} a_1q^{n-1}=162, \\ \dfrac{a_1(1-q^n)}{1-q}=242, \end{cases}$ 即 $\begin{cases} q^{n-1}=81,\ (1) \\ \dfrac{1-q^n}{1-q}=121,\ (2) \end{cases}$

由(1)可得 $q^n=81q$，代入(2)有 $\dfrac{1-81q}{1-q}=121$，解之得 $q=3$.

将 $q=3$ 代入(1)得 $3^{n-1}=81$，$n=5$.

因此，公比 $q=3$，项数 $n=5$.

【反思】使用等比数列前 n 项和公式时，一定要考虑公比 q 是否等于1. 本题中列方程容易，但解方程组是个难点，望引起读者重视.

题型五　等差数列和等比数列的综合运用

例5　已知公差 $d\neq0$ 的等差数列 $\{a_n\}$ 的第2，3，7项依次构成等比数列，求公比 q.

【分析】由于 a_2，a_3，a_7 成等比数列，所以 $a_3^2=a_2\cdot a_7$.

【解答】因为数列 $\{a_n\}$ 是等差数列，且公差为 d，所以 $a_2=a_1+d$，$a_3=a_1+2d$，$a_7=a_1+6d$，而 a_2，a_3，a_7 成等比数列，所以 $a_3^2=a_2\cdot a_7$，即 $(a_1+2d)^2=(a_1+d)(a_1+6d)$. 于是有 $(3a_1+2d)d=0$. 又因为 $d\neq0$，所以 $d=-\dfrac{3a_1}{2}$. 故 $q=\dfrac{a_3}{a_2}=\dfrac{a_1+2d}{a_1+d}=$

$$\frac{a_1+2\times\left(-\frac{3a_1}{2}\right)}{a_1+\left(-\frac{3a_1}{2}\right)}=4.$$

【反思】本题中根据已知条件仅能求得 a_1 与 d 的关系式，而求得这个关系式是解题的关键所在．本题中 $q=\frac{a_3}{a_2}$，还可以用 $q=\frac{a_7}{a_3}$ 来求公比 q.

认知强化训练

1. 下列数列不是等比数列的是(　　)

A. 2，2，2，2，…　　B. −1，3，9，27，…

C. 1，2，4，8，…　　D. 2，6，18，54，…

2. 已知 a_1，a_2，a_3，a_4 成等比数列，且 $a_2\cdot a_3=20$，则 $a_1\cdot a_4=$(　　)

A. −10　　B. 10　　C. −20　　D. 20

3. 若数列 $\{a_n\}$ 的前 5 项依次是 $-\frac{1}{2}$，$-\frac{3}{4}$，$-\frac{5}{8}$，$-\frac{7}{16}$，$-\frac{9}{32}$，…，则该数列 $\{a_n\}$ 的通项公式是(　　)

A. $a_n=\frac{1-2n}{2^n}$　　B. $a_n=\frac{1-2n}{2^{n-1}}$

C. $a_n=-\frac{2n+1}{2^n}$　　D. $a_n=-\frac{2n+1}{2^{n-1}}$

4. 9 和 4 的等比中项是(　　)

A. −6　　B. 6　　C. −6 和 6　　D. 不确定

5. 在等比数列 $\{a_n\}$ 中，若 $a_2=8$，$a_4=32$，则公比 $q=$________.

6. 等比数列 $\frac{1}{2}$，$\frac{1}{4}$，$\frac{1}{8}$，…的前 8 项之和 $S_8=$________.

7. 等比数列 $\{a_n\}$ 的公比 $q=-\frac{1}{3}$，前 4 项的和为 $\frac{5}{9}$，则这个等比数列的首项 $a_1=$________

8. 在等比数列 $\{a_n\}$ 中，若 $a_5=5$，$a_{10}=160$，则 $a_8=$________.

9. 已知等比数列 $\{a_n\}$ 的首项 $a_1=6$，第 4 项 $a_4=-\frac{3}{4}$，这个数列的前多少项的和是 $\frac{129}{32}$？

10. 已知 a，b，c，d 是公比为 3 的等比数列，求$\frac{a+2b}{3c+d}$的值.

§6.3(2) 等比数列(2)

学习目标点击

1. 能够运用等差数列、等比数列的知识解决有关问题.
2. 通过题型实战，培养分析和解决问题的能力.

知识要点聚焦

知识要点一 求解数列应用题的基本步骤

求解数列应用题的基本步骤如下：

(1)阅读题目，确定数列类型.

(2)寻找已知量，确定所求量.

(3)利用通项公式或前 n 项和公式列等式或方程组.

(4)检验并写出答案.

知识要点二 数列求和

数列求和的方法很多，但最基本的有：

(1)用公式法求数列的和，即直接应用等差数列或等比数列前 n 项和公式来求和.

(2)用分组转化法求数列的和. 如果通项是等差数列或等比数列的和的形式，则可以先进行拆分，再利用等差数列和等比数列的求和公式分别求和，最后合并.

题型分类剖析

题型一 等差数列与等比数列的综合运用

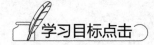

例 1 有四个数，前三个数成等差数列，后三个数成等比数列，并且第一个数与第四

个数之和是16，第二个数与第三个数之和是12，求这四个数.

【分析】依据题意设出这四个数，再列方程组来解.

【解答】解法1：因为前三个数成等差数列，后三个数成等比数列，所以可设前三个数依次为$a-d$，a，$a+d$，第四个数为$\frac{(a+d)^2}{a}$. 由题意有$\begin{cases}(a-d)+\frac{(a+d)^2}{a}=16,\\ a+a+d=12,\end{cases}$解之得$\begin{cases}a=4,\\ d=4\end{cases}$或$\begin{cases}a=9,\\ d=-6.\end{cases}$故这四个数分别为0，4，8，16或15，9，3，1.

解法2：因为四个数中的后三个数成等比数列，前三个数成等差数列，所以可设后三个数依次为a，aq，aq^2,，第一个数为$2a-aq$. 由题意有$\begin{cases}(2a-aq)+aq^2=16,\\ a+aq=12,\end{cases}$解之得$\begin{cases}a=4,\\ q=2\end{cases}$或$\begin{cases}a=15,\\ q=9.\end{cases}$故这四个数分别是0，4，8，16或15，9，3，1.

解法3：因为第一个数与第四个数之和是16，第二个数与第三个数之和是12，所以可设前两个数依次是以a，b，则后两个数依次是$12-b$，$16-a$.

由题意有$\begin{cases}a+(12-b)=2b,\\ b(16-a)=(12-b)^2,\end{cases}$解之得$\begin{cases}a=0,\\ b=4\end{cases}$或$\begin{cases}a=9,\\ q=\frac{1}{3}.\end{cases}$故这四个数分别是0，4，8，16或15，9，3，1.

【反思】三个数成等差数列时，常设这三个数为$a-d$，a，$a+d$；四个数成等差数列时，常设这四个数为$a-3d$，$a-d$，$a+d$，$a+3d$（公差为$2d$）；三个数成等比数列时，常设这三个数为a，aq，aq^2或$\frac{a}{q}$，a，aq；四个数成等比数列时，常设这四个数为a，aq，aq^2，aq^3或$\frac{a}{q^3}$，$\frac{a}{q}$，aq，aq^3（公比为q^2）. 解法1和解法2均根据等差数列、等比数列的定义设出未知量，再利用等差中项或等比中项的知识表示出第四个量，由题意列方程组求解，是通用方法. 解法3也是通用方法. 事实上，列方程或方程组是求解数列问题的基本方法之一.

题型二　数列应用题

例2　某医院用76.3万元购进一台医疗仪器.

(1)第1年的维修保养等费用为1.38万元，以后每年比上一年增加0.22万元，求10年的维修保养等总费用.

(2)第1年操作人员的工资费用为5万元，以后每年比上一年增长5%，求10年的工资费用总额 .(精确到1万元)

【分析】从第1年起，各年的维修保养费用依次组成一个等差数列，各年的工资费用依次组成一个等比数列.

【解答】(1)从第 1 年起，各年的维修保养费用依次组成一个等差数列，不妨设其为 $\{a_n\}$，则首项 $a_1=1.38$，公差 $d=0.22$，项数 $n=10$. 于是 10 年的维修保养总费用为 $S_1=10a_1+\frac{10\times(10-1)}{2}\times d\approx 23.7$(万元).

(2)从第 1 年起，各年的工资费用依次组成一个等比数列，不妨设其为 $\{b_n\}$，则首项 $b_1=5$，公比 $q=1+5\%=1.05$，项数 $n=10$. 于是 10 年的工资费用总额为 $S_2=\frac{b_1(1-q^{10})}{1-q}=\frac{5\times(1-1.05^{10})}{1-1.05}\approx 63$(万元).

答：10 年的维修保养总费用为 23.7 万元，工资费用总额为 63 万元.

【反思】应用问题是否为数列问题，一要看自变量是否与正整数有关，二要看各个量是否符合一定的规律，三要看题中各量能否用等差数列或等比数列的项、项数、通项或前 n 项和来表示.

题型三　求数列的前 n 项和

例 3　求数列 1，$1+2$，$1+2+2^2$，…，$1+2+2^2+\cdots+2^{n-1}$，…的前 n 项和 S_n.

【分析】该数列的第 n 项为 $1+2+2^2+\cdots+2^{n-1}$.

【解答】已知数列的通项公式是 $a_n=1+2+2^2+\cdots+2^{n-1}=\frac{1\times(1-2^n)}{1-2}=2^n-1$，即 $a_n=2^n-1$. 由 $S_n=a_1+a_2+a_3+\cdots+a_n$ 得 $S_n=(2^1-1)+(2^2-1)+(2^3-1)+\cdots+(2^n-1)=(2^1+2^2+2^3+\cdots+2^n)-n=\frac{2\times(1-2^n)}{1-2}-n=2^{n+1}-n-2$.

【反思】$S_n=a_1+a_2+a_3+\cdots+a_n$ 是求任何数列前 n 项和的通用方法. 由于本题中的数列的每一项均为一个和式，所以在求 S_n 之前先写出该数列的通项公式. 求数列的前 n 项和常用公式法和分组转化法.

认知强化训练

1. 在等差数列 $\{a_n\}$ 中，$a_8=6$，前 10 项的和 $S_{10}=100$，则公差 d 等于(　　)

A. $\frac{4}{3}$　　B. $\frac{3}{4}$　　C. $-\frac{8}{5}$　　D. $-\frac{5}{8}$

2. 等差数列 $\{a_n\}$ 的前三项依次为 $a-2$，$a+1$，$2a+4$，则这个数列的通项公式为(　　)

A. $a_n=3n+1$　　B. $a_n=3n-5$　　C. $a_n=3n+2$　　D. $a_n=3n-2$

3. 已知 a_1，a_2，a_3，a_4 成等比数列，且 a_2 和 a_3 是方程 $3x^2-4x-3=0$ 的两个根，则 a_1 与 a_4 的积等于(　　)

A. -1　　B. 1　　C. $-\frac{4}{3}$　　D. $\frac{4}{3}$

4. 若数列$\{a_n\}$的前 n 项和 $S_n=3n^2$，则 $a_{100}=$(　　)

A. 597　　B. 599　　C. 600　　D. 603

5. 在等差数列$\{a_n\}$中，若 $a_3+a_{15}=10$，则 $a_9=$________.

6. 已知数列$\{a_n\}$为等比数列，且 $a_8-27a_5=0$，则公比 $q=$________.

7. 在数列$\{a_n\}$中，若 $a_{n+1}=a_n+\frac{1}{2}$，$a_1=2$，则 $a_{101}=$________.

8. 一个等比数列$\{a_n\}$的首项是 6，第 6 项是 $-\frac{3}{16}$，若这个数列前 n 项和 $S_n=\frac{255}{64}$，则 $n=$________.

9. 一个家庭为了 5 年后能购买一辆小汽车，计划每年到银行去存一笔钱．假设银行储蓄年利率为 5%，按复利计算，为了使这个家庭 5 年后本利和共有 10 万元，问他们每年约需存多少元钱?（精确到 1 元）

10. 某单位职工李明，采用个人购房抵押贷款的方式购买一套住房，需贷款 8 万元．设购房贷款年利率为 4%，按复利计算，这笔贷款需从贷款之日起，每年等额归还一次，分 10 年还清.

(1)李明 10 年内实际偿还银行贷款的总金额为多少万元?（精确到 0.001 万元）

(2)李明每年应偿还银行贷款多少万元?（精确到 0.001 万元）

本章小结

基础知识归纳

一、数列的概念

按照一定顺序排成的一列数叫做数列，数列中的每一个数叫做这个数列的项，第 1 个数叫做这个数列的第 1 项，又叫首项，第 n 个数叫做这个数列的第 n 项.

如果一个数列的第 n 项(即通项)a_n 与项数 n 之间的关系可用一个公式来表示，那么这个公式叫做这个数列的通项公式.

二、等差数列与等比数列

等差数列与等比数列比较表

比较项目	等差数列	等比数列
定义	$a_{n+1}-a_n=d$(d为常数)	$\frac{a_{n+1}}{a_n}=q$(q为常数)
通项公式	$a_n=a_1+(n-1)d$ $a_n=a_m+(n-m)d$	$a_n=a_1q^{n-1}$ $a_n=a_mq^{n-m}$
等差中项或等比中项	a和b的等差中项$A=\frac{a+b}{2}$ a,A,b成等差数列$\Leftrightarrow A=\frac{a+b}{2}$	a和b的等比中项$G=\pm\sqrt{ab}$ a,G,b成等比数列$\Leftrightarrow G=\pm\sqrt{ab}$
前n项和	$S_n=na_1+\frac{n(n-1)}{2}d$ $S_n=\frac{n(a_1+a_n)}{2}$	$S_n=\begin{cases}na_1,\ q=1,\\ \frac{a_1(1-q^n)}{1-q}=\frac{a_1-a_nq}{1-q},\ q\neq1.\end{cases}$
主要性质	若$m+n=p+q$,则$a_m+a_n=a_p+a_q$. 公差$d=\frac{a_n-a_1}{n-1}$或$d=\frac{a_n-a_m}{n-m}$	若$m+n=p+q$,则$a_m\cdot a_n=a_p\cdot a_q$. 等比数列中,奇数项同号,偶数项同号.

专题高效讲坛

专题一　求数列通项公式的方法

数列的通项公式是数列的"密码",知道了一个数列的通项公式就知道了这个数列的一切.在这里将重点介绍几种求数列通项公式的常用方法,即转化为等差数列或等比数列、由S_n推导a_n、累加法和累乘法.

例1　已知数列$\{a_n\}$,若$a_{n-1}+a_{n+1}=2a_n$($n\geqslant2$,且$n\in\mathbf{N}^*$),$a_3=5$,$a_5=7$,求数列$\{a_n\}$的通项公式.

【解析】因为$a_{n-1}+a_{n+1}=2a_n$,所以a_{n-1},a_n,a_{n+1}成等差数列,又因为$n\geqslant2$且$n\in\mathbf{N}^*$,所以数列$\{a_n\}$为等差数列,不妨设其公差为d,于是有$\begin{cases}a_1+2d=5,\\ a_1+4d=7,\end{cases}$解之得$\begin{cases}a_1=3,\\ d=1.\end{cases}$故数列$\{a_n\}$的通项公式为$a_n=3+(n-1)\times1$,即$a_n=n+2$.

【点评】根据已知条件可以判定数列$\{a_n\}$为等差数列,因而想方设法求其首项和公差,进而可求得该数列的通项公式,事实上,若$a_{n-1}+a_{n+1}=2a_n$($n\geqslant2$),则数列$\{a_n\}$为等差数列;若$a_{n-1}\cdot a_{n+1}=a_n^2$($n\geqslant2$),则数列$\{a_n\}$为等比数列.

例2　已知数列$\{a_n\}$的前n项和$S_n=2^n+5$,求数列$\{a_n\}$的通项公式.

【解析】当 $n\geqslant 2$ 时，$a_n=S_n-S_{n-1}=(2^n+5)-(2^{n-1}+5)=2^{n-1}$.

当 $n=1$ 时，$a_1=S_1=2^1+5=7$. 在 $a_n=2^{n-1}$ 中，$a_1=2^{1-1}=1$.

故数列 $\{a_n\}$ 的通项公式为 $a_n=\begin{cases}7, & n=1,\\ 2^{n-1}, & n\geqslant 2.\end{cases}$

【点评】已知 S_n 求 a_n，即已知数列的前 n 项和公式求数列的通项公式，其方法是 $a_n=\begin{cases}S_1, & n=1,\\ S_n-S_{n-1}, & n\geqslant 2.\end{cases}$ 在这里特别容易忽视 $n=1$ 的情形而致误. 如在例 2 中，通项公式并不是 $a_n=2^{n-1}$. 在本例中，$a_1=S_1=7$ 不满足 $a_n=2^{n-1}$，因此所求通项公式必须写成分段函数的形式.

例 3　在数列 $\{a_n\}$ 中，$a_1=2$，$a_{n+1}=a_n+2^n$，求数列 $\{a_n\}$ 的通项公式.

【解析】因为 $a_{n+1}-a_n=2^n$，所以 $a_2-a_1=2$，$a_3-a_2=2^2$，$a_4-a_3=2^3$，…

$a_n-a_{n-1}=2^{n-1}(n\geqslant 2)$. 将上述各式累加得

$$a_n-a_1=2+2^2+2^3+\cdots+2^{n-1}=\frac{2\times(1-2^{n-1})}{1-2}=2^n-2.$$

所以 $a_n=2^n$，而 $a_1=2$ 满足 $a_n=2^n$.

因此，数列 $\{a_n\}$ 的通项公式为 $a_n=2^n$.

【点评】题中已知条件实际上给出的是一个关于项的递推式，由 $a_{n+1}-a_n=2^n$ 依次令 $n=1$，2，3，…，$n-1$ 即可得到 $n-1$ 个差式，累加这些差式即可得到数列 $\{a_n\}$ 的通项公式，这就是用累加法求数列的通项公式. 对于 $a_{n+1}-a_n=f(n)$ 形式的数列常用累加的方法求其通项公式.

例 4　在数列 $\{a_n\}$ 中，$a_1=1$，$\frac{a_{n+1}}{a_n}=\frac{n}{n+1}$，求数列 $\{a_n\}$ 的通项公式.

【解析】因为 $\frac{a_{n+1}}{a_n}=\frac{n}{n+1}$ 对所有正整数 n 均成立，所以 $\frac{a_2}{a_1}=\frac{1}{2}$，$\frac{a_3}{a_2}=\frac{2}{3}$，…，$\frac{a_n}{a_{n-1}}=\frac{n-1}{n}(n\geqslant 2)$.

将上述各式累乘得 $\frac{a_2}{a_1}\times\frac{a_3}{a_2}\times\cdots\times\frac{a_n}{a_{n-1}}=\frac{1}{2}\times\frac{2}{3}\times\cdots\times\frac{n-1}{n}$，即 $\frac{a_n}{a_1}=\frac{1}{n}$.

又因为 $a_1=1$，所以 $a_n=\frac{1}{n}$ 为所求.

【点评】对于 $\frac{a_{n+1}}{a_n}=f(n)$ 形式的数列，常用本题中的累乘法求其通项公式.

专题二　特殊数列求和的方法

求数列 $\{a_n\}$ 的前 n 项和 S_n 常用 $S_n=a_1+a_2+a_3+\cdots+a_n$. 对于等差数列或等比数列求和，则用其前 n 项和公式即可，但对于一些特殊的数列，则采用一些特殊的方法求和，如错位相减法、裂项相消法.

例 5　求数列 1，$2a$，$3a^2$，…，na^{n-1}，…$(a\neq 0)$ 的前 n 项和 S_n.

【解析】因为 $S_n=1+2a+3a^2+\cdots+na^{n-1}$，所以 $aS_n=a+2a^2+3a^3+\cdots+(n-1)a^{n-1}+na^n$.

将上述两式相减，得 $(1-a)S_n=1+a+a^2+a^3+\cdots+a^{n-1}-na^n$. 当 $a\neq1$ 时，

$S_n=\dfrac{na^{n+1}-(n+1)a^n+1}{(1-a)^2}$. 当 $a=1$ 时，$S_n=1+2+3+\cdots+n=\dfrac{n(n+1)}{2}$.

【点评】形如一个等差数列和一个等比数列对应项相乘所得到的前 n 项的和，一般可用本题中所用到的(乘公比)错位相减法来求，即在和式的两边同乘以等比数列的公比而得到一个新和式，两和式错位相减后利用等比数列的求和公式即可得到原和式的值，用错位相减法求数列的和时，错位相减后，如果等式的两边要除以某一代数式，则必须讨论这一代数式是否为零.

例 6 已知数列 $\{a_n\}$ 的通项公式是 $a_n=\dfrac{1}{n(n+1)}$，求数列 $\{a_n\}$ 的前 n 项和 S_n.

【解析】因为 $a_n=\dfrac{1}{n(n+1)}=\dfrac{1}{n}-\dfrac{1}{n+1}$，所以 $S_n=a_1+a_2+a_3+\cdots+a_n=$

$\left(1-\dfrac{1}{2}\right)+\left(\dfrac{1}{2}-\dfrac{1}{3}\right)+\left(\dfrac{1}{3}-\dfrac{1}{4}\right)+\cdots+\left(\dfrac{1}{n}-\dfrac{1}{n+1}\right)=1-\dfrac{1}{n+1}=\dfrac{n}{n+1}$.

【点评】本题中求数列的前 n 项和的方法叫做裂项相消法．如果一个数列的通项公式是分式形式且分母是含有 n 的两个因式的乘积的形式，那么这样的数列的求和常用裂项相消法，即把数列的通项拆成两项之差来求和，正负相抵消后剩下首尾若干项．用裂项相消法求和时，要注意裂项后的各项是依次抵消，还是隔项抵消，常见的裂项方法有：(1) $\dfrac{1}{n(n+1)}=\dfrac{1}{n}-\dfrac{1}{n+1}$．(2) $\dfrac{1}{(2n-1)(2n+1)}=\dfrac{1}{2}\left(\dfrac{1}{2n-1}-\dfrac{1}{2n+1}\right)$．(3) $\dfrac{1}{\sqrt{a}+\sqrt{b}}=\dfrac{1}{a-b}(\sqrt{a}-\sqrt{b})$.

认知强化训练

总分：100 分　时量：________分钟　得分：________分

一、选择题(本大题共 8 小题，每小题 5 分，共 40 分. 在每小题给出的四个选项中，只有一项是符合题目要求的)

1. 数列 $\{a_n\}$ 为等差数列的充要条件是(　　)

A. $a_{n+1}+a_n=$常数　　B. $a_{n+1}-a_n=$正数

C. $a_{n+1}-a_n=$常数　　D. $a_{n+1}-a_n=$负数

2. 数列 $\{a_n\}$ 为等比数列的充分必要条件是(　　)

A. $\dfrac{a_{n+1}}{a_n}=$正数　　B. $\dfrac{a_{n+1}}{a_n}=$负数

C. $\dfrac{a_{n+1}}{a_n}=$常数　　D. $a_{n+1}\cdot a_n=$常数

3. 在等差数列 $\{a_n\}$ 中，$a_2=4$，$a_3=7$，则公差 $d=$(　　)

A. 3　　B. -3　　C. 1　　D. -1

4. 在等比数列$\{a_n\}$中，若$a_{n+1}=2a_n$，则公比$q=$(　　)

A. $\frac{1}{2}$　　B. 2　　C. $-\frac{1}{2}$　　D. -2

5. 在等比数列$\{a_n\}$中，若$q=\frac{2}{3}$，前 4 项的和$S_4=65$，则$a_1=$(　　)

A. 9　　B. 10　　C. 13　　D. 27

6. 在等差数列$\{a_n\}$中，$a_1=1$，$a_5=9$，前n项的和$S_n=100$，则$n=$(　　)

A. 8　　B. 9　　C. 10　　D. 11

7. 若数列$\{a_n\}$的前n项和$S_n=2^n-1$，则$a_5=$(　　)

A. 32　　B. 31　　C. 16　　D. 8

8. 在自然数从小到大排成的数列中，前n个奇数的和等于(　　)

A. n^2+n　　B. $2n^2$　　C. n^2　　D. $\frac{n^2}{2}$

二、填空题(本大题共 4 小题，每小题 5 分，共 20 分)

9. 在等差数列$\{a_n\}$中，若$a_3+a_4+a_7+a_8=24$，则$a_5+a_6=$________.

10. 在等比数列$\{a_n\}$中，若$a_3\cdot a_7=8$则$a_4\cdot a_6=$________.

11. 在等差数列$\{a_n\}$中，若$a_7=10$. 则数列$\{a_n\}$的前 13 项的和是________.

12. 若a与 4 的等比中项是$2\sqrt{3}$，则a与 7 的等差中项是________.

三、解答题(本大题共 4 小题，每小题 10 分，共 40 分. 解答应写出文字说明或演算步骤)

13. 在等差数列$\{a_n\}$中．已知$a_1=-2$，$a_8=12$，求该数列前 8 项的和S_8以及第n项a_n.

14. 在等比数列$\{a_n\}$中，已知公比$q=3$，前 4 项的和$S_4=120$，求a_1和a_4.

15. 设有三个数成等差数列，其和为 6，将第三个数加上 1 后，它们成等比数列，求这三个数.

16. 水土流失是当前非常严重的生态问题，某地区有 480 万公顷坡地需要退耕还林，计划 2016 年退耕面积 80 万公顷，以后每年退耕面积递增 10%. 试问从 2016 年起，该地区大约几年内能全部完成退耕还林任务？

第7章 平面向量

§7.1(1) 平面向量的概念及线性运算(1)

学习目标点击

1. 理解向量的概念和几何表示.

2. 理解向量的模、零向量、单位向量、相反向量等概念.

3. 理解相等向量和共线向量等概念，并会辨认图形中的相等向量或共线向量，会作出已知向量的相等向量或共线向量.

4. 培养数形结合的能力.

知识要点聚焦

知识要点一　向量的概念

既有大小又有方向的量叫做向量. 在现实生活和科学研究中，常常会遇到两类量，其中一类量只有大小没有方向，如长度、质量、面积、体积等，这类量叫做数量，它可以进行代数运算和大小比较，另一类量既有大小，又有方向，如力、速度、加速度、位移等，这类量叫做向量，它不能比较大小.

知识要点二　向量的表示方法

向量的表示方法有两种：几何表示和字母表示.

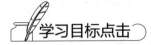

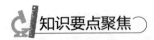

用有向线段表示向量的方法叫做向量的几何表示. 带有方向的线段叫做有向线段，有向线段包含起点、方向、长度三个要素. 确定了有向线段的起点、方向和长度，它的终点就唯一确定了. 用有向线段表示向量时，要注意$\overrightarrow{AB}$的方向是由点A指向点B，点A是向

量$\overrightarrow{AB}$的起点，点 B 是向量$\overrightarrow{AB}$的终点．向量的几何表示为用向量方法处理几何问题打下了基础.

用字母表示向量有利于向量的运算，教科书上用黑体小写字母表示向量，如 $\boldsymbol{a}$，在手写时常用 $\vec{a}$ 表示．若向量的起点为 A，终点为 B，则可用字母表示为$\overrightarrow{AB}$.

知识要点三　向量的有关概念

1. 向量的模

向量$\overrightarrow{AB}$的大小，即有向线段 AB 的长度叫做向量的模(或长度)，记作$|\overrightarrow{AB}|$.

2. 零向量

长度为零的向量叫做零向量，记作 $\mathbf{0}$ 或 $\vec{0}$. 零向量的方向不确定，是任意的.

3. 单位向量

长度等于 1 个单位的向量叫做单位向量.

4. 相等向量

如果两个向量 $\boldsymbol{a}$，$\boldsymbol{b}$ 长度相等且方向相同，则这两个向量叫做相等向量，记作 $\boldsymbol{a}=\boldsymbol{b}$，任意两个相等的非零向量，都可以用同一条有向线段来表示，并且与有向线段的起点无关. 在平面上，两个长度相等且方向一致的有向线段表示同一个向量.

两个向量只有当它们的模相等，同时方向又相同时，才能称它们相等，反之，若 $\boldsymbol{a}=\boldsymbol{b}$，则一定有$|\boldsymbol{a}|=|\boldsymbol{b}|$，且 $\boldsymbol{a}$ 与 $\boldsymbol{b}$ 的方向相同.

5. 共线向量

如果两个向量 $\boldsymbol{a}$，$\boldsymbol{b}$ 的方向相同或相反，则这两个向量叫做共线向量，也叫做平行向量，记作 $\boldsymbol{a}/\!/\boldsymbol{b}$. 任一向量 $\boldsymbol{a}$ 都与它自身是平行向量，并且规定，零向量与任一向量是共线向量．共线向量不一定是相等向量，而相等向量一定是共线向量．向量的平行与线段的平行不同，如$\overrightarrow{AB}/\!/\overrightarrow{AC}$，但线段 AB 与线段 AC 不平行，而是在同一条直线上的两条线段．另外，共线向量的端点不一定共线.

6. 相反向量

两个向量如果模相等，方向却相反，那么这两个向量互为相反向量，$\boldsymbol{a}$ 的相反向量记作$-\boldsymbol{a}$.

题型分类剖析

题型一　向量的有关概念的理解

例 1　给出下列命题，其中正确命题的个数是(　　)

(1)零向量是没有方向的向量.

(2)平面内的单位向量有且只有一个.

(3)相等的向量必定是平行向量.

(4)$\boldsymbol{a}$是$\boldsymbol{b}$的共线向量，且$\boldsymbol{b}/\!/\boldsymbol{c}$，则$\boldsymbol{a}$与$\boldsymbol{c}$是方向相同的向量.

A. 1　　B. 2　　C. 3　　D. 4

【分析】先回忆教材中给出的零向量、单位向量、相等向量和共线向量的定义.

【解答】向量是既有大小又有方向的量，所以零向量必有方向，故命题(1)是错误的，对平面内的任一向量$\boldsymbol{a}$来说，由于$\left|\frac{\boldsymbol{a}}{|\boldsymbol{a}|}\right|=1$，所以$\frac{\boldsymbol{a}}{|\boldsymbol{a}|}$是一个单位向量，由$\boldsymbol{a}$的任意性可知命题(2)是错误的. 因为相等向量是长度相等且方向相同的向量，所以命题(3)是正确，由$\boldsymbol{a}/\!/\boldsymbol{b}$，$\boldsymbol{b}/\!/\boldsymbol{c}$可知$\boldsymbol{a}/\!/\boldsymbol{c}$，但$\boldsymbol{a}$与$\boldsymbol{c}$的方向并不一定相同，所以命题(4)是错误的. 故选A

【反思】共线向量又叫做平行向量，它包括方向相同或方向相反的非零向量及零向量. 零向量的方向不确定，是任意的，它与任何向量共线.

题型二　寻找或作出已知向量的共线向量

例2　如图7.1(1)-1所示，在平行四边形$ABCD$中，线段AB的长度为2.

(1) 写出向量$\overrightarrow{AB}$，$\overrightarrow{BC}$的相等向量.

(2) 写出向量$\overrightarrow{AB}$，$\overrightarrow{BC}$的相反向量.

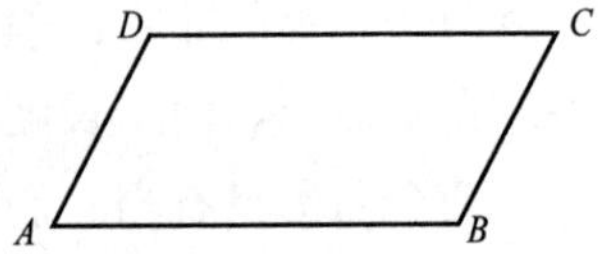

图7.1(1)-1

【分析】平行四边形的两组对边分别平行且相等，

【解答】(1) $\overrightarrow{AB}=\overrightarrow{DC}$，$\overrightarrow{BC}=\overrightarrow{AD}$.

(2) $\overrightarrow{AB}$的相反向量是$\overrightarrow{BA}$和$\overrightarrow{CD}$.

$\overrightarrow{BC}$的相反向量是$\overrightarrow{CB}$和$\overrightarrow{DA}$.

【反思】相等向量是指长度相等、方向相同的向量，相反向量是指长度相等、方向相反的向量.

认知强化训练

1. 下列说法正确的是(　　)

A. 单位向量的方向是任意的　　B. 零向量的模等于1

C. 方向相反的向量叫做相反向量　　D. 相等向量的方向相同

2. 在平行四边形$ABCD$中，则有(　　)

A. $\overrightarrow{AB}=\overrightarrow{BC}$　　B. $\overrightarrow{AB}=\overrightarrow{CD}$　　C. $\overrightarrow{AB}=\overrightarrow{DC}$　　D. $\overrightarrow{BC}=\overrightarrow{DA}$

3. 下列说法正确的是(　　)

A. 若$|\boldsymbol{a}|=|\boldsymbol{b}|$，则$\boldsymbol{a}=\boldsymbol{b}$　　B. 若$\boldsymbol{a}=\boldsymbol{b}$，则$|\boldsymbol{a}|=|\boldsymbol{b}|$

C. 若$\boldsymbol{a}$是单位向量，则$|\boldsymbol{a}|=0$　　D. 零向量没有方向，其大小为零

4. 下列物理量不是向量的是(　　)

A. 质量　　　　B. 速度　　　　C. 位移　　　　D. 力

5. 在四边形 $ABCD$ 中，若$\overrightarrow{AB}=\overrightarrow{DC}$，则四边形 $ABCD$ 是________四边形.

6. 向量有两个要素，分别是________和________.

7. 如果两个非零向量共线，那么这两个向量的方向________.

8. 在矩形 $ABCD$ 中，与向量$\overrightarrow{CD}$相等的向量是________.

9. 如图 7.1(1)-2 所示，点 M，N 分别是平行四边形 $ABCD$ 的边 AD，BC 的中点，试写出与$\overrightarrow{AM}$相等的向量.

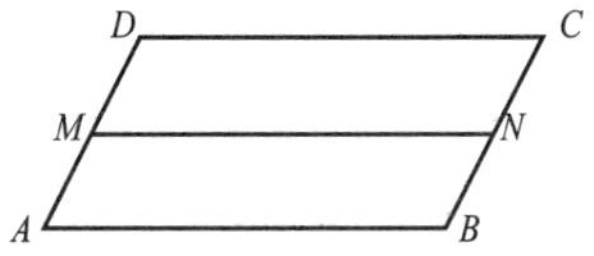

图 7.1(1)-2

10. 李萍和王涛同时从 A 地出发，李萍向东走 1 km，王涛向南走 1 km.

(1)画出李萍相对于王涛的位置向量.

(2)求出该位置向量的大小和方向.

§7.1(2)　平面向量的概念及线性运算(2)

学习目标点击

1. 理解并掌握向量的加法和减法运算并理解其几何意义，掌握向量加法的运算律.

2. 会利用向量加法的三角形法则和平行四边形法则求作两个向量的和.

3. 掌握向量的数乘运算，理解其几何意义，掌握向量数乘运算的运算律，理解平行向量基本定理.

4. 养成规范的作图习惯，培养数形结合的能力.

知识要点聚焦

知识要点一　向量加法及运算律

1. 向量加法的定义

如图 7.1(2)-1 所示，已知两个向量 $\boldsymbol{a}$，$\boldsymbol{b}$ 在平面上任取一点 A，作$\overrightarrow{AB}=\boldsymbol{a}$，$\overrightarrow{BC}=\boldsymbol{b}$，

则向量$\overrightarrow{AC}$叫做$\boldsymbol{a}$与$\boldsymbol{b}$的和(或和向量)，记作$\boldsymbol{a}+\boldsymbol{b}$，即$\overrightarrow{AB}+\overrightarrow{BC}=\overrightarrow{AC}$.

求两个向量的和的运算，叫做向量的加法.

对于零向量与任一向量$\boldsymbol{a}$，均有$\boldsymbol{a}+\boldsymbol{0}=\boldsymbol{0}+\boldsymbol{a}=\boldsymbol{a}$.

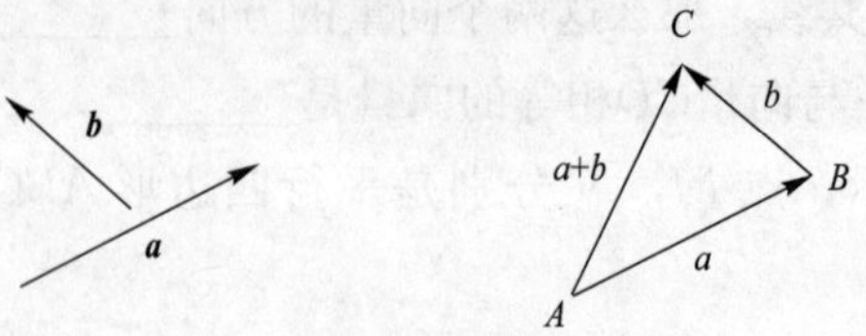

图 7.1(2)-1

2. 向量加法的三角形法则

根据向量加法的定义求向量的和的方法，叫做向量加法的三角形法则，如图 7.1(2)-1 所示，使用三角形法则特别要注意"首尾相接"，具体做法是：将用小写字母表示的向量，用两个大写字母表示(其中后面一个向量的起点与前面一个向量的终点重合，即用同一个字母来表示)，那么由第一个向量的起点指向最后一个向量终点的有向线段就表示这些向量的和.

例如：设$\boldsymbol{a}=\overrightarrow{BC}$，$\boldsymbol{b}=\overrightarrow{CA}$，$\boldsymbol{c}=\overrightarrow{AD}$，则$\boldsymbol{a}+\boldsymbol{b}+\boldsymbol{c}=\overrightarrow{BC}+\overrightarrow{CA}+\overrightarrow{AD}=\overrightarrow{BD}$.

3. 向量加法的平行四边形法则

先把两个已知向量的起点平移到同一点，再以这两个已知向量为邻边作平行四边形，那么这两条邻边所夹的对角线所在的向量就是这两个已知向量的和，这种求两个向量的和的方法叫做向量加法的平行四边形法则.

如图 7.1(2)-2 所示，以点O为起点作向量$\overrightarrow{OA}=\boldsymbol{a}$，$\overrightarrow{OC}=\boldsymbol{b}$，以线段$OA$，$OC$为邻边作平行四边形$OABC$，则以$O$为起点的对角线所在的向量$\overrightarrow{OB}$就是$\boldsymbol{a}$与$\boldsymbol{b}$的和，记作$\boldsymbol{a}+\boldsymbol{b}=\overrightarrow{OB}$.

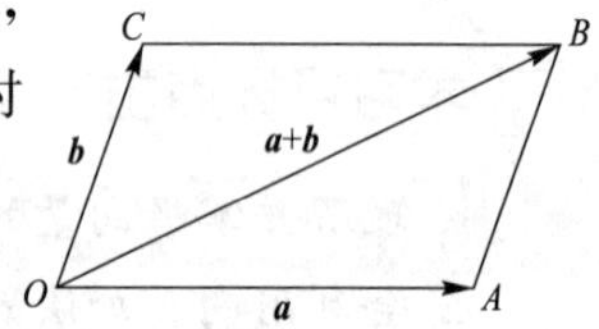

图 7.1(2)-2

4. 向量加法的运算律

(1)交换律：$\boldsymbol{a}+\boldsymbol{b}=\boldsymbol{b}+\boldsymbol{a}$.

(2)结合律：$(\boldsymbol{a}+\boldsymbol{b})+\boldsymbol{c}=\boldsymbol{a}+(\boldsymbol{b}+\boldsymbol{c})$.

5. 学习向量加法还应注意以下几点

(1)两个向量的和仍是一个向量.

(2)当两个非零向量$\boldsymbol{a}$与$\boldsymbol{b}$不共线时，$\boldsymbol{a}+\boldsymbol{b}$的方向与$\boldsymbol{a}$，$\boldsymbol{b}$的方向都不相同，且$|\boldsymbol{a}+\boldsymbol{b}|<|\boldsymbol{a}|+|\boldsymbol{b}|$(即三角形两边之和大于第三边).

(3)若$\boldsymbol{a}$与$\boldsymbol{b}$同向，则$\boldsymbol{a}+\boldsymbol{b}$与$\boldsymbol{a}$(或$\boldsymbol{b}$)同向，且$|\boldsymbol{a}+\boldsymbol{b}|=|\boldsymbol{a}|+|\boldsymbol{b}|$.

(4)若$\boldsymbol{a}$与$\boldsymbol{b}$反向，且$|\boldsymbol{a}|<|\boldsymbol{b}|$，则$\boldsymbol{a}+\boldsymbol{b}$与$\boldsymbol{b}$同向(与$\boldsymbol{a}$反向)，且$|\boldsymbol{a}+\boldsymbol{b}|=|\boldsymbol{b}|-|\boldsymbol{a}|$.

(5)对于任意向量$\boldsymbol{a}$，$\boldsymbol{b}$，均有$|\boldsymbol{a}|-|\boldsymbol{b}|\leqslant|\boldsymbol{a}+\boldsymbol{b}|\leqslant|\boldsymbol{a}|+|\boldsymbol{b}|$.

(6)向量加法的三角形法则适用于任何向量，而向量加法的平行四边形法则只适用于两不共线向量.

知识要点二　向量减法

1. 相反向量

与向量 $\boldsymbol{a}$ 长度相等、方向相反的向量，叫做 $\boldsymbol{a}$ 的相反向量，又叫做负向量，记作 $-\boldsymbol{a}$.

关于相反向量有下列结论：

(1)零向量的相反向量仍是零向量.

(2)$-(-\boldsymbol{a})=\boldsymbol{a}$.

(3)$\boldsymbol{a}+(-\boldsymbol{a})=(-\boldsymbol{a})+\boldsymbol{a}=\boldsymbol{0}$.

(4)若 $\boldsymbol{a}$，$\boldsymbol{b}$ 互为相反向量，则 $\boldsymbol{a}=-\boldsymbol{b}$，$\boldsymbol{b}=-\boldsymbol{a}$，$\boldsymbol{a}+\boldsymbol{b}=\boldsymbol{0}$.

2. 向量的减法

向量 $\boldsymbol{a}$ 加上 $\boldsymbol{b}$ 的相反向量，叫做 $\boldsymbol{a}$ 与 $\boldsymbol{b}$ 的差，即 $\boldsymbol{a}-\boldsymbol{b}=\boldsymbol{a}+(-\boldsymbol{b})$. 求两个向量的差的运算，叫做向量的减法.

3. 向量减法的作图法

如图 7.1(2)-3 所示，已知向量 $\boldsymbol{a}$，$\boldsymbol{b}$，在平面内任取一点 O，作 $\overrightarrow{OA}=\boldsymbol{a}$，则 $\overrightarrow{BA}=\boldsymbol{a}-\boldsymbol{b}$，即 $\boldsymbol{a}-\boldsymbol{b}$ 表示从向量 $\boldsymbol{b}$ 的终点指向向量 $\boldsymbol{a}$ 的终点的向量，这是向量减法的几何意义.

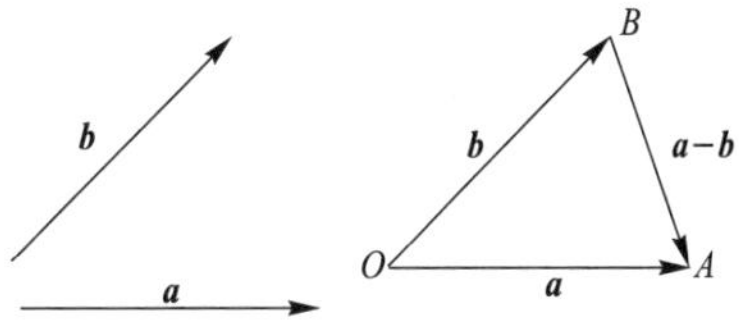

图 7.1(2)-3

4. 学习向量减法要注意以下几点

(1)两个向量有公共起点才可以作差.

(2)向量减法的实质是向量加法的逆运算，利用相反向量的定义就可以把减法化为加法.

(3)在用三角形法则作向量减法时，只要记住"连接两向量起点，箭头指向被减向量的终点"即可.

(4) $\overrightarrow{AB}=\boldsymbol{a}$，$\overrightarrow{AD}=\boldsymbol{b}$ 为邻边作平行四边形 $ABCD$，则两条对角线 AC 和 BD 所在的向量分别为 $\overrightarrow{AC}=\boldsymbol{a}+\boldsymbol{b}$，$\overrightarrow{BD}=\boldsymbol{a}-\boldsymbol{b}$.

知识要点三　实数与向量的积(向量的数乘)的定义及运算律

1. 向量的数乘的定义

实数 λ 与向量 $\boldsymbol{a}$ 的积是一个向量，这种运算叫做向量的数乘，也称为实数与向量的积，记作 $\lambda\boldsymbol{a}$，它的长度与方向规定如下：

(1)$|\lambda\boldsymbol{a}|=|\lambda||\boldsymbol{a}|$.

(2)当 $\lambda>0$ 时，$\lambda\boldsymbol{a}$ 的方向与 $\boldsymbol{a}$ 的方向相同；当 $\lambda<0$ 时，$\lambda\boldsymbol{a}$ 的方向与 $\boldsymbol{a}$ 的方向相反；当 $\lambda=0$ 时，$\lambda\boldsymbol{a}=\boldsymbol{0}$.

理解向量的数乘要注意以下几点：

(1)实数与向量可以求积，但是不能进行加减运算，例如 $\lambda+\boldsymbol{a}$，$\lambda-\boldsymbol{a}(\lambda\in\mathbf{R})$ 无法运算.

(2)关于实数 λ 与向量 $\boldsymbol{a}$ 的积 $\lambda\boldsymbol{a}$ 的理解：当 $|\lambda|>1$ 时，把 $\boldsymbol{a}$ 的长度扩大 $|\lambda|$ 倍；当 $|\lambda|<1$ 时，把 $\boldsymbol{a}$ 的长度缩小 $|\lambda|$ 倍；当 $\lambda>0$ 时，不改变 $\boldsymbol{a}$ 的方向；当 $\lambda<0$ 时，改变 $\boldsymbol{a}$ 的方向.

(3)实数与向量的积的特殊情况：当 $\lambda=0$ 时，$\lambda\boldsymbol{a}=\boldsymbol{0}$；当 $\lambda\neq0$ 时，若 $\boldsymbol{a}=\boldsymbol{0}$，则也有 $\lambda\boldsymbol{a}=\boldsymbol{0}$. 也就是说，实数与向量的积仍然是一个向量.

2. 实数与向量的积满足的运算律

设 λ，μ 是实数，对任意向量 $\boldsymbol{a}$，$\boldsymbol{b}$ 均有

(1)结合律：$\lambda(\mu\boldsymbol{a})=(\lambda\mu)\boldsymbol{a}$.

(2)第一分配律：$(\lambda+\mu)\boldsymbol{a}=\lambda\boldsymbol{a}+\mu\boldsymbol{a}$.

(3)第二分配律：$\lambda(\boldsymbol{a}+\boldsymbol{b})=\lambda\boldsymbol{a}+\lambda\boldsymbol{b}$.

特别地，我们有

(1)$(-\lambda)\boldsymbol{a}=-(\lambda\boldsymbol{a})=\lambda(-\boldsymbol{a})$.

(2)$\lambda(\boldsymbol{a}-\boldsymbol{b})=\lambda\boldsymbol{a}-\lambda\boldsymbol{b}$.

向量的加法、减法与数乘的综合运算，统称向量的线性运算.

知识要点四　两向量平行的充分必要条件

向量 $\boldsymbol{b}$ 与非零向量 $\boldsymbol{a}$ 共线，则有且只有一个实数 λ，使得 $\boldsymbol{b}=\lambda\boldsymbol{a}$；若 $\boldsymbol{b}=\lambda\boldsymbol{a}$ $(\lambda\in\mathbf{R})$，则 $\boldsymbol{a}$ 与 $\boldsymbol{b}$ 共线．即

$$\boldsymbol{a}/\!/\boldsymbol{b}(\boldsymbol{a}\neq\boldsymbol{0})\Leftrightarrow\boldsymbol{b}=\lambda\boldsymbol{a}(\lambda\in\mathbf{R}).$$

理解两向量平行的充要条件要注意以下几点：

(1)要证明向量 $\boldsymbol{b}$ 与非零向量 $\boldsymbol{a}$ 共线，只需证明存在唯一实数 λ，使得 $\boldsymbol{b}=\lambda\boldsymbol{a}$.

(2)若 $\boldsymbol{a}=\boldsymbol{b}=\boldsymbol{0}$，实数 λ 仍然存在，此时 λ 并不唯一，是任意数值.

(3)对于式子 $\boldsymbol{b}=\lambda\boldsymbol{a}$，当 $\lambda\neq0$ 时可改写成 $\boldsymbol{a}=\dfrac{1}{\lambda}\boldsymbol{b}$，但不能改写成 $\dfrac{\boldsymbol{b}}{\boldsymbol{a}}=\lambda$ 或 $\dfrac{\boldsymbol{a}}{\boldsymbol{b}}=\dfrac{1}{\lambda}$，因为两个向量未定义除法.

题型分类剖析

题型一　向量加法、减法的应用

例 1　已知向量 $\boldsymbol{a}$ 与 $\boldsymbol{b}$，画出 $\boldsymbol{a}+\boldsymbol{b}$ 和 $\boldsymbol{a}-\boldsymbol{b}$.

【分析】运用平行四边形法则或三角形法则.

【解答】如图 7.1(2)-4 所示，以 $\boldsymbol{a}$ 和 $\boldsymbol{b}$ 为邻边作平行四边形，根据向量加法的平行四边

形法则可得 $\boldsymbol{a}+\boldsymbol{b}$，根据向量减法的三角形法则可得 $\boldsymbol{a}-\boldsymbol{b}$.

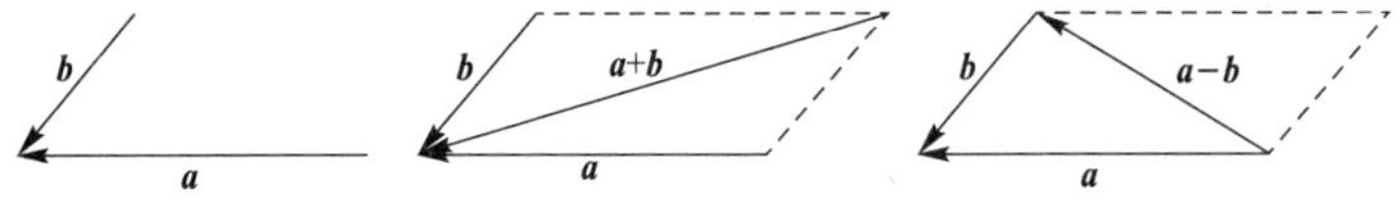

图 7.1(2)-4

【反思】两个向量的差是起点相同时减向量的终点到被减向量的终点的向量.

例 2 如图 7.1(2)-5 所示，在梯形 $ABCD$ 中，$CD/\!/AB$，$CD=\frac{1}{2}AB$，E 是线段 AB 的中点. 设 $\overrightarrow{AE}=\boldsymbol{a}$，$\overrightarrow{CE}=\boldsymbol{b}$，试用 $\boldsymbol{a}$ 或 $\boldsymbol{b}$ 表示下列各向量：

(1) $\overrightarrow{AD}$. (2) $\overrightarrow{BE}$. (3) $\overrightarrow{AC}$. (4) $\overrightarrow{CB}$.

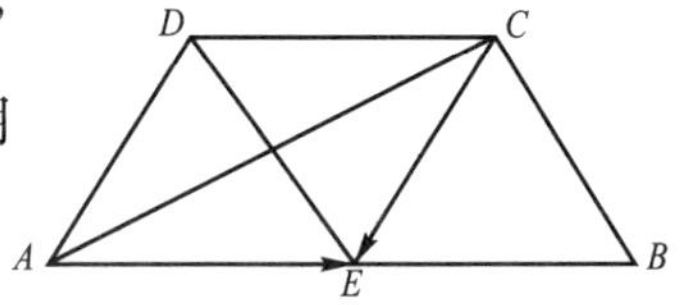

图 7.1(2)-5

【分析】根据已知条件，找到所求 4 条线段与 AE 或 CE 的大小关系.

【解答】(1) 因为 $CD/\!/AB$，$CD=\frac{1}{2}AB$，E 是线段 AB 的中点，所以 $CD \underline{/\!/} AE$. 于是四边形 $AECD$ 为平行四边形. 所以，$AD \underline{/\!/} CE$. 因此，$\overrightarrow{AD}=\overrightarrow{EC}=-\overrightarrow{CE}=-\boldsymbol{b}$.

(2) 因为 $BE=AE$，所以 $\overrightarrow{BE}=\overrightarrow{EA}=-\overrightarrow{AE}=-\boldsymbol{a}$.

(3) 因为 $\overrightarrow{AC}=\overrightarrow{AE}+\overrightarrow{EC}=\overrightarrow{AE}-\overrightarrow{CE}$，所以 $\overrightarrow{AC}=\boldsymbol{a}-\boldsymbol{b}$.

(4) 因为在四边形 $BCDE$ 中，$BE \underline{/\!/} CD$，所以四边形 $BCDE$ 为平行四边形，于是 $BC \underline{/\!/} ED$.

因此，$\overrightarrow{CB}=\overrightarrow{DE}=\overrightarrow{DA}+\overrightarrow{AE}=\overrightarrow{CE}+\overrightarrow{AE}=\boldsymbol{b}+\boldsymbol{a}=\boldsymbol{a}+\boldsymbol{b}$.

【反思】本题在表示 $\overrightarrow{AD}$，$\overrightarrow{BE}$，$\overrightarrow{AC}$ 和 $\overrightarrow{CB}$ 时，既用到了平面几何的知识，又分别用到了向量的加法和减法. 一个向量既可以看成是某几个向量的和，又可看成是某两个向量的差.

题型二　向量的数乘运算

例 3 化简：$\frac{1}{2}[(3\boldsymbol{a}-2\boldsymbol{b})+4\boldsymbol{b}-(\boldsymbol{a}-3\boldsymbol{b})]$.

【分析】对任意实数 λ 和 μ，均有 $\lambda(\mu\boldsymbol{a})=(\lambda\mu)\boldsymbol{a}$.

【解答】原式 $=\frac{1}{2}(3\boldsymbol{a}-2\boldsymbol{b}+4\boldsymbol{b}-\boldsymbol{a}+3\boldsymbol{b})$

$=\frac{1}{2}(2\boldsymbol{a}+5\boldsymbol{b})$

$=\boldsymbol{a}+\frac{5}{2}\boldsymbol{b}$.

【反思】向量的数乘运算、加减运算类似于多项式的运算，其运算方法类似于多项式的合并同类项.

例 4 如图 7.1(2)-6 所示，已知 $\overrightarrow{AB}=4\overrightarrow{AE}$，$\overrightarrow{AC}=4\overrightarrow{AF}$，求证：$EF=\frac{1}{4}BC$，

且$EF/\!/BC$.

【分析】找到向量$\overrightarrow{EF}$与$\overrightarrow{BC}$之间的关系即可.

【解答】因为$\overrightarrow{AB}=4\overrightarrow{AE}$，$\overrightarrow{AC}=4\overrightarrow{AF}$，

所以$\overrightarrow{BC}=\overrightarrow{AC}-\overrightarrow{AB}=4\overrightarrow{AF}-4\overrightarrow{AE}=4\overrightarrow{EF}$，

于是，有$\overrightarrow{EF}=\frac{1}{4}\overrightarrow{BC}$，

所以$EF=\frac{1}{4}BC$，且$EF/\!/BC$.

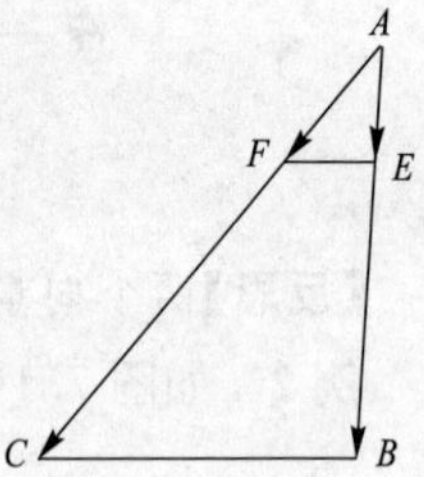

图 7.1(2)-6

【反思】由$\overrightarrow{EF}=\frac{1}{4}\overrightarrow{BC}$可知，$|\overrightarrow{EF}|=\frac{1}{4}|\overrightarrow{BC}|$，即$EF=\frac{1}{4}BC$. 而且由$\overrightarrow{EF}=\frac{1}{4}\overrightarrow{BC}$可知，$\overrightarrow{EF}$与$\overrightarrow{BC}$共线，又由于线段$EF$与$BC$无公共点，所以$EF/\!/BC$.

认知强化训练

1. 下列各式不正确的是(　　)

A. $\overrightarrow{AB}+\overrightarrow{BA}=\mathbf{0}$　　B. $\overrightarrow{AB}+\overrightarrow{BA}=0$

C. $\overrightarrow{AB}+\overrightarrow{BD}=\overrightarrow{AD}$　　D. $\boldsymbol{a}+\mathbf{0}=\boldsymbol{a}$

2. $\overrightarrow{AB}+(\overrightarrow{CA}+\overrightarrow{BC})=$(　　)

A. $\overrightarrow{CA}$　　B. $\overrightarrow{AC}$　　C. $\mathbf{0}$　　D. 0

3. 在平行四边形$ABCD$中，$\overrightarrow{AC}=$(　　)

A. $\overrightarrow{BC}-\overrightarrow{BA}$　　B. $\overrightarrow{BA}-\overrightarrow{BC}$　　C. $\overrightarrow{DC}-\overrightarrow{AD}$　　D. $\overrightarrow{BA}-\overrightarrow{BD}$

4. 对任意实数λ，下列关系正确的是(　　)

A. $|\lambda\boldsymbol{a}|=|\lambda|\boldsymbol{a}$　　B. $|\lambda\boldsymbol{a}|=\lambda|\boldsymbol{a}|$

C. $(2\lambda)\boldsymbol{a}=2\boldsymbol{a}+\lambda\boldsymbol{a}$　　D. 若$\boldsymbol{a}=\mathbf{0}$，则$\lambda\boldsymbol{a}=\mathbf{0}$

5. $\overrightarrow{AB}+\overrightarrow{BC}+\overrightarrow{CD}+\overrightarrow{DE}=$________.

6. $\overrightarrow{AB}-\overrightarrow{AD}+\overrightarrow{CD}-\overrightarrow{CB}=$________.

7. 已知$\boldsymbol{a}/\!/\boldsymbol{b}$，且$\boldsymbol{a}$与$\boldsymbol{b}$方向相反，$|\boldsymbol{a}|=\frac{1}{2}|\boldsymbol{b}|$，则$\boldsymbol{a}=$________$\boldsymbol{b}$.

8. 已知$\boldsymbol{a}-\boldsymbol{b}=2\boldsymbol{e}$，$\boldsymbol{a}+\boldsymbol{b}=4\boldsymbol{e}$，则$\boldsymbol{a}$与$\boldsymbol{b}$的关系是________.

9. 设$\boldsymbol{x}$是未知向量，且$3(\boldsymbol{x}+\boldsymbol{a})-4(\boldsymbol{x}-\boldsymbol{b})=\mathbf{0}$，试求$\boldsymbol{x}$.

10. 已知在$\triangle ABC$中，M，N分别是AB和AC的中点，若$\overrightarrow{AB}=\boldsymbol{a}$，$\overrightarrow{AC}=\boldsymbol{b}$，试用向量$\boldsymbol{a}$，$\boldsymbol{b}$表示向量$\overrightarrow{MN}$.

§7.2 平面向量的坐标表示

学习目标点击

1. 理解平面向量的坐标表示，掌握平面向量的坐标运算.
2. 能够根据平面向量的坐标，判断两个向量是否平行.
3. 进一步了解数形结合思想，培养辩证思维能力.

知识要点聚焦

知识要点一 平面向量的坐标表示

对任意一个平面向量 $\boldsymbol{a}$，都存在着一对有序实数(x, y)，使得 $\boldsymbol{a}=x\boldsymbol{i}+y\boldsymbol{j}$（其中 $\boldsymbol{i}$，$\boldsymbol{j}$ 分别是与 x 轴 y 轴同向的单位向量），则有序实数对(x, y)叫做向量 $\boldsymbol{a}$ 的坐标，记作 $\boldsymbol{a}=(x, y)$.

理解平面向量的坐标表示要注意以下几点：

(1)在平面直角坐标系中，每一个平面向量都可以用一对有序实数对唯一表示，为向量运算数量化、代数化奠定了基础，体现了数形结合的思想.

(2)有序实数对(x, y)在平面直角坐标系中，既可以表示一个点，又可以表示一个向量. 为加以区分，在表述中，常说点(x, y)，向量(x, y).

(3)点的坐标与向量坐标的表示方法有所不同. 例如，点 A 的坐标记作 $A(3, -5)$，向量$\overrightarrow{OA}$的坐标记作$\overrightarrow{OA}=(3, -5)$.

知识要点二 平面向量的坐标运算

1. 若 $\boldsymbol{a}=(x_1, y_1)$，$\boldsymbol{b}=(x_2, y_2)$，则 $\boldsymbol{a}+\boldsymbol{b}=(x_1+x_2, y_1+y_2)$.

即两个向量的和的坐标，等于这两个向量相应坐标的和.

2. 若 $\boldsymbol{a}=(x_1, y_1)$，$\boldsymbol{b}=(x_2, y_2)$，则 $\boldsymbol{a}-\boldsymbol{b}=(x_1-x_2, y_1-y_2)$.

即两个向量的差的坐标，等于这两个向量相应坐标的差.

3. 若 $\boldsymbol{a}=(x, y)$，$\lambda\in\mathbf{R}$，则 $\lambda\boldsymbol{a}=(\lambda x, \lambda y)$.

即实数与向量的积的坐标等于这个实数乘原来向量的相应坐标.

4. 若 $A(x_1, y_1)$，$B(x_2, y_2)$，则$\overrightarrow{AB}=(x_2-x_1, y_2-y_1)$.

即一个向量的坐标等于表示此向量的有向线段的终点坐标减去起点坐标.

知识要点三　两向量平行(共线)的坐标表示

若 $\boldsymbol{a}=(x_1, y_1)$，$\boldsymbol{b}=(x_2, y_2)$，则 $\boldsymbol{a}$ 与 $\boldsymbol{b}$ 共线的充要条件是 $x_1y_2-x_2y_1=0$.

即 $\boldsymbol{a}/\!/\boldsymbol{b}\Leftrightarrow x_1y_2-x_2y_1=0$.

题型分类剖析

题型一　平面向量的坐标运算

例 1　已知点 $A(-2, 1)$，$B(-1, 0)$，且 $|\overrightarrow{AD}|=2|\overrightarrow{BD}|$，若 D 在线段 AB 上，求点 D 的坐标.

【分析】可用方程的思想方法先设点 $D(x, y)$，再列方程组而解之；在这里 $\overrightarrow{AD}=2\overrightarrow{DB}$.

【解答】设 $D(x, y)$，因为 $|\overrightarrow{AD}|=2|\overrightarrow{BD}|$，且点 D 在线段 AB 上，所以 $\overrightarrow{AD}=2\overrightarrow{DB}$.

而 $\overrightarrow{AD}=(x+2, y-1)$，$\overrightarrow{DB}=(-1-x, -y)$，$2\overrightarrow{DB}=(-2-2x, -2y)$.

所以 $(x+2, y-1)=(-2-2x, -2y)$.

于是，有 $\begin{cases}x+2=-2-2x,\\ y-1=-2y,\end{cases}$ 解之得 $\begin{cases}x=-\dfrac{4}{3},\\ y=\dfrac{1}{3}.\end{cases}$ 故点 D 的坐标为 $\left(-\dfrac{4}{3}, \dfrac{1}{3}\right)$.

【反思】在本题的解题过程中，由 $|\overrightarrow{AD}|=2|\overrightarrow{BD}|$ 转化为 $\overrightarrow{AD}=2\overrightarrow{DB}$ 是解题的关键所在.

题型二　两向量共线的充分必要条件

例 2　已知 $\boldsymbol{a}=(-1, 1)$，$\boldsymbol{b}=(2, -3)$，当实数 k 为何值时，向量 $k\boldsymbol{a}+\boldsymbol{b}$ 与 $\boldsymbol{a}-2\boldsymbol{b}$ 平行？并确定此时它们是同向还是反向.

【分析】根据 $\boldsymbol{a}$，$\boldsymbol{b}$ 的坐标，可以求 $k\boldsymbol{a}+\boldsymbol{b}$ 与 $\boldsymbol{a}-2\boldsymbol{b}$ 的坐标，再利用两向量共线的充要条件得到关于 k 的关系式来求 k；根据两向量 $k\boldsymbol{a}+\boldsymbol{b}=\lambda(\boldsymbol{a}-2\boldsymbol{b})$ 中 λ 的符号确定它们是同向还是反向.

【解答】因为 $\boldsymbol{a}=(-1, 1)$，$\boldsymbol{b}=(2, -3)$，

所以 $k\boldsymbol{a}+\boldsymbol{b}=k(-1, 1)+(2, -3)=(2-k, k-3)$，

$\boldsymbol{a}-2\boldsymbol{b}=(-1, 1)-2(2, -3)=(-5, 7)$，

又因为 $(k\boldsymbol{a}+\boldsymbol{b})/\!/(\boldsymbol{a}-2\boldsymbol{b})$，

所以 $7(2-k)-(-5)\times(k-3)=0$，解之得 $k=-\dfrac{1}{2}$.

此时，$k\boldsymbol{a}+\boldsymbol{b}=\left(2+\dfrac{1}{2}, -\dfrac{1}{2}-3\right)=\left(\dfrac{5}{2}, -\dfrac{7}{2}\right)$，

$\boldsymbol{a}-2\boldsymbol{b}=(-5,\ 7)$，$\left(\frac{5}{2},\ -\frac{7}{2}\right)=-\frac{1}{2}(-5,\ 7)$，

即有 $k\boldsymbol{a}+\boldsymbol{b}=-\frac{1}{2}(\boldsymbol{a}-2\boldsymbol{b})$. 因此，$k\boldsymbol{a}+\boldsymbol{b}$ 与 $\boldsymbol{a}-2\boldsymbol{b}$ 反向.

【反思】本题是利用两向量共线的充要条件（即 $\boldsymbol{a}/\!/\boldsymbol{b}\Leftrightarrow x_1y_2-x_2y_1=0$）来求实数 k 的，在确定 $k\boldsymbol{a}+\boldsymbol{b}$ 与 $\boldsymbol{a}-2\boldsymbol{b}$ 的方向是相同还是相反的依据是：在 $\boldsymbol{m}=\lambda\boldsymbol{n}$ 中，当 $\lambda>0$ 时，$\boldsymbol{m}$ 与 $\boldsymbol{n}$ 同向，当 $\lambda<0$ 时，$\boldsymbol{m}$ 与 $\boldsymbol{n}$ 反向.

题型三　利用共线向量求解三点共线问题

例 3　已知点 $A(m,\ 10)$，$B(2,\ 3)$，$C(8,\ m)$，当 m 为何值时，A，B，C 三点共线？

【分析】若 A，B，C 三点共线，则 $\overrightarrow{AB}$ 与 $\overrightarrow{BC}$ 共线，根据向量共线的充要条件可列方程来求 m.

【解答】因为 $A(m,\ 10)$，$B(2,\ 3)$，$C(8,\ m)$，

所以 $\overrightarrow{AB}=(2-m,\ -7)$，$\overrightarrow{BC}=(8-2,\ m-3)=(6,\ m-3)$.

因为 A，B，C 三点共线，所以 $\overrightarrow{AB}/\!/\overrightarrow{BC}$，

于是，有 $(2-m)(m-3)-6\times(-7)=0$，

即有 $m^2-5m-36=0$，解之得 $m=9$ 或 -4.

【反思】当 A，B，C 三点共线时，利用 $\overrightarrow{AB}/\!/\overrightarrow{BC}$ 或 $\overrightarrow{AB}/\!/\overrightarrow{AC}$ 等均可以求出实数的 m 值.

认知强化训练

1. 已知点 $A(-3,\ 4)$，$B(2,\ 3)$，则 $\overrightarrow{AB}=$（　　）

　A. $(-5,\ 1)$　　B. $(5,\ -1)$　　C. $(-1,\ 7)$　　D. $(-6,\ 12)$

2. 若 $\boldsymbol{a}=(2,\ 3)$，$\boldsymbol{b}=(-6,\ m)$，且 $\boldsymbol{a}/\!/\boldsymbol{b}$，则 $m=$（　　）

　A. 4　　B. -4　　C. 9　　D. -9

3. 下列说法正确的是（　　）

　A. 若两个向量相等，则它们的坐标一定是相同的

　B. 若两个向量相等，则它们的起点和终点分别相同

　C. 向量 $(-4,\ 2)$ 与向量 $(2,\ -1)$ 的方向是相同的

　D. 两个向量的差不是向量

4. 已知两点 $A(3,\ 4)$，$B(-5,\ 5)$，且 $\boldsymbol{a}=(k-3,\ k^2+4k-4)$. 若 $\boldsymbol{a}=\overrightarrow{AB}$，则实数 k 的值为（　　）

　A. -5 或 1　　B. 1　　C. -5　　D. -1 或 5

5. $\boldsymbol{a}-\boldsymbol{a}=$________.

6. 已知 $A(-2,\ 4)$，$B(-3,\ 2)$，若 $\overrightarrow{AC}=\frac{1}{2}\overrightarrow{AB}$，则点 C 的坐标是________.

7. 若 $A(3,\ -6)$，$B(-5,\ 2)$，$C(8,\ m)$ 三点共线，则 m 的值为________.

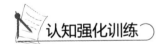

8. 若点 $P(x_1, y_1)$，向量$\overrightarrow{PQ}=(x_2, y_2)$，则点 Q 的坐标为________.

9. 已知 $\boldsymbol{a}+\boldsymbol{b}=(4, -15)$. $\boldsymbol{a}-\boldsymbol{b}=(-10, 5)$，求 $\boldsymbol{a}$ 和 $\boldsymbol{b}$ ________.

10. 已知 $\boldsymbol{a}=(1, -2)$，$\boldsymbol{b}=(-1, 4)$，$\boldsymbol{c}=(-3, 6)$，且 $\boldsymbol{c}=x\boldsymbol{a}+y\boldsymbol{b}$，求 x 与 y 的值.

§7.3 平面向量的内积

学习目标点击

1. 理解两个非零向量的夹角的概念.

2. 理解并掌握平面向量的内积，会用已知条件去求向量的内积.

3. 理解内积的基本性质和运算律；理解内积的坐标表示，并能应用内积的知识解决有关长度、角度和垂直的问题.

知识要点聚焦

知识要点一　向量的夹角

已知两个非零向量 $\boldsymbol{a}$，$\boldsymbol{b}$，作$\overrightarrow{OA}=\boldsymbol{a}$，$\overrightarrow{OB}=\boldsymbol{b}$，我们把由射线 OA 与射线 OB 组成的不小于 $0°$且不大于 $180°$的角 θ 叫做两向量 $\boldsymbol{a}$ 与 $\boldsymbol{b}$ 的夹角，记作$\langle\boldsymbol{a}, \boldsymbol{b}\rangle$，并且规定：$0°\leqslant\langle\boldsymbol{a}, \boldsymbol{b}\rangle\leqslant180°$.

理解两向量的夹角要注意以下几点：

(1)在两向量的夹角的定义中，必须使两向量有公共的起点，在寻找或作出两向量的夹角时，可利用平移的方法使两向量有公共的起点，如在等边三角形 ABC 中，$\overrightarrow{AB}$与$\overrightarrow{BC}$的夹角不是 $60°$而是 $120°$.

(2)当$\langle\boldsymbol{a}, \boldsymbol{b}\rangle=0°$时，$\boldsymbol{a}$ 与 $\boldsymbol{b}$ 同向.

(3)当$\langle\boldsymbol{a}, \boldsymbol{b}\rangle=180°$时，$\boldsymbol{a}$ 与 $\boldsymbol{b}$ 反向.

(4)当$\langle\boldsymbol{a}, \boldsymbol{b}\rangle=90°$时，$\boldsymbol{a}$ 与 $\boldsymbol{b}$ 垂直，记作 $\boldsymbol{a}\perp\boldsymbol{b}$.

知识要点二　向量的内积

1. 向量的内积

已知两个非零向量 $\boldsymbol{a}$ 与 $\boldsymbol{b}$，它们的夹角为 θ，则把实数$|\boldsymbol{a}||\boldsymbol{b}|\cos\theta$ 叫做向量 $\boldsymbol{a}$ 与 $\boldsymbol{b}$ 的

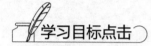

内积，又叫做数量积，记作 $\boldsymbol{a}\cdot\boldsymbol{b}$，即

$$\boldsymbol{a}\cdot\boldsymbol{b}=|\boldsymbol{a}||\boldsymbol{b}|\cos\theta.$$

理解向量的内积要注意以下几点：

(1)规定：零向量与任一向量的内积为 0.

(2)两个向量的内积是一个数量(实数)而不是向量，可以是正数、负数或零，其符号由 $\cos\langle\boldsymbol{a},\boldsymbol{b}\rangle$ 的符号所决定．当 $0°\leqslant\theta<90°$ 时，$\boldsymbol{a}\cdot\boldsymbol{b}>0$；当 $\theta=90°$ 时，$\boldsymbol{a}\cdot\boldsymbol{b}=0$；当 $90°<\theta\leqslant180°$ 时，$\boldsymbol{a}\cdot\boldsymbol{b}<0$.

(3)两个向量 $\boldsymbol{a}$ 与 $\boldsymbol{b}$ 的内积写成 $\boldsymbol{a}\cdot\boldsymbol{b}$，符号“·”在向量运算中不是乘号，既不能省略，也不能用“×”代替．也就是说不能将 $\boldsymbol{a}\cdot\boldsymbol{b}$ 写成 $\boldsymbol{ab}$，也不能写成 $\boldsymbol{a}\times\boldsymbol{b}$.

2. 向量内积的几何意义

内积 $\boldsymbol{a}\cdot\boldsymbol{b}$ 等于 $\boldsymbol{a}$ 的长度 $|\boldsymbol{a}|$ 与 $\boldsymbol{b}$ 在 $\boldsymbol{a}$ 的方向上的投影 $|\boldsymbol{b}|\cos\theta$ 的乘积($\theta=\langle\boldsymbol{a},\boldsymbol{b}\rangle$)，这就是 $\boldsymbol{a}\cdot\boldsymbol{b}$ 的几何意义.

$\boldsymbol{a}\cdot\boldsymbol{b}$ 也等于 $|\boldsymbol{a}|$ 与 $\boldsymbol{b}$ 在 $\boldsymbol{a}$ 方向上的投影 $|\boldsymbol{a}|\cos\theta$ 的乘积．要注意的是 $\boldsymbol{a}$ 在 $\boldsymbol{b}$ 方向上的投影与 $\boldsymbol{b}$ 在 $\boldsymbol{a}$ 方向上的投影是不同的，$\boldsymbol{a}$ 在 $\boldsymbol{b}$ 方向上的投影为 $|\boldsymbol{a}|\cos\langle\boldsymbol{a},\boldsymbol{b}\rangle$，$\boldsymbol{b}$ 在 $\boldsymbol{a}$ 方向上的投影为 $|\boldsymbol{b}|\cos\langle\boldsymbol{a},\boldsymbol{b}\rangle$. $\boldsymbol{b}$ 在 $\boldsymbol{a}$ 方向上的投影不是向量而是数量，它的符号取决于其夹角 θ 的大小．$\boldsymbol{b}$ 在 $\boldsymbol{a}$ 方向上的投影 $|\boldsymbol{b}|\cos\langle\boldsymbol{a},\boldsymbol{b}\rangle$，也等于 $\frac{\boldsymbol{a}\cdot\boldsymbol{b}}{|\boldsymbol{a}|}$，$\boldsymbol{a}$ 在 $\boldsymbol{b}$ 方向上的投影 $|\boldsymbol{a}|\cos\langle\boldsymbol{a},\boldsymbol{b}\rangle$ 也等于 $\frac{\boldsymbol{a}\cdot\boldsymbol{b}}{|\boldsymbol{b}|}$.

知识要点三　内积的性质

设 $\boldsymbol{a}$ 和 $\boldsymbol{b}$ 都是非零向量，则

(1) $\boldsymbol{a}\perp\boldsymbol{b}\Leftrightarrow\boldsymbol{a}\cdot\boldsymbol{b}=0$.

(2)当 $\boldsymbol{a}$ 与 $\boldsymbol{b}$ 同向时，$\boldsymbol{a}\cdot\boldsymbol{b}=|\boldsymbol{a}||\boldsymbol{b}|$．当 $\boldsymbol{a}$ 与 $\boldsymbol{b}$ 反向时，$\boldsymbol{a}\cdot\boldsymbol{b}=-|\boldsymbol{a}||\boldsymbol{b}|$.

(3) $\boldsymbol{a}\cdot\boldsymbol{a}=|\boldsymbol{a}|^2$，$|\boldsymbol{a}|=\sqrt{\boldsymbol{a}\cdot\boldsymbol{a}}$.

(4) $|\boldsymbol{a}\cdot\boldsymbol{b}|\leqslant|\boldsymbol{a}||\boldsymbol{b}|$.

知识要点四　内积的运算律

已知向量 $\boldsymbol{a}$，$\boldsymbol{b}$，$\boldsymbol{c}$ 和实数 λ，则有：

(1)交换律：$\boldsymbol{a}\cdot\boldsymbol{b}=\boldsymbol{b}\cdot\boldsymbol{a}$.

(2)结合律：$(\lambda\boldsymbol{a})\cdot\boldsymbol{b}=\lambda(\boldsymbol{a}\cdot\boldsymbol{b})=\boldsymbol{a}\cdot(\lambda\boldsymbol{b})$.

(3)分配律：$(\boldsymbol{a}+\boldsymbol{b})\cdot\boldsymbol{c}\leqslant\boldsymbol{a}\cdot\boldsymbol{c}+\boldsymbol{b}\cdot\boldsymbol{c}$.

理解内积的运算律要注意以下几点：

(1)要注意区分两向量的内积的运算性质与数乘、实数与实数的积之间的差异．例如：若 a，b，c 为实数，则有 $ab=bc\Rightarrow a=c$，但对于向量就不正确了，即 $\boldsymbol{a}\cdot\boldsymbol{b}=\boldsymbol{b}\cdot\boldsymbol{c}\nRightarrow\boldsymbol{a}=\boldsymbol{c}$.

(2) $(\boldsymbol{a}\cdot\boldsymbol{b})\boldsymbol{c}$ 不一定等于 $\boldsymbol{a}(\boldsymbol{b}\cdot\boldsymbol{c})$，这是因为 $(\boldsymbol{a}\cdot\boldsymbol{b})\boldsymbol{c}$ 表示一个与 $\boldsymbol{c}$ 共线的向量，而 $\boldsymbol{a}$

$(\boldsymbol{b}\cdot\boldsymbol{c})$表示一个与$\boldsymbol{a}$共线的向量，而$\boldsymbol{c}$与$\boldsymbol{a}$不一定共线.

(3)内积的常见运算律或性质还有：

①$(\boldsymbol{a}\pm\boldsymbol{b})^2=|\boldsymbol{a}|^2\pm2\boldsymbol{a}\cdot\boldsymbol{b}+|\boldsymbol{b}|^2$.

②$(\boldsymbol{a}+\boldsymbol{b})\cdot(\boldsymbol{a}-\boldsymbol{b})=|\boldsymbol{a}|^2-|\boldsymbol{b}|^2$.

③$(\boldsymbol{a}+\boldsymbol{b})^2+(\boldsymbol{a}-\boldsymbol{b})^2=2(|\boldsymbol{a}|^2+|\boldsymbol{b}|^2)$.

知识要点五　内积的坐标表示

1. 设$\boldsymbol{a}=(x_1, y_1)$，$\boldsymbol{b}=(x_2, y_2)$，则

(1)$\boldsymbol{a}\cdot\boldsymbol{b}=x_1x_2+y_1y_2$，即两个向量的内积等于它们对应坐标的乘积的和.

(2) $\boldsymbol{a}\perp\boldsymbol{b}\Leftrightarrow\boldsymbol{a}\cdot\boldsymbol{b}=0\Leftrightarrow x_1x_2+y_1y_2=0$.

2. 若$\boldsymbol{a}=(x, y)$，则$|\boldsymbol{a}|=\sqrt{\boldsymbol{a}\cdot\boldsymbol{a}}=\sqrt{x^2+y^2}$或$|\boldsymbol{a}|^2=x^2+y^2$.

3. 向量的夹角公式

设$\boldsymbol{a}$，$\boldsymbol{b}$是两个非零向量，且$\boldsymbol{a}=(x_1, y_1)$，$\boldsymbol{b}=(x_2, y_2)$，向量$\boldsymbol{a}$与$\boldsymbol{b}$的夹角为$\theta$，则由内积的定义$\boldsymbol{a}\cdot\boldsymbol{b}=|\boldsymbol{a}||\boldsymbol{b}|\cos\theta$有$\cos\theta=\dfrac{\boldsymbol{a}\cdot\boldsymbol{b}}{|\boldsymbol{a}||\boldsymbol{b}|}$，即$\cos\theta=\dfrac{x_1x_2+y_1y_2}{\sqrt{x_1^2+y_1^2}\times\sqrt{x_2^2+y_2^2}}$.

4. 两点间距离公式

若点$A(x_1, y_1)$，点$B(x_2, y_2)$，则$\overrightarrow{AB}=(x_2-x_1, y_2-y_1)$，由$|\boldsymbol{a}|=\sqrt{x^2+y^2}$得$|\overrightarrow{AB}|=\sqrt{(x_2-x_1)^2+(y_2-y_1)^2}$. 因此有两点间距离公式：$|AB|=\sqrt{(x_2-x_1)^2+(y_2-y_1)^2}$.

题型分类剖析

题型一　内积的坐标运算

例1　已知向量$\boldsymbol{a}$与$\boldsymbol{b}$同向，且$\boldsymbol{a}=(1, 2)$，$\boldsymbol{a}\cdot\boldsymbol{b}=10$.

(1)求$\boldsymbol{b}$的坐标.

(2)若$\boldsymbol{c}=(4, -2)$，求$(\boldsymbol{b}\cdot\boldsymbol{c})\boldsymbol{a}$，

【分析】求向量$\boldsymbol{a}$的坐标时，可利用向量的内积；求$(\boldsymbol{b}\cdot\boldsymbol{c})\boldsymbol{a}$时，可先求$\boldsymbol{b}\cdot\boldsymbol{c}$，再求$(\boldsymbol{b}\cdot\boldsymbol{c})\boldsymbol{a}$.

【解答】(1)因为$\boldsymbol{a}=(1, 2)$，且$\boldsymbol{a}$与$\boldsymbol{b}$同向.

所以可设$\boldsymbol{b}=\lambda\boldsymbol{a}$，且$\lambda>0$，于是$\boldsymbol{b}=\lambda(1, 2)=(\lambda, 2\lambda)$.

又因为$\boldsymbol{a}\cdot\boldsymbol{b}=10$，所以$1\times\lambda+2\times2\lambda=10$，解之得$\lambda=2$. 故$\boldsymbol{b}=(2, 4)$.

(2)因为$\boldsymbol{b}=(2, 4)$，$\boldsymbol{c}=(4, -2)$，所以$\boldsymbol{b}\cdot\boldsymbol{c}=2\times4+4\times(-2)=0$，

因此$(\boldsymbol{b}\cdot\boldsymbol{c})\boldsymbol{a}=0\cdot\boldsymbol{a}=\boldsymbol{0}$.

【反思】关于向量内积的坐标运算问题，关键是熟练掌握内积的坐标运算公式$\boldsymbol{a}\cdot\boldsymbol{b}=$

$x_1x_2+y_1y_2$ 以及向量的模的计算公式或夹角公式，特别要注意方程思想的运用，在计算 $0\times\boldsymbol{a}$ 时易出现 $0\times\boldsymbol{a}=0$ 的错误，望读者重视.

题型二　向量垂直的充分必要条件(坐标形式)

例 2　已知向量 $\boldsymbol{a}=(-3,4)$，$\boldsymbol{b}=(-1,2)$，且 $m\boldsymbol{a}-\boldsymbol{b}$ 与 $\boldsymbol{a}+\boldsymbol{b}$ 垂直，求实数 m 的值.

【分析】根据向量 $\boldsymbol{a}$ 和 $\boldsymbol{b}$ 的坐标可求出向量 $m\boldsymbol{a}-\boldsymbol{b}$ 与 $\boldsymbol{a}+\boldsymbol{b}$ 的坐标，由两向量垂直的充要条件(坐标形式)即可求出 m.

【解答】因为 $\boldsymbol{a}=(-3,4)$，$\boldsymbol{b}=(-1,2)$，

所以 $m\boldsymbol{a}-\boldsymbol{b}=m(-3,4)-(-1,2)=(-3m+1,4m-2)$，

$\boldsymbol{a}+\boldsymbol{b}=(-3,4)+(-1,2)=(-4,6)$.

因为 $m\boldsymbol{a}-\boldsymbol{b}$ 与 $\boldsymbol{a}+\boldsymbol{b}$ 垂直，所以 $(-3m+1)\times(-4)+(4m-2)\times6=0$，即 $36m-16=0$，故 $m=\frac{4}{9}$.

【反思】求解有关向量垂直的问题，一般根据两向量垂直的条件 $\boldsymbol{b}=\lambda\boldsymbol{a}$ 或 $x_1x_2+y_1y_2=0$ 结合方程的思想方法即可解决.

题型三　求两个非零向量的夹角

例 3　已知 $\boldsymbol{a}+\boldsymbol{b}=(2,-8)$，$\boldsymbol{a}-\boldsymbol{b}=(-8,16)$，求向量 $\boldsymbol{a}$ 与 $\boldsymbol{b}$ 的夹角 θ 的余弦.

【分析】由 $\boldsymbol{a}+\boldsymbol{b}=(2,-8)$，$\boldsymbol{a}-\boldsymbol{b}=(-8,16)$ 可以求出 $\boldsymbol{a}$ 和 $\boldsymbol{b}$ 的坐标，再由夹角公式即可求出 $\cos\theta$ 的值.

【解答】由题意有，$\begin{cases}\boldsymbol{a}+\boldsymbol{b}=(2,-8),&(1)\\\boldsymbol{a}-\boldsymbol{b}=(-8,16),&(2)\end{cases}$

(1)+(2)得：$2\boldsymbol{a}=(-6,8)$，$\boldsymbol{a}=(-3,4)$.

(1)−(2)得：$2\boldsymbol{b}=(10,-24)$，$\boldsymbol{b}=(5,-12)$.

因此，$\cos\theta=\frac{-3\times5+4\times(-12)}{\sqrt{(-3)^2+4^2}\times\sqrt{5^2+(-12)^2}}=-\frac{63}{65}$.

【反思】在求 $\boldsymbol{a}$ 和 $\boldsymbol{b}$ 的坐标时，也可设 $\boldsymbol{a}=(x_1,y_1)$，$\boldsymbol{b}=(x_2,y_2)$，通过列方程组来求，不过这样做比较麻烦．本题由于求出了 $\boldsymbol{a}$ 和 $\boldsymbol{b}$ 的坐标，所以直接应用夹角公式即可求出 $\boldsymbol{a}$ 和 $\boldsymbol{b}$ 这两个向量的夹角 θ 的余弦.

例 4　已知 $|\boldsymbol{a}|=4$，$|\boldsymbol{b}|=3$，且 $(2\boldsymbol{a}-3\boldsymbol{b})\cdot(2\boldsymbol{a}+\boldsymbol{b})=61$.

(1)求 $\boldsymbol{a}$ 与 $\boldsymbol{b}$ 的夹角 θ.

(2)求 $|\boldsymbol{a}+\boldsymbol{b}|$ 和 $|\boldsymbol{a}-\boldsymbol{b}|$.

【分析】根据已知条件可得到 $\boldsymbol{a}\cdot\boldsymbol{b}$ 的值，进而由内积的定义可求得 θ 的值，求 $|\boldsymbol{a}+\boldsymbol{b}|$ 和 $|\boldsymbol{a}-\boldsymbol{b}|$ 时可先求出 $|\boldsymbol{a}+\boldsymbol{b}|^2$ 和 $|\boldsymbol{a}-\boldsymbol{b}|^2$ 的值.

【解答】(1)因为 $(2\boldsymbol{a}-3\boldsymbol{b})\cdot(2\boldsymbol{a}+\boldsymbol{b})=61$，所以 $4|\boldsymbol{a}|^2-4\boldsymbol{a}\cdot\boldsymbol{b}-3|\boldsymbol{b}|^2=61$.

又因为 $|\boldsymbol{a}|=4$，$|\boldsymbol{b}|=3$，所以 $4\times4^2-4\boldsymbol{a}\cdot\boldsymbol{b}-3\times3^2=61$，

于是 $\boldsymbol{a}\cdot\boldsymbol{b}=-6$，即有 $\boldsymbol{a}\cdot\boldsymbol{b}=|\boldsymbol{a}||\boldsymbol{b}|\cos\theta=-6$，

所以 $\cos\theta=-\frac{1}{2}$，而 $0°\leqslant\theta\leqslant180°$，故 $\boldsymbol{a}$ 与 $\boldsymbol{b}$ 的夹角 θ 为 $120°$.

(2)因为 $|\boldsymbol{a}+\boldsymbol{b}|^2=|\boldsymbol{a}|^2+2\boldsymbol{a}\cdot\boldsymbol{b}+|\boldsymbol{b}|^2=|\boldsymbol{a}|^2+2|\boldsymbol{a}||\boldsymbol{b}|\cos\theta+|\boldsymbol{b}|^2=16+2\times4\times3\times\left(-\frac{1}{2}\right)+9=13$.

所以 $|\boldsymbol{a}+\boldsymbol{b}|=\sqrt{13}$.

因为 $|\boldsymbol{a}-\boldsymbol{b}|^2=|a|^2-2a\cdot b+|b|^2=16-2\times(-6)+9=37$，

所以 $|\boldsymbol{a}-\boldsymbol{b}|=\sqrt{37}$.

【反思】已知 $|\boldsymbol{a}|$ 和 $|\boldsymbol{b}|$ 求 $|\boldsymbol{a}+\boldsymbol{b}|$ 或 $|\boldsymbol{a}-\boldsymbol{b}|$ 的大小，常用平方法．即利用 $|\boldsymbol{a}+\boldsymbol{b}|^2=|\boldsymbol{a}|^2+2\boldsymbol{a}\cdot\boldsymbol{b}+|\boldsymbol{b}|^2$ 和 $|\boldsymbol{a}-\boldsymbol{b}|^2=|\boldsymbol{a}|^2-2\boldsymbol{a}\cdot\boldsymbol{b}+|\boldsymbol{b}|^2$ 求出 $|\boldsymbol{a}+\boldsymbol{b}|^2$ 与 $|\boldsymbol{a}-\boldsymbol{b}|^2$ 的值，再求出 $|\boldsymbol{a}+\boldsymbol{b}|$ 与 $|\boldsymbol{a}-\boldsymbol{b}|$ 的值．

认知强化训练

1. 已知 $|\boldsymbol{a}|=4$，$|\boldsymbol{b}|=3$，且 $\boldsymbol{a}$ 与 $\boldsymbol{b}$ 的夹角为30°，则 $\boldsymbol{a}\cdot\boldsymbol{b}=$(　　)

A. -6　　B. $6\sqrt{3}$　　C. $-6\sqrt{3}$　　D. 4

2. 已知 $\boldsymbol{a}=(-2,7)$，$\boldsymbol{b}=(x,-3)$，且 $\boldsymbol{a}\perp\boldsymbol{b}$，则 $x=$(　　)

A. $\frac{6}{7}$　　B. $-\frac{6}{7}$　　C. $-\frac{21}{2}$　　D. $\frac{21}{2}$

3. 若 $\boldsymbol{a}\cdot\boldsymbol{b}<0$，则 $\boldsymbol{a}$ 和 $\boldsymbol{b}$ 的夹角 θ 的取值范围是(　　)

A. $[0°,180°]$　　B. $(0°,90°)$　　C. $[90°,180°)$　　D. $(90°,180°]$

4. 已知 $\boldsymbol{a}=(-3,5)$，$\boldsymbol{b}=(5,3)$，则 $\boldsymbol{a}$ 与 $\boldsymbol{b}$ 的夹角 $\langle\boldsymbol{a},\boldsymbol{b}\rangle=$(　　)

A. $\frac{\pi}{2}$　　B. $\frac{\pi}{3}$　　C. $\frac{\pi}{4}$　　D. 0

5. 在边长为1的等边$\triangle ABC$中，$\overrightarrow{AB}\cdot\overrightarrow{BC}=$________.

6. 已知 $\boldsymbol{a}\cdot\boldsymbol{b}=3$，$|\boldsymbol{a}||\boldsymbol{b}|=9$，则 $\cos\langle\boldsymbol{a},\boldsymbol{b}\rangle=$________.

7. 已知 $\boldsymbol{a}=(-3,8)$，$\boldsymbol{b}=(x,-2x)$，且 $2\boldsymbol{a}\cdot\boldsymbol{b}=30$，则 $x=$________.

8. 已知 $|\boldsymbol{a}|=4$，$|\boldsymbol{b}|=9$，且 $\langle\boldsymbol{a},\boldsymbol{b}\rangle=\frac{2\pi}{3}$，则 $|\boldsymbol{a}+\boldsymbol{b}|=$________.

9. 已知 $|\boldsymbol{a}|=2$，$|\boldsymbol{b}|=5$，且 $\boldsymbol{a}/\!/\boldsymbol{b}$. 求 $\boldsymbol{a}\cdot\boldsymbol{b}$ 和 $|\boldsymbol{a}-\boldsymbol{b}|$ 的值.

10. 设向量 $\boldsymbol{a}=(m,\ 3)$，$\boldsymbol{b}=(-2,\ -3)$，且 $\boldsymbol{a}$ 与 $\boldsymbol{b}$ 的夹角为钝角，求实数 m 的取值范围.

本章小结

基础知识归纳

一、向量的有关概念

1. 向量的定义：向量是既有大小又有方向的量．它可以用有向线段表示，也可以用字母表示.

2. 向量的模：向量$\overrightarrow{AB}$的大小，即有向线段 AB 的长度叫做向量的模，记作 $|\overrightarrow{AB}|$.

3. 相等向量：长度相等(即模相等)且方向相同的向量叫做相等向量.

4. 相反向量：长度相等且方向相反的向量叫做相反向量.

5. 共线向量：方向相同或相反的向量叫做共线向量，也叫做平行向量．相等向量和相反向量都是共线向量，但共线向量不一定是相等向量，也不一定是相反向量.

二、向量的加法、减法和数乘

1. 向量加法的三角形法则和平行四边形法则见图 1 和图 2 所示．

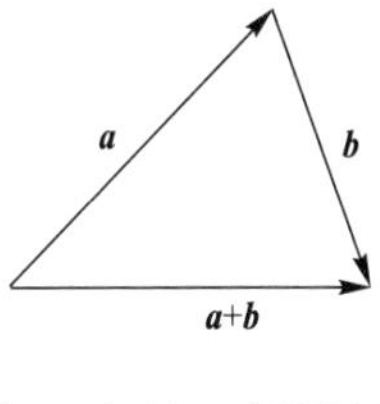

图 1　加法三角形法则

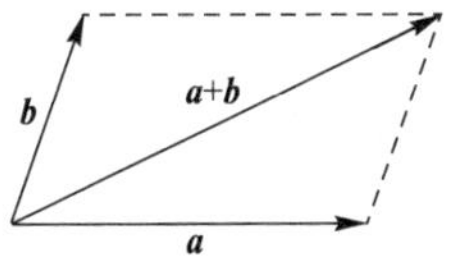

图 2　加法平行四边形法则

2. 向量减法的三角形法则如图 3 所示.

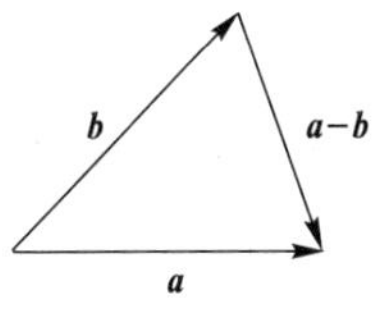

图 3　减法三角形法则

注意：三角形法则和平行四边形法则实际上是一致的，只是三角形法则依据首尾相接平行四边形法则在两个向量的起点相同时进行.

3. 数乘

实数λ与向量$\boldsymbol{a}$的积是一个向量，这种运算叫做向量的数乘，也称为实数与向量的积，记作$\lambda\boldsymbol{a}$，其长度与方向规定如下：

(1) $|\lambda\boldsymbol{a}|=|\lambda||\boldsymbol{a}|$.

(2)当$\lambda>0$时，$\lambda\boldsymbol{a}$的方向与$\boldsymbol{a}$的方向相同.

(3)当$\lambda<0$时，$\lambda\boldsymbol{a}$的方向与$\boldsymbol{a}$的方向相反.

(4)当$\lambda=0$时，$\lambda\boldsymbol{a}=\boldsymbol{0}$，其方向是不确定的.

4. 平面向量的运算律

设λ，$\mu\in\mathbf{R}$，则

(1)交换律：$\boldsymbol{a}+\boldsymbol{b}=\boldsymbol{b}+\boldsymbol{a}$.

(2)结合律：$(\boldsymbol{a}+\boldsymbol{b})+\boldsymbol{c}=\boldsymbol{a}+(\boldsymbol{b}+\boldsymbol{c})$，$(\lambda\mu)\boldsymbol{a}=\lambda(\mu\boldsymbol{a})$.

(3)分配律：$\lambda(\boldsymbol{a}+\boldsymbol{b})=\lambda\boldsymbol{a}+\lambda\boldsymbol{b}$，$(\lambda+\mu)\boldsymbol{a}=\lambda\boldsymbol{a}+\mu\boldsymbol{a}$.

5. 平面向量的坐标运算

(1)设$\boldsymbol{a}=(x_1, y_1)$，$\boldsymbol{b}=(x_1, x_2)$，则

①$\boldsymbol{a}+\boldsymbol{b}=(x_1+x_2, y_1+y_2)$.

②$\boldsymbol{a}-\boldsymbol{b}=(x_1-x_2, y_1-y_2)$.

③$\lambda\boldsymbol{a}=(\lambda x_1, \lambda y_1)(\lambda\in\mathbf{R})$.

(2)设$A(x_1, y_1)$，$B(x_1, x_2)$，则$\overrightarrow{AB}=(x_2-x_1, y_2-y_1)$.

三、平面向量的内积

1. 内积的定义

$\boldsymbol{a}\cdot\boldsymbol{b}=|\boldsymbol{a}||\boldsymbol{b}|\cos\langle\boldsymbol{a}, \boldsymbol{b}\rangle$.

2. 内积的坐标运算

若$\boldsymbol{a}=(x_1, y_1)$，$\boldsymbol{b}=(x_1, x_2)$，则$\boldsymbol{a}\cdot\boldsymbol{b}=x_1x_2+y_1y_2$.

3. 内积满足的运算律

(1)交换律：$\boldsymbol{a}\cdot\boldsymbol{b}=\boldsymbol{b}\cdot\boldsymbol{a}$.

(2)结合律：$(\lambda\boldsymbol{a})\cdot\boldsymbol{b}=\lambda(\boldsymbol{a}\cdot\boldsymbol{b})=\boldsymbol{a}\cdot(\lambda\boldsymbol{b})$.

(3)分配律：$(\boldsymbol{a}+\boldsymbol{b})\cdot\boldsymbol{c}=\boldsymbol{a}\cdot\boldsymbol{c}+\boldsymbol{b}\cdot\boldsymbol{c}$.

四、两个非零向量垂直或共线的充要条件

设$\boldsymbol{a}=(x_1, y_1)$，$\boldsymbol{b}=(x_1, x_2)$，则

(1) $\boldsymbol{a}\perp\boldsymbol{b}\Leftrightarrow\boldsymbol{a}\cdot\boldsymbol{b}=0\Leftrightarrow x_1x_2+y_1y_2=0$.

(2)$\boldsymbol{a}/\!/\boldsymbol{b}\Leftrightarrow\boldsymbol{b}=\lambda\boldsymbol{a}$ $(\lambda\in\mathbf{R})\Leftrightarrow x_1y_2-x_2y_1=0$.

五、几个常用计算公式

1. 向量的模

设 $\boldsymbol{a}=(x,\ y)$，则 $|\boldsymbol{a}|=\sqrt{\boldsymbol{a}\cdot\boldsymbol{a}}=\sqrt{x^2+y^2}$.

2. 两向量的夹角公式

设 $\boldsymbol{a}=(x_1,\ y_1)$，$\boldsymbol{b}=(x_1,\ x_2)$，$\boldsymbol{a}$ 与 $\boldsymbol{b}$ 的夹角为 θ，则

$$\cos\theta=\frac{\boldsymbol{a}\cdot\boldsymbol{b}}{|\boldsymbol{a}|\ |\boldsymbol{b}|}=\frac{x_1x_2+y_1y_2}{\sqrt{{x_1}^2+{y_1}^2}\sqrt{{x_2}^2+{y_2}^2}}.$$

特别地，(1)$\boldsymbol{a}\cdot\boldsymbol{b}>0$ 且 $\boldsymbol{a}\nparallel\boldsymbol{b}\Leftrightarrow\boldsymbol{a}$ 与 $\boldsymbol{b}$ 的夹角 θ 为锐角.

(2)$\boldsymbol{a}\cdot\boldsymbol{b}<0$ 且 $\boldsymbol{a}\nparallel\boldsymbol{b}\Leftrightarrow\boldsymbol{a}$ 与 $\boldsymbol{b}$ 的夹角 θ 为钝角.

(3)$\boldsymbol{a}\cdot\boldsymbol{b}=0\Leftrightarrow\boldsymbol{a}$ 与 $\boldsymbol{b}$ 的夹角 θ 为直角.

3. 两点间的距离公式

若 $A(x_1,\ y_1)$，$B(x_1,\ x_2)$，则 $|AB|=|\overrightarrow{AB}|=\sqrt{(x_2-x_1)^2+(y_2-y_1)^2}$.

专题高效讲坛

专题一　用向量方法求解几何问题

某些解析几何问题有着深刻的向量背景，在解题过程中，若能充分揭示出这些背景，从而即可用向量的方法来求解，而且用向量方法来求解可大大降低运算量，提高运算速度.

例 1　以原点 O 和点 $A(5,\ 2)$ 为两个顶点作等腰直角三角形 ABO，且使 $\angle ABO=90^\circ$，求点 B 的坐标.

【解析】要求点 B 的坐标，需根据 $\angle ABO=90^\circ$，即有 $\overrightarrow{AB}\perp\overrightarrow{OB}$，且 $|\overrightarrow{AB}|=|\overrightarrow{OB}|$，将几何关系转化为向量的坐标运算来解决，

设 $B(x,\ y)$，则 $\overrightarrow{AB}=(x-5,\ y-2)$，$\overrightarrow{OB}=(x,\ y)$.

因为 $\angle ABO=90^\circ$，所以 $\overrightarrow{AB}\perp\overrightarrow{OB}$，于是有 $x(x-5)+y(y-2)=0$.

又因为 $|\overrightarrow{AB}|=|\overrightarrow{OB}|$，所以 $(x-5)^2+(y-2)^2=x^2+y^2$，

因此，有 $\begin{cases}x^2+y^2-5x-2y=0,\\10x+4y=29,\end{cases}$ 解之得 $\begin{cases}x=\dfrac{7}{2},\\y=-\dfrac{3}{2}\end{cases}$ 或 $\begin{cases}x=\dfrac{3}{2},\\y=\dfrac{7}{2}.\end{cases}$

故点 B 的坐标为 $\left(\dfrac{7}{2},\ -\dfrac{3}{2}\right)$ 或 $\left(\dfrac{3}{2},\ \dfrac{7}{2}\right)$.

【点评】利用向量的方法求点的坐标，要注意把几何条件表示为坐标关系，从而利用向量垂直、共线或相等的条件列方程或方程组来求解.

专题二　用分类讨论的思想方法求解决向量问题

在求解数学问题时，如果问题中的已知条件或结论所涉及的情形不止一个而有多个，则须分情况即分类讨论，从而使问题得以周全地解决.

例 2　在$\triangle ABC$中，$\overrightarrow{AB}=(2,\ 3)$，$\overrightarrow{AC}=(1,\ m)$，且有一个内角是直角，求实数$m$的值.

【解析】(1)若$\angle A$为直角，则$\overrightarrow{AB}\cdot\overrightarrow{AC}=0$.

而$\overrightarrow{AB}=(2,\ 3)$，$\overrightarrow{AC}=(1,\ m)$，所以$2\times1+3\times m=0$，

解之得$m=-\frac{2}{3}$.

(2)若$\angle B$为直角，则$\overrightarrow{AB}\cdot\overrightarrow{BC}=0$.

由于$\overrightarrow{BC}=\overrightarrow{AC}-\overrightarrow{AB}$，$\overrightarrow{AC}=(1,\ m)$，$\overrightarrow{AB}=(2,\ 3)$，

所以$\overrightarrow{BC}=(1-2,\ m-3)=(-1,\ m-3)$.

于是$2\times(-1)+3\times(m-3)=0$，解之得$m=\frac{11}{3}$.

(3)若$\angle C$为直角，则$\overrightarrow{AC}\cdot\overrightarrow{BC}=0$. 于是$-1+m(m-3)=0$，

解之得$m=\frac{3-\sqrt{13}}{2}$或$m\ \frac{3+\sqrt{13}}{2}$.

故实数m的值为$-\frac{2}{3}$或$\frac{11}{3}$或$\frac{3-\sqrt{13}}{2}$或$\frac{3+\sqrt{13}}{2}$.

【点评】本题中$\triangle ABC$为直角三角形，至于哪个角是直角，是不确定的，可能是$\angle A$可能是$\angle B$，也可能是$\angle C$，因此必须逐一分类讨论，从而获得问题的正确解答.

认知强化训练

总分：100 分　时量：________分钟　得分：________分

一、选择题(本大题共 8 小题，每小题 5 分，共 40 分，在每小题给出的四个选项中，只有一项是符合题目要求的)

1. 下列各式错误的是(　　)

A. $0\cdot\mathbf{0}=\mathbf{0}$　　B. $\boldsymbol{a}+\mathbf{0}=\boldsymbol{a}$　　C. $\mathbf{0}\cdot\boldsymbol{a}=0$　　D. $\mathbf{0}\cdot\boldsymbol{a}=\mathbf{0}$

2. 已知$A(-4,\ 5)$，$B(6,\ 8)$，则$\overrightarrow{AB}=$(　　)

A. $(-10,\ -3)$　　B. $(10,\ 3)$　　C. $(2,\ 13)$　　D. $(-10,\ 3)$

3. 化简：$\overrightarrow{AB}-\overrightarrow{AC}+\overrightarrow{BQ}+\overrightarrow{QP}=$(　　)

A. $\overrightarrow{CP}$　　B. $\overrightarrow{QP}$　　C. $\overrightarrow{PC}$　　D. $\overrightarrow{AP}$

4. 若$\boldsymbol{a}=(x,\ -3)$，$\boldsymbol{b}=(4,\ -2)$，且$\boldsymbol{a}/\!/\boldsymbol{b}$，则$x=$(　　)

A. 6　　B. $\frac{3}{2}$　　C. -6　　D. $-\frac{3}{2}$

5. 已知 $\boldsymbol{a}=(-1,\ -2)$，$\boldsymbol{b}=(3,\ -8)$，则 $\boldsymbol{a}\cdot\boldsymbol{b}=$（　　）

A. -19　　B. 19　　C. 13　　D. -13

6. 已知 $\boldsymbol{a}$，$\boldsymbol{b}$ 是两个单位向量，则下列四个命题正确的是（　　）

A. $\boldsymbol{a}=\boldsymbol{b}$　　B. $\boldsymbol{a}\cdot\boldsymbol{b}=1$　　C. $\boldsymbol{a}/\!/\boldsymbol{b}$　　D. $\boldsymbol{a}\cdot\boldsymbol{a}=\boldsymbol{b}\cdot\boldsymbol{b}$

7. 已知 $\boldsymbol{a}=(-4,\ 7)$，$\boldsymbol{b}=(2,\ 3)$，则 $\boldsymbol{b}$ 在 $\boldsymbol{a}$ 上的投影为（　　）

A. $\sqrt{13}$　　B. $\frac{\sqrt{13}}{5}$　　C. $\frac{\sqrt{65}}{5}$　　D. $\sqrt{65}$

8. 已知 $\boldsymbol{a}=(2,\ 2\sqrt{3})$，$b=(2\sqrt{3},\ 2)$，则 $\boldsymbol{a}$ 与 $\boldsymbol{b}$ 的夹角 θ（　　）

A. $\frac{\pi}{6}$　　B. $\frac{\pi}{4}$　　C. $\frac{\pi}{3}$　　D. $\frac{5\pi}{12}$

二、填空题（本大题共 4 小题，每小题 5 分，共 20 分）

9. 若 $\boldsymbol{a}=(-2,\ 4)$，$\boldsymbol{b}=(2,\ -3)$，则 $\boldsymbol{a}+\boldsymbol{b}=$________，$\boldsymbol{a}-\boldsymbol{b}=$________.

10. 已知 $3(\boldsymbol{a}-\boldsymbol{x})=4(\boldsymbol{x}-\boldsymbol{b})$，则 $\boldsymbol{x}=$________.

11. 一名同学骑自行车向西行驶了 4 km，又向北行驶了 3 km，则这名同学行驶了________ km，其位移的大小是________ km.

12. 在边长为 2 的等边$\triangle ABC$ 中，$\overrightarrow{AB}\cdot\overrightarrow{BC}$的值是________.

三、解答题（本大题共 4 小题，每小题 10 分，共 40 分.）

13. 在平行四边形 $ABCD$ 中，已知点 $A(3,\ 4)$，$B(-1,\ 2)$，$C(-2,\ -1)$，求点 D 的坐标.

14. 已知 $|\boldsymbol{a}|=3$，$|\boldsymbol{b}|=5$，且 $(3\boldsymbol{a}+m\boldsymbol{b})\perp(3\boldsymbol{a}-m\boldsymbol{b})$，求实数 m 的值.

15. 已知两点 $A(-7,\ 3)$，$B(5,\ m)$，且 $|AB|=15$，求 m 的值.

16. 已知 $\boldsymbol{a}$ 是以点 $A(3,\ -1)$为始点且与 $\boldsymbol{b}=(-3,\ 4)$垂直的单位向量，求 $\boldsymbol{a}$ 的终点坐标.

第 8 章　直线和圆的方程

§8.1　两点间的距离与线段的中点坐标

学习目标点击

1. 了解两点间的距离公式和中点公式的推导过程.
2. 掌握两点间的距离公式和中点公式，并能运用这两个公式解决有关问题.
3. 培养计算能力.

知识要点聚焦

知识要点一　两点间的距离公式

设点 $A(x_1, y_1)$，点 $B(x_2, y_2)$，则 A，B 两点间的距离为

$$|AB|=\sqrt{(x_2-x_1)^2+(y_2-y_1)^2}.$$

特别地，若 A，B 两点均在 x 轴上，则 $|AB|=|x_2-x_1|$；若 A，B 两点均在 y 轴上，则 $|AB|=|y_2-y_1|$.

要注意的是，两点间的距离与两点的先后顺序无关，也就是说公式也可写成转化为 $|AB|=\sqrt{(x_1-x_2)^2+(y_1-y_2)^2}$，利用此公式可以将有关几何问题转化为代数问题进行研究.

知识要点二　中点公式

若点 $A(x_1, y_1)$，点 $B(x_2, y_2)$是平面上两点，点 $P(x, y)$是线段 AB 的中点，则

有$\begin{cases} x=\dfrac{x_1+x_2}{2}, \\ y=\dfrac{y_1+y_2}{2}. \end{cases}$

题型分类剖析

题型一　两点间的距离公式的正向运用

例 1　已知$\triangle ABC$的三个顶点的坐标分别是$A(-1,3)$，$B(1,-1)$，$C(3,0)$，试确定$\triangle ABC$的形状.

【分析】先利用两点间的距离公式求出$\triangle ABC$的三边的长，再作结论.

【解答】因为$A(-1,3)$，$B(1,-1)$，$C(3,0)$，

所以$|AB|=\sqrt{(1+1)^2+(-1-3)^2}=2\sqrt{5}$，

$|BC|=\sqrt{(3-1)^2+(0+1)^2}=\sqrt{5}$，$|AC|=\sqrt{(3+1)^2+(0-3)^2}=5$，

而$|AB|^2+|BC|^2=|AC|^2$，所以$\angle B$为直角.

因此，$\triangle ABC$是以点B为直角顶点的直角三角形.

【反思】在判断三角形的形状时，根据已知条件求出三边的长度，是一种最基本的方法.

题型二　两点间的距离公式的逆向运用

例 2　已知点$M(-3,8)$，且位于x轴上的点A到点M的距离为 12，求点A的坐标.

【分析】x轴上的点的纵坐标为 0.

【解答】由于点A位于x轴上，所以可设点A的坐标为$(x,0)$.

根据$|AM|=12$可得$\sqrt{(-3-x)^2+(0-8)^2}=12$.

于是有$(x+3)^2=80$，解之得$x=-3\pm4\sqrt{5}$.

因此，点A的坐标为$(-3-4\sqrt{5},0)$或$(-3+4\sqrt{5},0)$.

【反思】若点A在y轴上．则可设点A的坐标为$(0,y)$；若点A在x轴上，则可设点A的坐标为$(x,0)$.

题型三　中点公式的运用

例 3　已知点$A(-3,1)$和点$P(2,5)$. 求点A关于点P的对称点B的坐标.

【分析】点P是线段AB的中点.

【解答】设点B的坐标为(x,y). 则由题意可知，点P是线段AB的中点，由中点公式

有$\begin{cases}\dfrac{-3+x}{2}=2,\\ \dfrac{4+y}{2}=5,\end{cases}$ 解之得$\begin{cases}x=7,\\ y=6.\end{cases}$

故点 A 关于点 P 的对称点 B 的坐标是(7, 6).

反思若 A, B 两点关于点 P 对称，则点 P 是线段 AB 的中点.

认知强化训练

1. 点 $P(-5, 0)$到原点的距离等于(　　)

A. -5　　B. 0　　C. 5　　D. 无法确定

2. 点 $P(x, y)$关于坐标原点的对称点是(　　)

A. (x, y)　　B. $(-x, y)$　　C. $(x, -y)$　　D. $(-x, -y)$

3. 已知两点 $A(-3, 4)$，$B(2, 3)$，则线段 AB 的中点是(　　)

A. $(-1, 7)$　　B. $\left(-\frac{1}{2}, \frac{7}{2}\right)$　　C. $\left(\frac{1}{2}, -\frac{7}{2}\right)$　　D. $(5, -1)$

4. 已知两点 $A(-2, 5)$，$B(2, 3)$，则 $|AB|=$(　　)

A. $2\sqrt{5}$　　B. 8　　C. 20　　D. 64

5. 已知点 $A(2, 3)$和点 $B(m, 0)$之间的距离等于 5，则 $m=$________.

6. 连接两点 $A(3, -4)$，$B(2, -5)$的线段的中点的坐标是________.

7. 已知点 $A(-3, 2)$和点 $M(-1, 1)$，则点 A 关于点 M 的对称点的坐标是________.

8. 已知点 $A(a, -5)$和点 $B(2, 3)$，且 $|AB|=10$，则 $a=$________.

9. 已知平行四边形 $ABCD$ 的三个顶点 $A(1, 0)$，$B(2, -5)$，$C(5, 2)$，求顶点 D 的坐标.

10. 在 y 轴上求一点 P，使得点 P 到点 $A(-4, 3)$的距离为 10.

§8.2(1)　直线的方程(1)

学习目标点击

1. 理解直线的倾斜角的概念，了解直线的倾斜角的取值范围.
2. 理解直线的斜率，掌握过两点的直线的斜率公式，了解倾斜角与斜率之间的关系.
3. 体会用代数方法解决几何问题的优点.

知识要点聚焦

知识要点一　直线的倾斜角

一般地，在平面直角坐标系内，直线 l 与 x 轴相交，我们把 x 轴绕着交点按逆时针方向旋转到和直线 l 重合时所转过的最小正角 α，叫做直线 l 的倾斜角.

理解直线的倾斜角要注意以下几点：

(1)当直线 l 与 y 轴垂直时，我们规定直线 l 的倾斜角为 $0°$.

(2)倾斜角的取值范围是$[0°, 180°)$.

(3)在平面直角坐标系内，每一条直线都有一个确定的倾斜角.

(4)直线 l 的倾斜角实际上是指在平面直角坐标系内，直线 l 向上的方向与 x 轴的正方向所形成的最小正角，当直线 l 与 x 轴平行或重合时，规定直线 l 的倾斜角为 $0°$.

知识要点二　直线的斜率

1. 直线的斜率的定义

如果直线 l 的倾斜角 α 不是 $90°$，那么倾斜角 α 的正切值叫做直线 l 的斜率，记作 k，即

$$k=\tan\alpha(\alpha\neq 90°)$$

理解直线的斜率要注意以下几点：

(1)当倾斜角 α 不是 $90°$时，直线 l 存在斜率，且斜率 $k=\tan\alpha$.

(2)当倾斜角 $\alpha=90°$时，直线 l 没有斜率.

(3)每一条直线都有倾斜角，并非每一条直线都有斜率，事实上，每一条倾斜角不是 $90°$的直线，都有一个确定的斜率.

(4)倾斜角 α 与斜率 k 有如下关系：

①当 $\alpha=0°$时，$k=0$.

②当 $0°<\alpha<90°$时，$k>0$.

③当 $90°<\alpha<180°$时，$k<0$.

④当 $\alpha=90°$时，k 不存在.

2. 直线的斜率的计算公式

(1)$k=\tan\alpha(\alpha\neq 90°)$.

(2)经过两点 $P_1(x_1, y_1)$和 $P_2(x_2, y_2)$的直线 l 的斜率公式为

$$k=\frac{y_2-y_1}{x_2-x_1}(x_1\neq x_2).$$

理解和应用直线斜率的两个计算公式要注意以下几点：

(1)在用公式 $k=\tan\alpha$ 计算直线 l 的斜率时，$\alpha\neq 90°$. 若 $\alpha=90°$，则不能用此公式计算，此时直线 l 的斜率不存在.

(2)用斜率公式 $k=\frac{y_2-y_1}{x_2-x_1}$计算直线 l 的斜率时，x_1，x_2 不能相等. 若 $x_1=x_2$，则不能用此公式计算，此时直线 l 的倾斜角为 $90°$，其斜率不存在.

题型分类剖析

题型一　求直线的斜率和倾斜角

例 1　已知 $A(3, -2)$，$B(-5, 1)$，$C(0, -3)$，求直线 AB，BC，CA 的斜率，并判断它们的倾斜角是锐角还是钝角.

【分析】由于已知两点坐标，将其代入斜率公式即可求出斜率 k 的值.

【解答】直线 AB 的斜率 $k_{AB}=\frac{1-(-2)}{-5-3}=-\frac{8}{3}<0$，所以它的倾斜角是钝角.

直线 BC 的斜率 $k_{BC}=\frac{-3-1}{0-(-5)}=-\frac{4}{5}<0$，所以它的倾斜角是钝角.

直线 CA 的斜率是 $k_{CA}=\frac{-2-(-3)}{3-0}=\frac{1}{3}$，所以它的倾斜角是锐角.

【反思】当斜率 $k=\tan\alpha=0$ 时，倾斜角 $\alpha=0°$；当斜率 $k=\tan\alpha>0$ 时，倾斜角 α 为锐角；当斜率 $k=\tan\alpha<0$ 时，倾斜角 α 为钝角.

例 2　已知直线 l_1 的倾斜角 $\alpha_1=60°$，直线 $l_1\perp l_2$，求两直线 l_1 和 l_2 的斜率.

【分析】由 $k=\tan\alpha$ 可以确定直线的斜率，要求 l_2 的斜率可先求其倾斜角.

【解答】直线 $k_1=\tan\alpha_1=\tan 60°=\sqrt{3}$，直线 l_2 的倾斜角 $\alpha_2=90°+60°=150°$.

因此，直线 l_2 的斜率 $k_2=\tan 150°=\tan(180°-30°)=-\tan 30°=-\frac{\sqrt{3}}{3}$.

【反思】题中求 l_2 的倾斜角用到了“在三角形中，每一个外角等于与它不相邻的两个内

角之和”这一平面几何知识.

题型二　关于三点共线的问题

例 3　(1)判断三点 $A(-2,\ 7)$，$B(0,\ 1)$，$C(1,\ 5)$是否共线，并说明理由.

(2)若三点 $A(-2,\ 3)$，$B(-1,\ 7)$，$C\left(\frac{1}{4},\ a\right)$共线，求实数 a 的值.

【分析】有公共点且斜率相等的两条直线必重合，即这两条直线上的所有点必共线.

【解答】(1)因为 $A(-2,\ -7)$，$B(0,\ 1)$，$C(1,\ 5)$，所以直线 AB 的斜率是

$$k_{AB}=\frac{1-(-7)}{0-(-2)}=4,$$

直线 AC 的斜率是

$$k_{AC}=\frac{5-(-7)}{0-(-2)}=4.$$

由于 $k_{AB}=k_{AC}$，且直线 AB 和 AC 有公共点 A，

所以直线 AB 与 AC 重合，故 A，B，C 三点共线.

(2)因为 $A(-2,\ 3)$，$B(-1,\ 7)$，$C\left(\frac{1}{4},\ a\right)$三点共线，所以 $k_{AB}=k_{AC}$，即 $\frac{7-3}{-1-(-2)}=\frac{a-3}{\frac{1}{4}-(-2)}$，解之得 $a=12$.

【反思】三点最多可以确定三条直线，在这三条直线中若有两条直线的斜率相等，则这三点在同一条直线上(共线). 反之，若 A，B，C 三点共线，则直线 AB，BC，CA 的斜率相等.

题型三　综合问题

例 4　已知$\triangle ABC$的顶点 $A(1,\ 5)$，$B(2,\ -3)$，$C(-5,\ m)$，且 BC 边的中点为 D. 当直线 AD 的倾斜角为$\frac{\pi}{4}$时，求实数 m 的值和线段 AD 的长 $|AD|$.

【分析】由中点公式可以求出中点 D 的坐标，再应用直线的斜率公式即可求出实数 m 的值，应用两点间的距离公式可以求出线段 AD 的长 $|AD|$.

【解答】因为 $B(2,\ -3)$，$C(-5,\ m)$，且 D 为线段 BC 的中点，所以点 D 的坐标为 $\left(\frac{2-5}{2},\ \frac{-3-m}{2}\right)$，即$\left(-\frac{3}{2},\ \frac{m-3}{2}\right)$.

由于直线 AD 的倾斜角为$\frac{\pi}{4}$，所以直线 AD 的斜率为 $k_{AD}=\tan\frac{\pi}{4}=1$.

又因为点 A 的坐标是(1，5)，所以由斜率公式有

$$k_{AD}=\frac{\frac{m-3}{2}-5}{-\frac{3}{2}-1}=1$$，解之得 $m=8$. 于是点 D 的坐标为$\left(-\frac{3}{2},\ \frac{5}{2}\right)$.

故线段 AD 的长 $|AD|=\sqrt{\left(-\frac{3}{2}-1\right)^2+\left(\frac{5}{2}-5\right)^2}=\frac{5\sqrt{2}}{2}$.

【反思】本题在解答过程中综合运用了中点公式、斜率公式、斜率与倾斜角的关系以及两点间的距离公式，对于这些公式我们一定要牢记，并且会运用.

认知强化训练

1. 若一条直线 l 的斜率不存在，则它的倾斜角为(　　)

A. 0　　B. $\frac{\pi}{4}$　　C. $\frac{\pi}{2}$　　D. π

2. 若直线 l 的倾斜角为 $150°$，则该直线的斜率为(　　)

A. $\sqrt{3}$　　B. $-\sqrt{3}$　　C. $\frac{\sqrt{3}}{3}$　　D. $-\frac{\sqrt{3}}{3}$

3. 经过点 $A(-2, 3)$ 与点 $B(x, 4)$ 的直线斜率 $k=-3$，则 x 的值为(　　)

A. $-\frac{7}{3}$　　B. $\frac{7}{3}$　　C. $-\frac{3}{7}$　　D. $\frac{3}{7}$

4. 下列说法正确的是(　　)

A. 每一条直线都有唯一确定的倾斜角，

B. 与 y 轴垂直的直线的倾斜角为 $90°$，

C. 若直线的倾斜角为 α，则 $\sin\alpha>0$，

D. 每一条直线都有斜率.

5. 经过点 $A(0, 1)$ 与点 $B(\sqrt{3}, 2)$ 的直线 AB 的倾斜角 $\alpha=$________.

6. 若直线 l 的斜率为 -1，则直线 l 的倾斜角 $\alpha=$________.

7. 经过两点 $A(3, 3)$，$B(-2, -1)$ 的直线 AB 的斜率 $k_{AB}=$________.

8. 若直线 l 与 x 轴平行，则直线 l 的倾斜角 $\alpha=$________.

9. 已知直线 l 的倾斜角为 $135°$，且直线 l 经过点 $A(4, 3)$ 和点 $B(2, a)$，求 a 的值.

10. 已知直线 l 经过点 $P(-1, -1)$，且与 x 轴和 y 轴分别交于 A，B 两点，若点 P 恰好为线段 AB 的中点，求直线 l 的斜率和倾斜角.

§ 8.2(2)　直线的方程(2)

学习目标点击

1. 掌握直线的点斜式和斜截式方程，能根据已知条件比较熟练地求出直线的点斜式和斜截式方程.

2. 掌握直线方程的一般式，理解二元一次方程与直线的对应关系.

3. 理解直线方程的概念，会判断一个点是否在某一条直线上.

知识要点聚焦

知识要点一　直线的方程

一般地，在平面直角坐标系中，给定一条直线，如果直线上所有点的坐标都满足某个方程，而且满足这个方程的坐标所表示的点都在这条直线上，那么这个方程叫做这条直线的方程，这条直线叫做这个方程所表示的直线.

知识要点二　直线的点斜式方程

1. 直线的点斜式方程的定义

方程 $y-y_0=k(x-x_0)$ 由直线上一点 (x_0, y_0) 和这条直线的斜率 k 确定，我们把这个方程叫做直线的点斜式方程，简称点斜式.

2. 理解点斜式方程要注意以下几点

(1)点斜式方程只有在直线的斜率存在(即倾斜角 $\alpha\neq 90°$)时才能使用，因此点斜式方程不能表示斜率不存在的直线的方程.

(2)要注意到 $\dfrac{y-y_0}{x-x_0}=k$ 与 $y-y_0=k(x-x_0)$ 是不同的，前者表示的直线上没有 $P_0(x_0, y_0)$ 这一个点，后者才是一条完整的直线.

(3)特别地，如果直线 l 经过点 $P_0(x_0, y_0)$ 且平行于 x 轴(或与 x 轴重合)，这时倾斜角为 $0°$，斜率 $k=\tan 0°=0$，由点斜式得直线 l 的方程为 $y=y_0$，如图 8.2(2)-1 所示.

(4)特别地，如果直线 l 经过点 $P_0(x_0, y_0)$ 且与 x 轴垂直，这时倾斜角为 $90°$，斜率不存在，其方程不能用点斜式表示，这时直线 l 的方程可以表示为 $x=x_0$，如图 8.2(2)-3 所示.

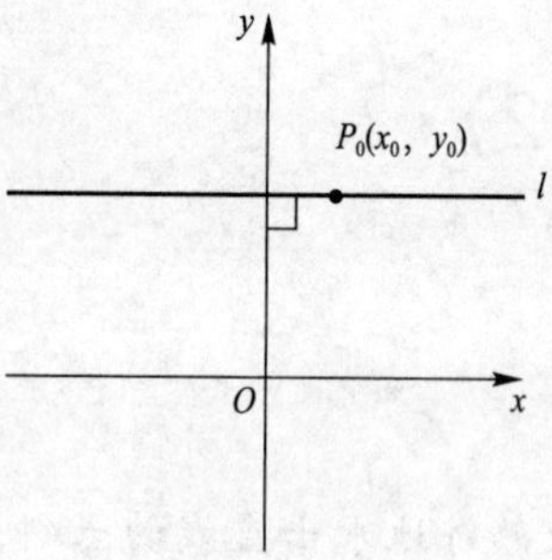

图 8.2(2)-1

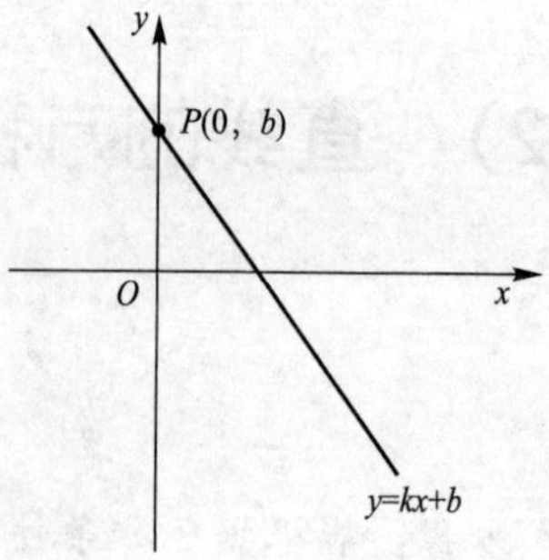

图 8.2(2)-2

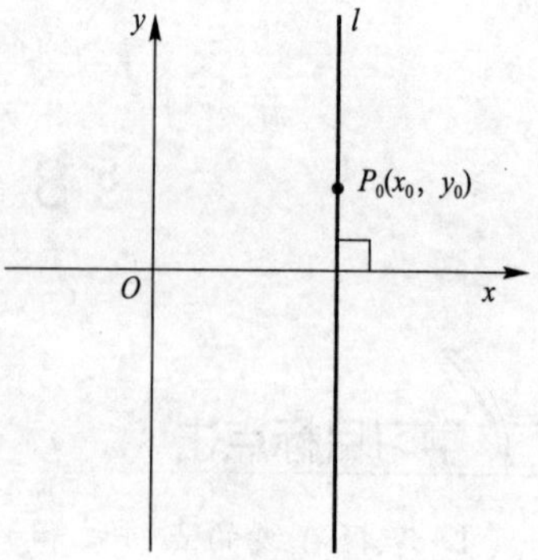

图 8.2(2)-3

知识要点三　直线的斜截式方程

1. 直线的斜截式方程的定义

如图 8.2(2)-2 所示，如果直线 l 经过点 $P(0, b)$，且斜率为 k，则直线 l 的点斜式方程为 $y-b=k(x-0)$，整理得 $y=kx+b$，这个方程叫做直线的斜截式方程，其中 k 为斜率，b 叫做直线 $y=kx+b$ 在 y 轴上的截距，简称直线的纵截距.

2. 理解直线的斜截式方程要注意以下几点

(1)斜截式方程只有在直线的斜率存在(即倾斜角 $\alpha\neq 90°$)时才能使用，即斜截式方程不能表示斜率不存在也就是与 x 轴垂直的直线的方程.

(2)直线的斜截式方程是由点斜式方程推导出来的，所以斜截式是点斜式的特例，其特殊之处在于直线经过的点为 $P(0, b)$，也就是说直线 l 经过的已知点是直线 l 与 y 轴的交点，因此，直线的斜截式方程可变形为点斜式方程，

(3)直线 l 与 y 轴的交点$(0, b)$的纵坐标 b 叫做直线 l 的纵截距．直线 l 与 x 轴的交点$(a, 0)$的横坐标 a 叫做直线 l 的横截距，纵截距和横截距统称为截距．截距可以是正数，可以是负数，也可以是 0.

当直线 l 与 y 轴的正半轴相交时，纵截距 $b>0$；当直线 l 与 y 轴的负半轴相交时，纵截距 $b<0$；当直线 l 经过坐标原点时，纵截距 $b=0$；当直线 l 与 y 轴平行时，直线 l 没有纵截距.

(4)当直线 l 与 x 轴垂直，且垂足为点$(x_1, 0)$时，直线 l 既不能用点斜式也不能用斜截式表示，这时直线 l 的方程为 $x=x_1$.

知识要点四　直线的一般式方程

1. 直线的一般式方程的定义

关于 x，y 的二元一次方程 $Ax+By+C=0$(A，B 不同时为 0)叫做直线的一般式方程，简称一般式.

2. 理解直线的一般式方程要注意以下几点

(1)任何一条直线都可以用直线方程的一般式来表示.

(2)在求直线方程时，如果没有特殊要求，最终结果通常用一般式表示.

(3)直线方程的点斜式和斜截式都可以化为一般式，一般式通常也可以化为点斜式和斜截式.

(4)在直线方程的一般式 $Ax+By+C=0$ 中，A 和 B 是不同时为 0 的.

当 $B\neq 0$ 时，方程可变形为 $y=-\frac{A}{B}x-\frac{C}{B}$，它表示一条斜率为 $-\frac{A}{B}$，过点 $\left(0，-\frac{C}{B}\right)$ 的直线.

当 $B=0$ 时，$A\neq 0$，方程可变形为 $Ax+C=0$，即 $x=-\frac{C}{A}$，它表示一条与 x 轴垂直的直线.

(5)当 $A=0$ 且 $B\neq 0$，$C\neq 0$ 时，方程 $Ax+By+C=0$ 表示的直线平行于 x 轴；

当 $B=0$ 且 $A\neq 0$，$C\neq 0$ 时，方程 $Ax+By+C=0$ 表示的直线平行于 y 轴；

当 $A=0$ 且 $B\neq 0$，$C=0$ 时，方程 $Ax+By+C=0$ 表示的直线与 x 轴重合；

当 $B=0$ 且 $A\neq 0$，$C=0$ 时，方程 $Ax+By+C=0$ 表示的直线与 y 轴重合；

当 $A\neq 0$ 且 $B\neq 0$ 时，方程 $Ax+By+C=0$ 表示的直线与 x 轴，y 轴都相交，

题型分类剖析

题型一　直线的点斜式方程

例 1　已知直线 l 经过点 $A(-3，-2)$，且直线 l 的倾斜角 $\alpha=\frac{3\pi}{4}$，求直线 l 的方程.

【分析】直线 l 的斜率 $k=\tan\alpha=\tan\frac{3\pi}{4}=-1$，可由直线的点斜式方程来求直线 l 的方程.

【解答】因为直线 l 的倾斜角 $\alpha=\frac{3\pi}{4}$，

所以直线 l 的斜率 $k=\tan\frac{3\pi}{4}=\tan\left(\pi-\frac{\pi}{4}\right)=-\tan\frac{\pi}{4}=-1$.

又因为直线 l 经过点 $A(-3，-2)$，

所以由直线的点斜式方程可得 $y-(-2)=-1\times[x-(-3)]$，

即 $x+y+5=0$ 为所求直线 l 的方程.

【反思】已知直线的倾斜角(不是 90°时)或斜率以及直线上某一个点的坐标，可以用直线的点斜式方程来求直线的方程，如果题目没有特别要求，最终结果要化成直线的一般式

方程．本题中若直线的倾斜角$\alpha=\frac{\pi}{2}$，则直线l的方程为$x=-3$，即$x+3=0$.

题型二　直线的斜截式方程

例 2　求过定点$P(-3, 2)$且在两坐标轴上截距相等的直线l的方程.

【分析】由题意可知该直线l的倾斜角不可能是$90°$，故其斜率存在，可设直线l的方程为$y-2=k(x+3)$，再求出纵截距和横截距，然后列方程即可求出斜率k.

【解答】设所求直线l的方程为$y-2=k(x+3)$.

令$x=0$，得直线l在y轴上的截距(即纵截距)为$3k+2$.

令$y=0$，得直线l在x轴上的截距(即横截距)为$-3-\frac{2}{k}$，

由题意可得，$3k+2=-3-\frac{2}{k}$，

解之得$k=-1$或$k=-\frac{2}{3}$，于是纵截距$3k+2=-1$或0.

因此，直线l的方程为$y=x+5$或$y=\frac{2}{3}x+4$，

即$x+y+1=0$或$2x+3y=0$.

【反思】在直线l的方程$Ax+By+C=0$ (A，B不同时为0)中，令$x=0$时求得的y的值就是直线l在y轴上的截距，即纵截距；令$y=0$时求得的x的值就是直线l在x轴上的截距，即横截距，在平面直角坐标系中画图也可知道符合题意的直线有2条.

例 3　已知直线l经过点$A(-4, 3)$，且在y轴上的截距为2，求直线l的方程.

【分析】由直线l在y轴上的截距为2，可知直线l经过点$(0, 2)$，根据斜率公式即可求出直线l的斜率，从而由直线的斜截式方程可以求得直线l的方程，

【解答】因为直线l在y轴上的截距为2，所以直线l经过点$(0, 2)$.

又因为直线l经过点$(-4, 3)$，所以直线l的斜率为

$$k=\frac{3-2}{-4-0}=-\frac{1}{4}.$$

又由于直线l在y轴上的截距是2，即$b=2$.

因此，由直线方程的斜截式可知直线l的方程是$y=-\frac{1}{4}x+2$，即$x+4y-8=0$.

【反思】本题属于已知直线上两点的坐标求直线方程的题型，既可用直线方程的斜截式求解，也可以用直线方程的点斜式求解．本题在求直线的斜率时用到的是斜率公式.

题型三　直线的一般式方程

例 4　求直线l：$3x-4y+8=0$的斜率和在y轴上的截距.

【分析】将直线l的方程由一般式化为斜截式后可以求得直线l的斜率.

【解答】由$3x-4y+8=0$得$4y=3x+8$．即有$y=\frac{3}{4}x+2$.

这是直线 l 的斜截式方程，可以看出其斜率为$\frac{3}{4}$，在 y 轴上的截距为 2.

【反思】将直线的一般式方程化为斜截式方程后，可以立即写出直线的斜率和在 y 轴上的截距(即纵截距). 当然，在直线方程中，令 $x=0$ 后求出的 y 的值，是直线在 y 轴上的截距(即纵截距).

认知强化训练

1. 下列各点，在直线 $3x-2y+2=0$ 上的是(　　)

A. (0，0)　　B. (0，1)　　C. (0，−1)　　D. $\left(\frac{2}{3}，0\right)$

2. 经过点(−3，4)，且平行于 x 轴的直线的方程是(　　)

A. $x+3=0$　　B. $x-3=0$　　C. $y+4=0$　　D. $y-4=0$

3. 直线 $y=3x-5$ 在 y 轴上的截距是(　　)

A. −5　　B. 5　　C. 3　　D. −3

4. 直线 $x+y-3=0$ 的斜率 k 和倾斜角 α 分别是(　　)

A. $k=-1$，$\alpha=45°$　　B. $k=1$，$\alpha=45°$

C. $k=-1$，$\alpha=135°$　　D. $k=1$，$\alpha=135°$

5. 过点(−2，4)，倾斜角为 30°的直线的方程是________.

6. 经过点(0，−3)，斜率为$\frac{2}{3}$的直线的斜截式方程是________.

7. y 轴所在直线的方程是________，x 轴所在直线的方程是________.

8. 直线 $x=m$ 与 y 轴的距离为 3，则 $m=$________.

9. 直线 l 经过点 $P(-4，2)$，且直线 l 的倾斜角 α 的余弦值为$-\frac{3}{5}$，求直线 l 的方程.

10. 已知直线 l 经过点 $M(2，-1)$，且直线 l 与两坐标轴围成的三角形的面积为 4，求直线 l 的方程.

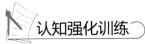

§8.3(1) 两条直线的位置关系(1)

学习目标点击

1. 掌握两条直线平行和垂直的条件，会用直线的斜率来判断两条直线是否平行或垂直.

2. 会求经过已知点，且与已知直线平行或垂直的直线的方程.

3. 体会利用代数方法研究几何图形性质的思想.

知识要点聚焦

知识要点一　两条直线平行的条件

1. 两条直线线平行的条件

两条有斜率且不重合的直线平行的充分必要条件是它们的斜率相等，即

$$l_1 /\!/ l_2 \Leftrightarrow k_1 = k_2\text{，且 } b_1 \neq b_2.$$

2. 理解两条直线平行的条件要注意以下几点

(1)$l_1 /\!/ l_2 \Leftrightarrow k_1 = k_2$ 成立的前提条件是：①两条直线的斜率都存在，分别为 k_1，k_2；②两条直线 l_1，l_2 不重合.

(2)当两条直线的斜率都不存在时，如果 l_1，l_2 不重合，那么 $l_1 /\!/ l_2$.

知识要点二　两条直线垂直的条件

1. 两条直线垂直的条件

如果两条直线都有斜率，且它们互相垂直，那么它们的斜率之积等于-1；反之，如果两条直线的斜率之积等于-1，那么它们互相垂直，即

$$l_1 \perp l_2 \Leftrightarrow k_1 k_2 = -1.$$

2. 理解两条直线垂直的条件要注意以下几点

(1)$l_1 \perp l_2 \Leftrightarrow k_1 k_2 = -1$ 的前提条件：两条直线的斜率都存在，分别为 k_1，k_2.

(2)若两条直线中有一条的斜率为零，另一条的斜率不存在，即一条垂直于 y 轴，另一条垂直于 x 轴，则这两条直线互相垂直.

(3)$l_1 \perp l_2 \Rightarrow k_1 k_2 = -1$ 或一条直线斜率不存在，同时另一条直线的斜率等于零.

(4)若 $k_1k_2 \neq -1$，则 l_1，l_2 必不垂直.

题型分类剖析

题型一　两条直线的平行关系

例 1　在△ABC 中，$B(-2, 3)$，$C(2, 1)$，点 D，E 分别是 AB，AC 的中点，求直线 DE 的斜率.

【分析】题中 D，E 两点的坐标难以确定，由斜率公式直接求直线 DE 的斜率是不可能的，注意到 DE 是△ABC 的一条中位线，则有 $DE /\!/ BC$，因此由斜率公式求出直线 BC 的斜率即可.

【解答】因为在△ABC 中，D，E 分别是 AB，AC 的中点，所以 $DE /\!/ BC$.

又因为 $B(-2, 3)$，$C(2, 1)$，

所以 $k_{DE}=k_{BC}=\dfrac{1-3}{2-(-2)}=-\dfrac{1}{2}$，即直线 DE 的斜率为 $-\dfrac{1}{2}$.

【反思】存在斜率的两条直线平行时，它们的斜率一定相等.

题型二　两条直线的垂直关系

例 2　已知直线 l_1 经过点 $A(2, 3)$，$B(-1, m-2)$，直线 l_2 经过点 $C(3, m)$，$D(m-2, -3)$，并且 $l_1 \perp l_2$，求实数 m 的值.

【分析】由于 l_1 所经过的两点 A，B 的横坐标不相等，所以直线 l_1 的斜率 k_1 是存在的，这时可分 $k_1=0$，k_2 不存在和 $k_1 \neq 0$，$k_1k_2=-1$ 两种情况来求实数 m 的值.

【解答】设直线 l_1，l_2 的斜率分别是 k_1，k_2.

因为直线 l_1 经过点 $A(2, 3)$和点 $B(-1, m-2)$，且 $2 \neq -1$，所以直线 l_1 的斜率存在.

(1)当 $k_1=0$ 时，$m-2=3$，则 $m=5$，此时 k_2 不存在.

(2)当 $k_1 \neq 0$ 时，$m-2 \neq 3$，则 $m \neq 5$，此时 $k_2 \neq 0$.

由 $k_1k_2=-1$ 得 $\dfrac{m-2-3}{-1-2} \times \dfrac{-3-m}{m-2-3}=-1$，即有 $\dfrac{m+3}{3}=-1$，$m=-6$.

因此，实数 m 的值为 5 或 -6.

【反思】如果一条直线上有两个点的横坐标不相等，则该直线的倾斜角不是 $90°$，其斜率是存在的．在本题中，若 $k_1=0$，k_2 不存在，则 $l_1 \perp l_2$，因此 $m=5$ 符合题意.

认知强化训练

1. 若直线 $y=kx+4$ 与直线 $y=-5x+3$ 平行，则(　　)

A. $k=-5$　　B. $k=3$　　C. $k=4$　　D. $k=5$

2. 若直线 l 与直线 $y=\frac{\sqrt{3}}{3}x+1$ 平行，则直线 l 的倾斜角 α 是(　　)

A. $\alpha=0$　　B. $\alpha=\frac{\pi}{6}$　　C. $\alpha=\frac{\pi}{4}$　　D. $\alpha=\frac{\pi}{3}$

3. 若直线 l 与直线 $y=3x-2$ 垂直，则直线 l 的斜率是(　　)

A. 3　　B. -3　　C. $\frac{1}{3}$　　D. $-\frac{1}{3}$

4. 若直线 $3x+my+5=0$ 与直线 $mx+(1-2m)y-3=0$ 垂直，则实数 m 的值为(　　)

A. -2 或 0　　B. -2　　C. 2　　D. 2 或 0

5. 直线 $2x-81=0$ 与直线 $x+5=0$ 的位置关系是________.

6. 若经过点 $A(-3, a)$ 和点 $B(a, -5)$ 的直线与一条斜率为 -3 的直线平行，则 $a=$________.

7. 如果经过点 $P(m, 2)$ 和 $Q(3, m)$ 的直线 l 与一条斜率为 -2 的直线垂直，则 $m=$________.

8. 与直线 $2x-5y+7=0$ 平行且经过点$(-3, 2)$的直线 l 的方程是________.

9. 已知直线 l_1 经过点 $A(0, -1)$ 和点 $B\left(-\frac{4}{a}, 1\right)$，直线 l_2 经过点 $M(1, 1)$ 和点 $N(0, -2)$. 若 l_1 与 l_2 没有公共点，求实数 a 的值.

10. 当 a 为何值时，经过两点 $A(1, 1)$ 和 $B(2a^2+1, a-2)$ 的直线：

(1)倾斜角为 $135°$.

(2)与过两点$(0, -7)$，$(3, 2)$的直线垂直.

(3)与过两点$(-4, 9)$，$(2, -3)$的直线平行.

§8.3(2)　两条直线的位置关系(2)

学习目标点击

1. 会求两条相交直线的交点.

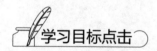

2. 会判断两条直线的位置关系(平行，相交，重合)，在相交时能判断它们是否垂直.
3. 从学习中体会用代数方法研究几何图形性质的思想.

知识要点聚焦

知识要点一　两条直线的交点坐标

已知两条直线 l_1：$A_1x+B_1y+C_1=0$，l_2：$A_2x+B_2y+C_2=0$.

若方程组$\begin{cases}A_1x+B_1y+C_1=0\\A_2x+B_2y+C_2=0\end{cases}$的解是$\begin{cases}x=m,\\y=n,\end{cases}$则直线 l_1 与 l_2 的交点坐标为(m, n).

若直线 l_1 与 l_2 的交点坐标为(m, n)，则 $A_1m+B_1n+C_1=0$，且 $A_2m+B_2n+C_2=0$.

若方程组$\begin{cases}A_1x+B_1y+C_1=0,\\A_2x+B_2y+C_2=0\end{cases}$只有一组解，则直线 l_1 与 l_2 只有一个公共点，即直线 l_1 与 l_2 相交.

若方程组$\begin{cases}A_1x+B_1y+C_1=0,\\A_2x+B_2y+C_2=0\end{cases}$有无数组解，则直线与有无数多个公共点，即直线 l_1 与 l_2 重合.

若方程组$\begin{cases}A_1x+B_1y+C_1=0,\\A_2x+B_2y+C_2=0\end{cases}$无解，则直线与没有公共点，即直线 l_1 与 l_2 平行.

知识要点二　用斜率判断两条直线的位置关系

在平面内，两条直线有相交(包含垂直的情形)、平行和重合三种不同的位置关系.

如果两条直线的斜率均存在，设其方程分别为 $y=k_1x+b_1$，$y=k_2x+b_2$. 将方程组

$$\begin{cases}y=k_1x+b_1,\\y=k_2x+b_2\end{cases}$$

中两式相减，得

$$(k_1-k_2)x=-(b_1-b_2) \quad ③$$

(1)当 $k_1\neq k_2$ 时，③只有一组解，即方程组只有一组解. 此时，直线 l_1 与 l_2 只有一个交点，即 l_1 与 l_2 相交.

(2)当是 $k_1=k_2$，且 $b_1\neq b_2$ 时，③无解，即方程组无解，此时，直线 l_1 与 l_2 没有交点，即 l_1 与 l_2 平行.

(3)当 $k_1=k_2$ 且 $b_1=b_2$ 时，③有无数组解，即方程组有无数组解. 此时，直线 l_1 与 l_2 有无数个交点，即 l_1 与 l_2 重合.

因此，有如下结论：

如果有存在斜率的两条直线 l_1：$y=k_1x+b_1$，l_2：$y=k_2x+b_2$，则

(1)l_1 与 l_2 相交$\Leftrightarrow k_1 \neq k_2$.

(2)l_1 与 l_2 平行$\Leftrightarrow k_1 = k_2$ 且 $b_1 \neq b_2$.

(3)l_1 与 l_2 重合$\Leftrightarrow k_1 = k_2$ 且 $b_1 = b_2$.

(4)l_1 与 l_2 垂直$\Leftrightarrow k_1 k_2 = -1$.

注意：上述结论成立的前提条件是两条直线的斜率均存在.

题型分类剖析

题型一　求过两直线交点的直线方程

例 1　已知直线 l 经过两直线 $x-3y-3=0$ 和 $3x+2y+13=0$ 的交点，且垂直于直线 $4x+3y-2=0$，求直线 l 的方程.

【分析】解由 $x-3y-3=0$ 和 $3x+2y+13=0$ 所组成的二元一次方程组即可求得交点坐标，再由直线方程的点斜式便可写出直线 l 的方程.

解法 1：由$\begin{cases} x-3y-3=0, \\ 3x+2y+13=0 \end{cases}$得$\begin{cases} x=-3, \\ y=-2, \end{cases}$所以直线 l 经过点$(-3, -2)$.

又因为直线 l 与斜率为$-\dfrac{4}{3}$的直线垂直，所以直线 l 的斜率为$\dfrac{3}{4}$.

因此，直线 l 的方程为 $y-(-2)=\dfrac{3}{4}(x+3)$，即 $3x-4y+1=0$.

解法 2：根据直线 l 垂直于直线 $4x+3y-2=0$，可设直线 l 的方程为 $3x-4y+m=0$.

由$\begin{cases} x-3y-3=0, \\ 3x+2y+13=0 \end{cases}$得$\begin{cases} x=-3, \\ y=-2, \end{cases}$

即直线 l 所经过的交点坐标为$(-3, -2)$.

于是有 $3\times(-3)-4\times(-2)+m=0$，$m=1$.

故直线 l 的方程为 $3x-4y+1=0$.

【反思】与直线 $Ax+By+C=0$ 垂直的直线为 $Bx-Ay+m=0$；与直线 $Ax+By+C=0$ 平行的直线为 $Ax+By+n=0$. 求两条相交直线的交点的过程就是解由这两条直线的方程所组成的方程组的过程，解法 2 是待定系数法，它是求经过某一点且与已知直线平行或垂直的直线的一种快捷的解法.

题型二　直线与两坐标轴围成的三角形的面积问题

例 2　已知直线，经过点 $P(-2, 3)$，且与两坐标轴围成的三角形的面积为 4，求直线 l 的方程.

【分析】由题意可知，直线 l 的斜率一定存在，又由于直线 l 经过点 $P(-2, 3)$，因而可用待定系数法来求直线 l 的方程.

【解答】显然，直线 l 不垂直 x 轴，设直线 l 的方程为 $y-3=k(x+2)$.

令 $x=0$，得 $y=2k+3$；令 $y=0$，得 $x=-\frac{3}{k}-2$.

由题意可知 $\frac{1}{2}\times|2k+3|\times\left|-\frac{3}{k}-2\right|=4$，

即 $\left|(2k+3)\left(-\frac{3}{k}-2\right)\right|=8$，解之得 $k=-\frac{1}{2}$ 或 $-\frac{9}{2}$.

故所求直线 l 的方程为 $y-3=-\frac{1}{2}(x+2)$ 或 $y-3=-\frac{9}{2}(x+2)$，即 $x+2y-4=0$ 或 $9x+2y+12=0$.

【反思】题中令 $x=0$ 求得的 y 的值为纵截距，即直线 l 与 y 轴($x=0$)的交点的纵坐标，令 $y=0$ 求得的 x 的值为横截距，即直线 l 与 x 轴($y=0$)的交点的横坐标．这两个截距的绝对值等于直线 l 与两坐标轴围成的三角形的两条直角边的长度.

题型三　求字母的值或取值范围

例3　已知直线 $7x+4y+m-2=0$ 与直线 $3x-2y+4m=0$ 的交点在第二象限，求实数 m 的取值范围.

【分析】由于交点在第二象限，可以先求出交点坐标，再根据第二象限的点的坐标的符号特征(即横坐标为负数，纵坐标为正数)列不等组来求解.

【解答】由 $\begin{cases}7x+4y+m-2=0,\\3x-2y+4m=0\end{cases}$ 得 $\begin{cases}x=\frac{2-9m}{13},\\y=\frac{25m-6}{26}.\end{cases}$ 即交点为 $\left(\frac{2-9m}{13},\ \frac{25m-6}{26}\right)$.

又因为该交点在第二象限，所以

$\begin{cases}\frac{2-9m}{13}<0,\\\frac{25m-6}{26}>0,\end{cases}$ 解之得 $\begin{cases}m>\frac{2}{9},\\m>\frac{6}{25},\end{cases}$ 即有 $m>\frac{6}{25}$.

因此，实数 m 的取值范围是 $\left(\frac{6}{25},\ +\infty\right)$.

【反思】本题解二元一次方程组用的是加减消元法．在解不等式组写解集时要比较 $\frac{2}{9}$ 与 $\frac{6}{25}$ 的大小，可以这样来比较：$\frac{2}{9}=\frac{2\times3}{9\times3}=\frac{6}{27}<\frac{6}{25}$，即 $\frac{6}{25}>\frac{2}{9}$，因而题中的 m 须满足 $m>\frac{6}{25}$.

认知强化训练

1. 已知直线 $3x+2y+1-m=0$ 经过坐标原点，则 $m=$(　　)

A. -1　　B. 1　　C. 0　　D. 无法确定

2. 直线 $x=-2$ 与直线 $y=3$ 的交点坐标是(　　)

A. $(-2, 0)$　　B. $(0, 3)$　　C. $(-2, 3)$　　D. $(3. -2)$

3. 直线 $3x+y-8=0$ 与直线 $x+3y+4=0$ 的位置关系是(　　)

A. 垂直　　B. 平行　　C. 重合　　D. 相交但不垂直

4. 直线 $2x+3y-k=0$ 与直线 $x-ky+12=0$ 的交点在 y 轴上，则 k 的值为(　　)

A. -24　　B. 6

C. -6 或 6　　D. 以上答案均不正确

5. 直线 $x+y=-2$ 与直线 $2x-3y=3$ 的交点坐标为________.

6. 已知直线 $mx+4y-3=0$ 与直线 $4x+5y+n=0$ 垂直，且垂足为(1，2)，则 $m=$________，$n=$________.

7. 直线 $3x+2y-8=0$ 与直线 $x+2=0$ 的交点的个数是________.

8. 直线 $x+y-4=0$ 与直线 $2x-y+1=0$ 的交点到坐标原点的距离是________.

9. 实数 k 为何值时，直线 $y=kx-2$ 经过直线 $2x-y+1=0$ 与直线 $x-y+5=0$ 的交点？

10. 如果直线 $mx-y+2m+1=0$ 与直线 $x+2y-4=0$ 的交点在第四象限，求实数 m 的取值范围.

§8.3(3)　两条直线的位置关系(3)

学习目标点击

1. 掌握点到直线的距离公式，会运用公式求解有关点到直线的距离的简单问题.
2. 了解两条平行线间的距离公式，会求两条平行线间的距离.
3. 体会由特殊到一般的数学思想.

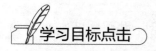

知识要点聚焦

知识要点一　点到直线的距离公式

1. 点到直线的距离公式

点 $P_0(x_0, y_0)$到直线 l：$Ax+By+C=0$(A，B 不同时为零)的距离为

$$d=\frac{|Ax_0+By_0+C|}{\sqrt{A^2+B^2}}.$$

2. 理解点到直线的距离公式要注意以下几点

(1)点到直线的距离公式适用于平面内任一点到任一条直线的距离的计算.

(2)在利用点到直线的距离公式计算距离时，先要把直线方程化为一般式.

(3)若点 $P_0(x_0, y_0)$在直线上，则点到直线的距离公式仍然成立，且此距离为零.

(4)点到几条特殊直线的距离(画出图形可直接得到)：

①点 $P_0(x_0, y_0)$到 x 轴的距离 $d=|y_0|$.

②点 $P_0(x_0, y_0)$ 到 y 轴的距离 $d=|x_0|$.

③点 $P_0(x_0, y_0)$到与 y 轴垂直的直线 $y=b$ 的距离 $d=|y_0-b|$.

④点 $P_0(x_0, y_0)$到与 x 轴垂直的直线 $x=a$ 的距离 $d=|x_0-a|$.

知识要点二　两条平行直线间的距离公式

1. 两条平行线间的距离公式

两条平行直线 l_1：$Ax+By+C_1=0$ 与 l_2：$Ax+By+C_2=0$ 的距离为 $d=\frac{|C_1-C_2|}{\sqrt{A^2+B^2}}$.

2. 理解两条平行直线间的距离公式要注意以下几点

(1)使用两条平行直线间的距离公式时，先要把两条平行直线的方程化为一般式，并且两直线方程中 x 和 y 的系数必须分别相同.

(2)两条平行直线间的距离等于其中一条直线上任一点到另一条直线的距离，也可以看做是两条直线上各取一点，这两点之间的最短距离.

题型分类剖析

题型一　点到直线的距离

例 1　在△ABC 中，已知 $A(-1, 5)$，$B(4, -1)$，$C(2, 1)$，求△ABC 的面积 $S_{\triangle ABC}$.

【分析】三角形的面积$=\frac{1}{2}\times$底$\times$高. 若以 BC 边为底边，则点 A 到直线 BC 的距离为底边 BC 上的高，用点到直线的距离公式即可求得.

【解答】因为直线 BC 的斜率 $k_{BC}=\frac{1-(-1)}{2-4}=-1$，

所以直线 BC 的方程为 $y-1=-1\times(x-2)$，即 $x+y-3=0$.

点 $A(-1, 5)$ 到直线 BC：$x+y-3=0$ 的距离 $d=\frac{|-1\times1+1\times5-3|}{\sqrt{1^2+1^2}}=\frac{\sqrt{2}}{2}$.

又因为 $|BC|=\sqrt{(1+1)^2+(2-4)^2}=2\sqrt{2}$，

所以$\triangle ABC$ 的面积 $S_{\triangle ABC}=\frac{1}{2}\times2\sqrt{2}\times\frac{\sqrt{2}}{2}=1$.

【反思】题中求底边 BC 的长用到的是两点间的距离公式，而求底边上的高用到了点到直线的距离公式.

题型二　两条平行直线间的距离

例 2　求与直线 l_1：$3x+4y-1=0$ 平行且到直线 l_1 的距离为 1 的直线 l_2 的方程.

【分析】根据两条直线 l_1 和 l_2 平行可以设出直线 l_2 的方程为 $3x+4y+m=0$，然后根据两条平行直线间的距离求出 m 的值，

【解答】解法 1：设直线 l_2 的方程为 $3x+4y+m=0$.

在直线 l_1：$3x+4y-1=0$ 上取一点 $P_0\left(0, \frac{1}{4}\right)$，

点 $P_0\left(0, \frac{1}{4}\right)$ 到直线 l_2：$3x+4y+m=0$ 的距离为

$$d=\frac{\left|3\times0+4\times\frac{1}{4}+m\right|}{\sqrt{3^2+4^2}}=\frac{|1+m|}{5}.$$

由题意可得 $\frac{|1+m|}{5}=1$，解之得 $m=-6$ 或 4.

故直线 l_2 的方程为 $3x+4y-6=0$ 或 $3x+4y+4=0$.

解法 2：设直线 l_2 的方程为 $3x+4y+m=0$.

由两条平行直线间的距离公式可得 $\frac{|-1-m|}{\sqrt{3^2+4^2}}=1$，$m=-6$ 或 4.

故直线 l_2 的方程为 $3x+4y-6=0$ 或 $3x+4y+4=0$.

【反思】在本题的两种解法中，解法 1 将两条平行直线间的距离转化为求点到直线的距离，解法 2 则直接利用两条平行直线的距离公式来求，因此，解法 2 比解法 1 简捷些.

认知强化训练

1. 点 $P(-1, 2)$ 到直线 $3x+2y=5$ 的距离 d 为(　　)

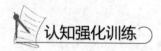

A. $d=\frac{4\sqrt{13}}{13}$ B. $d=\frac{5\sqrt{13}}{13}$ C. $d=\frac{6\sqrt{13}}{13}$ D. $d=\frac{4}{5}$

2. 点$(-2, -5)$到直线 $y-4=0$ 的距离是(　　)

A. 2 B. 6 C. 9 D. 5

3. 到 x 轴的距离等于 1 的 y 轴上的点的坐标是(　　)

A. $(0, -1)$ B. $(-1, 0)$

C. $(1, 0)$和$(-1, 0)$ D. $(0, -1)$和$(0, 1)$

4. 直线 $4x-3y+2=0$ 与直线 $4x-3y-3=0$ 的距离为(　　)

A. $\frac{1}{5}$ B. 1 C. 2 D. 5

5. 坐标原点到直线 $y=x-3$ 的距离是________.

6. 若 y 轴上一点$(0, m)$到直线 $x-y=0$ 的距离为 $2\sqrt{2}$，则 $m=$________.

7. 点$(4, -3)$到直线 $6x-8y+k=0$ 的距离为 2，则 $m=$________.

8. 直线 $5x+12y-3=0$ 与直线 $5x+12y+m=0$ 的距离为 1，则 $m=$________.

9. 在 x 轴上求一点 P，使得以点 $A(1, 2)$，$B(3, 4)$和 P 为顶点的三角形的面积为 10.

10. 已知点 $P(m, 6)$到直线 $3x-4y=2$ 的距离 d 为下列各值，分别求 m 的值或取值范围：

(1)$d=4$；

(2)$d>4$.

§8.4(1)　圆(1)

学习目标点击

1. 掌握圆的标准方程，并能根据圆的标准方程写出它的圆心坐标和半径.
2. 会根据已知条件求圆的标准方程.
3. 掌握圆的一般方程，并能判断一个二元二次方程是否圆的方程.

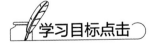

4. 能根据圆的一般方程求出圆心坐标和半径，会用待定系数法求圆的方程.

5. 理解直线和圆的位置关系(相离、相交、相切)与相应的直线和圆的方程所组成的二元二次方程组(无解、有两组解、有唯一解)的对应关系.

6. 能根据圆心到直线的距离和半径之间的大小关系来判断直线和圆的位置关系.

7. 进一步培养数形结合的思想以及综合应用知识解决问题的能力.

知识要点聚焦

知识要点一　圆的标准方程

1. 圆的标准方程

以点(a, b)为圆心，r为半径的圆的标准方程是$(x-a)^2+(y-b)^2=r^2$.

2. 理解和使用圆的标准方程要注意以下几点

(1)如果圆心在坐标原点，则$a=0$，$b=0$，圆的标准方程为$x^2+y^2=r^2$.

(2)圆的标准方程为$(x-a)^2+(y-b)^2=r^2$圆心为(a, b)，半径为r.

(3)在圆的标准方程$(x-a)^2+(y-b)^2=r^2$中，有三个参数a，b，r，只要求出a，b，r，圆的方程就被确定. 因此，确定圆的方程需要两个条件即圆心和半径，其中圆心确定圆的位置，是定位条件，半径确定圆的大小，是定形条件.

知识要点二　圆的一般方程

1. 圆的一般方程

圆的一般方程为$x^2+y^2+Dx+Ey+F=0(D^2+E^2-4F>0)$，其中圆心为$\left(-\frac{D}{2}, -\frac{E}{2}\right)$，半径$r=\frac{1}{2}\sqrt{D^2+E^2-4F}$.

2. 理解和使用圆的一般方程要注意以下几点

(1)圆的一般方程的特征：①含x^2和y^2的项的系数均为1或者均可化为1. ②没有含xy的项. ③$D^2+E^2-4F>0$.

(2)当$D^2+E^2-4F>0$时，方程$x^2+y^2+Dx+Ey+F=0$表示以点$\left(-\frac{D}{2}, -\frac{E}{2}\right)$为圆心，以$r=\frac{1}{2}\sqrt{D^2+E^2-4F}$为半径的圆.

(3)当$D^2+E^2-4F=0$时，方程$x^2+y^2+Dx+Ey+F=0$表示一个点$\left(-\frac{D}{2}, -\frac{E}{2}\right)$.

(4)当$D^2+E^2-4F<0$时，方程$x^2+y^2+Dx+Ey+F=0$不表示任何图形.

(5)二元二次方程$Ax^2+Bxy+Cy^2+Dx+Ey+F=0$表示圆的充分必要条件是

$\begin{cases} A=C\neq 0 \text{ 且 } B=0, \\ D^2+E^2-4F>0, \end{cases}$ 而 $A=C$ 且 $B=0$ 是二元二次方程 $Ax^2+Bxy+Cy^2+Dx+Ey+F=0$ 表示圆的必要不充分条件.

知识要点三　点与圆的位置关系的判定

一个圆把平面内的点分成三部分，即圆外的点、圆上的点、圆内的点，因而点与圆的位置关系有点在圆外、点在圆上、点在圆内三种，其判定方法有两种：

1. 几何法

将所给的点 P 到圆心 C 的距离 $|PC|$ 与半径 r 作比较来判定点与圆的位置关系的方法叫做几何法.

(1) $|PC|>r\Leftrightarrow$ 点 P 在圆 C 外.

(2) $|PC|=r\Leftrightarrow$ 点 P 在圆 C 上.

(3) $|PC|<r\Leftrightarrow$ 点 P 在圆 C 内.

2. 代数法[以 $C(a, b)$ 为圆心]

(1)点 $P(x_0, y_0)$ 在圆 C 外 $\Leftrightarrow(x_0-a)^2+(y_0-b)^2>r^2$.

(2)点 $P(x_0, y_0)$ 在圆 C 上 $\Leftrightarrow(x_0-a)^2+(y_0-b)^2=r^2$.

(3)点 $P(x_0, y_0)$ 在圆 C 内 $\Leftrightarrow(x_0-a)^2+(y_0-b)^2<r^2$.

知识要点四　直线与圆的位置关系的判定

直线 $Ax+By+C=0$ 与圆 $(x-a)^2+(y-b)^2=r^2$ 的位置关系有相交、相切、相离三种，其判定方法有两种.

1. 几何法

圆心 (a, b) 到直线 $Ax+By+C=0$ 的距离 $d=\dfrac{|Aa+Bb+C|}{\sqrt{A^2+B^2}}$，则

(1) $d<r\Leftrightarrow$ 直线与圆相交.

(2) $d=r\Leftrightarrow$ 直线与圆相切.

(3) $d>r\Leftrightarrow$ 直线与圆相离.

2. 代数法

由 $\begin{cases} Ax+By+C=0, \\ (x-a)^2+(y-b)2=r^2 \end{cases}$ 消去 x 或 y 后得到的一元二次方程的判别式记为 Δ，则

(1) $\Delta>0\Leftrightarrow$ 直线与圆相交.

(2) $\Delta=0\Leftrightarrow$ 直线与圆相切.

(3) $\Delta<0\Leftrightarrow$ 直线与圆相离.

题型分类剖析

题型一　圆的标准方程

例 1　求圆心在直线 $x-2y-5=0$ 上，且经过点 $A(-3, 0)$，$B(3, 2)$的圆的方程.

【分析】可以设出圆的标准方程，根据题意列出方程组来求，也可以根据已知条件来确定圆心和半径，进而写出圆的方程.

【解答】解法 1：设所求圆的圆心为$(2a+5, a)$，半径为 r，则所求圆的方程为

$$(x-2a-5)^2+(y-a)^2=r^2.$$

因为该圆经过点 $A(-3, 0)$，$B(3, 2)$，

所以$\begin{cases}(-3-2a-5)^2+(0-a)2=r^2,\\(3-2a-5)^2+(2-a)2=r^2,\end{cases}$解之得$\begin{cases}a=-2\\r=2\sqrt{5}\end{cases}$.

故所求圆的方程为$(x-1)^2+(y+2)^2=20$.

解法 2：因为直线 AB 的斜率 $k_{AB}=\dfrac{2-0}{3-(-3)}=\dfrac{1}{3}$，线段 AB 的中点坐标是$\left(\dfrac{-3+3}{2}, \dfrac{0+2}{2}\right)$即$(0, 1)$，所以线段 AB 的垂直平分线的方程为 $y-1=-3(x-0)$，即 $3x+y-1=0$.

解方程组$\begin{cases}3x+y-1=0,\\x-2y-5=0\end{cases}$得$\begin{cases}x=1,\\y=-2.\end{cases}$

于是得到所求圆的圆心为$(1, -2)$.

又因为圆的半径 $r=\sqrt{(-2-0)^2+(1+3)^2}=2\sqrt{5}$，

故所求圆的方程为$(x-1)^2+(y+2)^2=20$.

【反思】圆中弦的垂直平分线必经过圆心，圆心到圆上任一点的距离等于半径的长．解法 1 中，由于圆心在直线 $x-2y-5=0$ 上，所以可设圆心坐标为$(2a+5, a)$，若设圆心为$\left(a, \dfrac{a-5}{2}\right)$，则会使运算更加复杂.

题型二　圆的一般方程

例 2　已知$\triangle ABC$的三个顶点分别是 $A(1, 1)$，$B(1, -5)$，$C(4, -2)$，求$\triangle ABC$的外接圆的方程.

【分析】由于已知$\triangle ABC$的外接圆上的三个点的坐标，即三个顶点的坐标，所以可用待定系数法来求圆的方程，可先设出圆的一般方程为 $x^2+y^2+Dx+Ey+F=0$，再列方程组求待定系数 D，E，F.

【解答】设$\triangle ABC$的外接圆的方程为 $x^2+y^2+Dx+Ey+F=0$. 因为该圆经过 $A(1, 1)$，$B(1, -5)$，$C(4, -2)$这三点，所以有

$$\begin{cases}D+E+F=-2,\\D-5E+F=-26,\\4D-2E+F=-20.\end{cases}$$

①－②得 $6E=24$，$E=4$.

②－③得 $-3D-3E=-6$，而 $E=4$，所以 $D=-2$.

把 $D=-2$，$E=4$ 代入(1)得：$-2+4+F=-2$，所以 $F=-4$.

故△ABC 的外接圆的方程为 $x^2+y^2-2x+4y-4=0$.

【反思】求圆的方程时，一般来说，已知条件中涉及圆上的多个点时，可选用圆的一般方程．已知条件涉及或易求圆心与半径时，可选用标准方程．求圆的方程的一般步骤是：①根据题意选用圆的方程的两种形式中的一种；②根据已知条件，列出关于 D，E，F 或 a，b，r 的方程组；③通过用加减消元法或代入法解方程组求 D，E，F 或 a，b，r 的值，从而得到所求圆的方程．本题也可以利用△ABC 的外接圆的圆心就是三角形三边的垂直平分线的交点来求解，即先分别求其中两条边的垂直平分线，它们的交点就是外接圆的圆心，然后再求半径.

例 3 求经过点 $P(4,\ -5)$且与直线 l：$x-2y+4=0$ 相切于点 $B(-2,\ 1)$的圆的方程.

【分析】点 $P(4,\ -5)$和点 $B(-2,\ 1)$均在圆上，经过圆心和点 B 的直线与直线 l 垂直；若设圆心为 C，则 $|CP|=|CB|$，且 $|CP|$ 等于半径 r.

【解答】解法 1：设圆的方程为 $x^2+y^2+Dx+Ey+F=0$，圆心为点 C.

由题意可知，点 C 的坐标为$\left(-\dfrac{D}{2},\ -\dfrac{E}{2}\right)$，且直线 $BC\perp l$，

所以 $k_{BC}k_l=-1$，即$\dfrac{-\dfrac{E}{2}-1}{-\dfrac{D}{2}+2}\times\dfrac{1}{2}=-1$，化简得 $2D+E=6$.

又因为点 P，点 B 均在圆上，所以有

$$\begin{cases}4D-5E+F=-41,\\2D-E-F=5,\\2D+E=6.\end{cases}\text{解之得}\begin{cases}D=0,\\E=6,\\F=-11.\end{cases}$$

故所求圆的方程为 $x^2+y^2+6y-11=0$.

解法 2：设圆心 $C(a,\ b)$，且圆的方程为$(x-a)^2+(y-b)^2=r^2$.

因为点 P，点 B 均在圆上，所以 $|CP|=|CB|$，且 $BC\perp l$.

于是有$\begin{cases}\sqrt{(4-a)^2+(-5-b)^2}=\sqrt{(-2-a)^2+(1+b)^2},\\\dfrac{1-b}{-2-a}\times\dfrac{1}{2}=-1,\end{cases}$

解之得$\begin{cases}a=0,\\b=-3.\end{cases}$所以半径 $r=\sqrt{(4-0)^2+(-5+3)^2}=2\sqrt{5}$.

故所求圆的方程为 $x^2+(y+3)^2=20$.

【反思】经过圆心和切点的直线与过该切点的切线互相垂直；圆上任一点到圆心的距离等于半径的长.

题型三　直线和圆的位置关系的判断

例 4　若直线 $y=kx+2$ 与圆 $x^2+y^2-4x-6y+12=0$ 相交，求实数 k 的取值范围.

【分析】直线与圆相交，则圆心到直线的距离小于圆的半径；直线与圆相交，则联立直线的方程和圆的方程消去 x 或 y，得到的一元二次方程有两个不相等的实数根，即有 $\Delta>0$. 因而本题有两种解法.

【解答】解法 1：因为直线 $y=kx+2$ 即 $kx-y+2=0$ 与圆 $x^2+y^2-4x-6y+12=0$ 相交，所以圆心到直线的距离小于半径，

由于圆 $x^2+y^2-4x-6y+12=0$ 的圆心为(2，3)，

半径 $r=\frac{1}{2}\sqrt{(-4)^2+(-6)^2-4\times12}=1$，

所以 $\frac{|2k-3+2|}{\sqrt{k^2+(-1)^2}}<1$，即有 $|2k-1|<\sqrt{k^2+1}$.

两边平方有 $4k^2-4k+1<k^2+1$，即 $3k^2-4k<0$，解之得 $0<k<\frac{4}{3}$.

故实数 k 的取值范围是 $\left(0,\frac{4}{3}\right)$.

解法 2：将直线方程 $y=kx+2$ 代入圆方程 $x^2+y^2-4x-6y+12=0$ 中得：

$$(1+k^2)x^2-2(k+2)x+4=0.$$

因为直线与圆相交，所以 $\Delta=[-2(k+2)]^2-4\times4\times(1+k^2)>0$，

即有 $3k^2-4k<0$，解之得 $0<k<\frac{4}{3}$.

故实数 k 的取值范围是 $\left(0,\frac{4}{3}\right)$.

【反思】直线与圆的位置关系的判定有两种方法，即几何法和代数法，它们的运算量都是不小的，计算时一定要细心.

认知强化训练

1. 圆心是(−1，3)，半径为 $\sqrt{2}$ 的圆的标准方程是(　　)

A. $(x-1)^2+(y-1)^2=2$　　B. $(x+1)^2+(y-3)^2=2$

C. $(x+1)^2+(y-3)^2=\sqrt{2}$　　D. $(x-3)^2+(y+1)^2=2$

2. 圆 $x^2+y^2-3x+4y-5=0$ 的圆心是(　　)

A. $\left(\frac{3}{2},-2\right)$　　B. $\left(-\frac{3}{2},2\right)$　　C. $\left(\frac{3}{2},2\right)$　　D. $\left(-\frac{3}{2},-2\right)$

3. 圆心为$\left(-\frac{D}{2},\ -\frac{E}{2}\right)$，半径为$\frac{1}{2}\sqrt{D^2+E^2-4F}$的圆的一般方程是(　　)

A. $x^2+y^2-Dx-Ey-F=0$　　B. $x^2+y^2-Dx-Ey+F=0$

C. $x^2+y^2+Dx+Ey+F=0$　　D. $x^2+y^2+Dx+Ey-F=0$

4. 直线 $y=x+1$ 与圆 $x^2+y^2-2x+4y-11=0$ 的位置关系是(　　)

A. 相交　　B. 相切

C. 相离　　D. 可能相交，可能相切

5. 圆心为$(-5,\ 2)$，且与 x 轴相切的圆的标准方程是________.

6. 若圆 $x^2+y^2-m=0$ 经过点$(5,\ -12)$，则该圆的半径是________.

7. 圆心是$(3,\ -1)$，且经过点$(2,\ 3)$的圆的标准方程是________.

8. 已知点 $A(-2,\ 3)$和点 $B(-4,\ 1)$，则以线段 AB 为直径的圆的方程是________.

9. 写出圆心为 $A(-2,\ 3)$，且与 y 轴相切的圆的方程，并判断点 $B(-2,\ 1)$和点 $C(1,\ 3)$是否在这个圆上？

10. 已知直线 l：$x-y+4=0$ 与圆 C：$(x-1)^2+(y-1)^2=2$，求圆 C 上的点到直线 l 的最短距离.

§8.4(2)　圆(2)

学习目标点击

1. 能根据有关实际问题中的数与形的特征，运用直线和圆的方程加以解决.
2. 进一步复习和巩固直线方程和圆的方程的有关知识和方法.
3. 培养运用所学数学知识解决有关实际问题的意识和能力.

知识要点聚焦

知识要点一　解析法

在平面直角坐标系中，借助直线方程和圆的方程等解析几何知识，利用代数方法研究或求解与直线或圆相关的数学问题或实际问题的方法，称为解析法.

知识要点二　用解析法求解实际问题的步骤

用解析法求解实际问题，大体上可分为下列步骤：

(1)从实际问题中抽象出相关的数学问题，分清已知的是什么，要求的是什么.

(2)建立平面直角坐标系，用坐标和方程表示问题中的几何元素.

(3)研究直线方程或圆的方程，求出符合问题的实际意义的解.

(4)作结论.

题型分类剖析

题型一　设计最大面积的矩形草坪

例 1　为了搞好城市绿化工作，如图 8.4 (2)-1 所示，要在矩形区域 $ABCD$ 内建一块矩形草坪，同时△AEF 内部为一文物保护区不能占用. 经测量 $AB=140$ m，$BC=80$ m，$AE=40$ m，$AF=20$ m，请合理设计这块矩形草坪，使得草坪的面积最大，并求出这个最大面积，

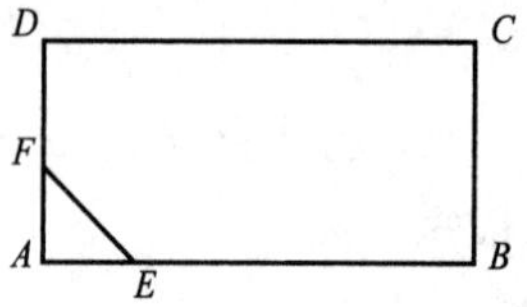

图 8.4 (2)-1

【分析】以点 A 为坐标原点 O，直线 AB 为 x 轴建立直角坐标系，则点 C 是矩形草坪的一个顶点，可以在线段 EF 上取一点 P，它是矩形草坪的另一顶点，过点 P 分别向 DC，BC 作垂线，即可得到矩形草坪.

【解答】以点 A 为坐标原点 O，直线 AB 为 x 轴建立平面直角坐标系，如图 8.4 (2)-2 所示，由已知条件可知，点 E (40，0)，F(0，20). 直线 EF 的斜率 $k_{EF}=\frac{20-0}{0-40}=-\frac{1}{2}$，其方程为 $y-20=-\frac{1}{2}(x-0)$，

即$y=-\frac{1}{2}x+20(0\leqslant x\leqslant 40)$.

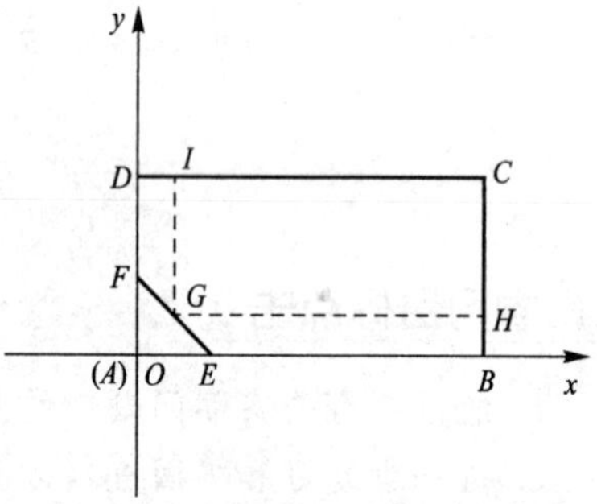

图 8.4(2)—2

在线段 EF 上取一点$G(a，b)$，作 $GH\perp BC$ 于 H，作 $GI\perp CD$ 于 I.

设矩形 $GHCI$ 的面积为 S，则 $S=|GH|\times|GI|=(140-a)(80-b)$.

又因为 $y=-\frac{1}{2}x+20$，所以 $b=-\frac{1}{2}a+20$.

于是 $S=(140-a)\left(80-20+\frac{1}{2}a\right)=(140-a)\left(60+\frac{1}{2}a\right)=-\frac{1}{2}a^2+10a+8\ 400$

$=-\frac{1}{2}(a-10)^2+8\ 450$，

所以 $a=10$ m，$b=-\frac{1}{2}\times 10+20=15$ m 时，草坪面积最大，最大值为 8 450 m^2.

答：在 EF 上取一点 G，使得点 G 到 AB 的距离为 15 m，到 AD 的距离为 10 m 时，草坪的面积最大，且最大面积为 8 450 m^2.

【反思】题中以点 A 为坐标原点，以直线 AB 为 x 轴建立平面直角坐标系，则点 E 和点 F 都在坐标轴上，使得运算比较简捷，若以点 B 为坐标原点，以直线 AB 为 x 轴建立平面直角坐标系，本题又如何解答呢？

题型二　确定破碎的圆形零件的半径

例 2　某模具厂 10 台机床的同一个圆形零件都破碎了，而生产这种零件的广家已经停止生产这种零件了，模具厂准备自行制作 10 个这样的零件．从零件碎片中找到了一块碎片即圆形零件的一部分，为了获得它的半径，李师傅在零件上画了一条线段 AB，作出了 AB 的垂直平分线 CD，如图 8.4(2)-3 所示，并测得 $AB=6$ cm，$CD=1$ cm. 你能根据已有数据，帮李师傅求出这种圆形零件的半径吗？

【分析】如果以线段 AB 的中点为坐标原点，以直线 AB 为 x 轴建立直角坐标系，则 A，B，D 三点均在圆上，由此可以求出圆的方程，进而可以得到圆的半径.

【解答】以线段 AB 的中点 C 为坐标原点，直线 AB 为 x 轴建立直角坐标系，如图 8.4(2)−4 所示. 设过点 A，B，D 的圆的方程为 $x^2+y^2+Dx+Ey+F=0$.

由题意可知 $A(-3,\ 0)$，$B(3,\ 0)$，$D(0,\ 1)$.

将以上各点的坐标分别代入圆的方程，可得

$$\begin{cases}9-3D+F=0,\\9+3D+F=0,\\1+E+F=0,\end{cases}\text{解之得}\begin{cases}D=0,\\E=8,\\F=-9.\end{cases}$$

因此，所求圆的方程为 $x^2+y^2+8y-9=0$，

它半径为 $\frac{1}{2}\sqrt{0^2+8^2-4\times(-9)}=5$ cm.

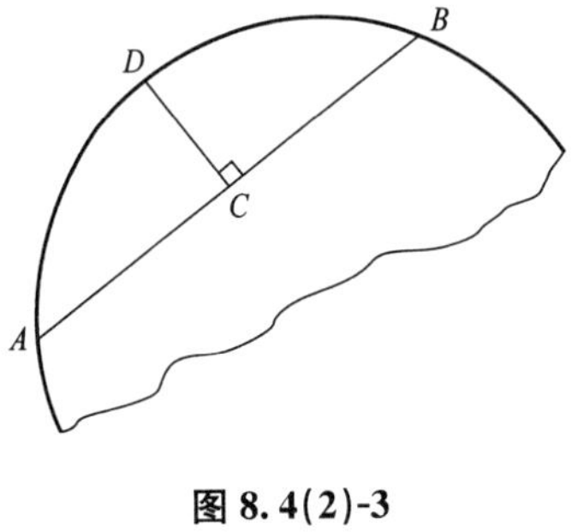

图 8.4(2)-3

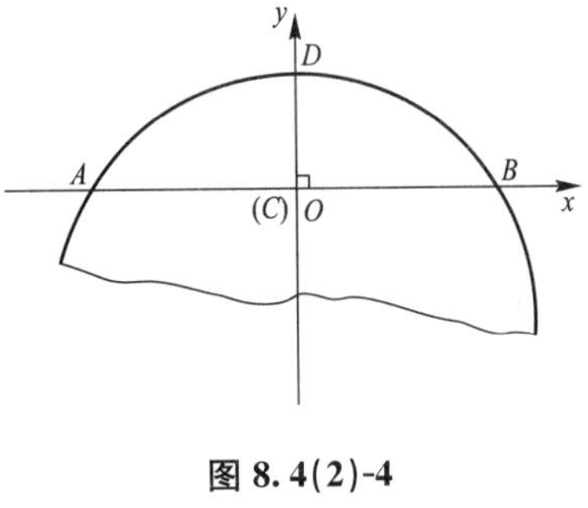

图 8.4(2)-4

答：圆形零件的半径为 5 cm.

【反思】这是一个与圆有关的实际问题．我们会想到通过建立圆的方程来确定其半径大小的方法．这其中就需要建立平面直角坐标系，若圆中出现了弦(如本题中的线段 AB)，

则常以弦所在直线和弦的垂直平分线为两坐标轴建立平面直角坐标系，事实上．本题也可以用几何知识来求解，请读者自行完成．

认知强化训练

1. 某工件的剖面图是一个圆，其方程为$(x-1)^2+y^2=64$，则它的半径是(　　)

A. 1　　B. 8　　C. 16　　D. 64

2. 若直线 $y=m$ 与圆$(x+3)^2+y^2=9$ 相交，则(　　)

A. $-3<m<3$　　B. $-9<m<9$

C. $m<-3$ 或 $m>3$　　D. $0<m<6$

3. 某仪表上有两个圆形零件，它们的方程分别是圆 A：$(x-3)^2+(y-2)^2=4$，圆 B：$(x+1)^2+(y-3)^2=1$. 则圆心 A 和 B 之间的距离为(　　)

A. $\sqrt{17}$　　B. 3　　C. $\sqrt{29}$　　D. $\sqrt{13}$

4. 如图 8.4(2)-5 所示，入射光线所在直线的方程为(　　)

A. $y=-\frac{\sqrt{3}}{3}x$　　B. $y=\frac{\sqrt{3}}{3}x$　　C. $y=-\sqrt{3}x$　　D. $y=\sqrt{3}x$

5. 一个工件的截面如图 8.4(2)-6 所示，则圆 G 的方程为________.

6. 在图 8.4(2)-5 中，x 轴上一点 $P(2, 0)$到反射光线的距离为________.

7. 在图 8.4(2)-6 中，直线 BG 的方程是________.

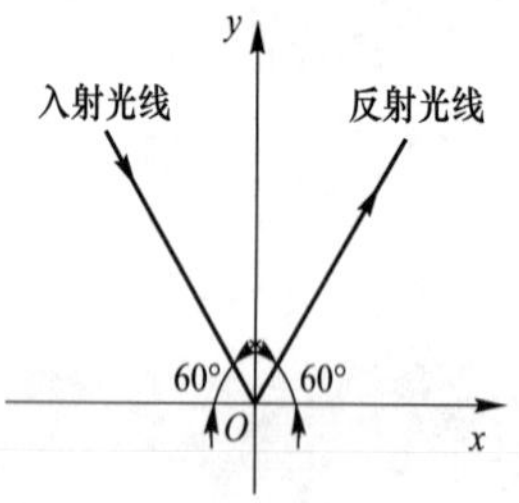

图 8.4(2)-5

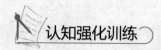

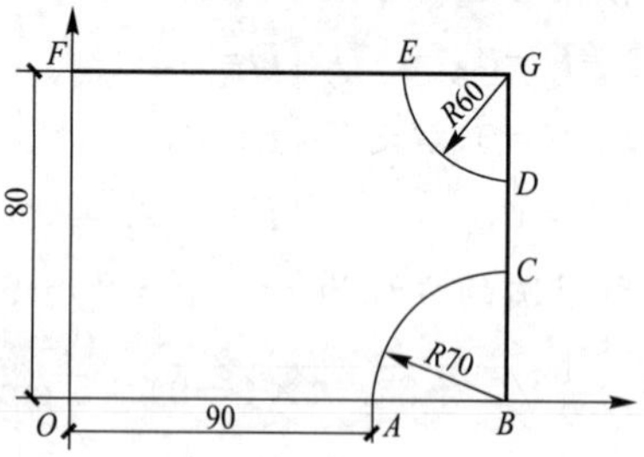

图 8.4(2)-6

8. 若直线 $x+y=m$ 与圆 $x^2+y^2=4$ 相离，则 m 的取值范围是________.

9. 某圆拱桥的水面跨度是 20 m，拱高是 4 m. 现在有一条船，宽 10 m，水面以上高 3 m，这条船能否从桥下通过?

10. 一个零件的尺寸如图 8.4(2)-7 所示.

(1)建立适当的直角坐标系，求圆 D 的方程.

(2)求点 C 到点 D 的距离.

(3)求点 A 到直线 CD 的距离.

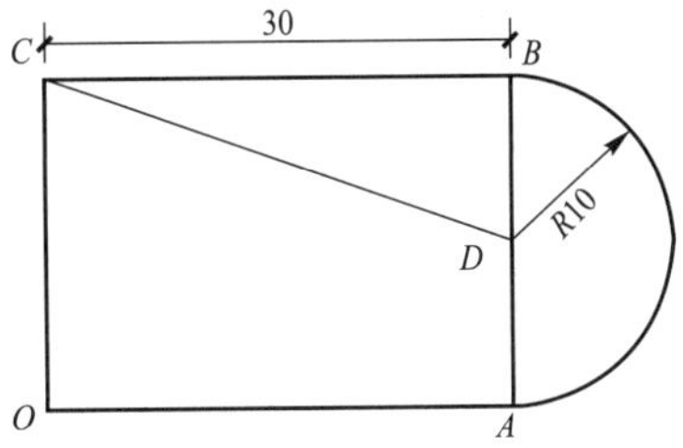

图 8.4(2)-7

本章小结

基础知识归纳

一、两点间的距离公式

若点 $A(x_1, y_1)$，$B(x_2, y_2)$，则 $|AB|=\sqrt{(x_2-x_1)^2+(y_2-y_1)^2}$.

二、两点间的中点公式

若点 $A(x_1, y_1)$，$B(x_2, y_2)$，且点 $P(x, y)$是线段 AB 的中点，则$\begin{cases} x=\dfrac{x_1+x_2}{2}, \\ y=\dfrac{y_1+y_2}{2}. \end{cases}$

三、直线的倾斜角和斜率

1. 直线的倾斜角

一条直线向上的方向和 x 轴的正方向所形成的最小正角 α，叫做直线的倾斜角．当直线 l 和 x 轴平行或重合时，其倾斜角规定为 0°. 因此，倾斜角的取值范围是$[0^\circ, 180^\circ)$.

2. 直线的斜率

(1)定义：如果直线 l 的倾斜角 α 不是 90°，那么倾斜角的正切值叫做直线 l 的斜率，如果直线 l 的倾斜角 α 是 90°，那么该直线没有斜率.

(2)α 与斜率是的关系：

①当 $\alpha=0^\circ$时，$k=0$.

②当 $0^\circ<\alpha<90^\circ$时，$k>0$.

③当 $0°<\alpha<180°$时，$k<0$.

(3)斜率的计算

①$k=\tan\alpha(\alpha\neq 90°)$.

②$k=\frac{y_2-y_1}{x_2-x_1}(x_1\neq x_2)$.

其中(x_1, y_1)，(x_2, y_2)是直线上两点的坐标，当 $x_1=x_2$ 或倾斜角 $\alpha=90°$，直线的斜率不存在.

四、直线方程的几种形式

1. 直线方程的几种形式

名称	方程	已知条件	适用范围
点斜式	$y-y_0=k(x-x_0)$	过点(x_0, y_0)，斜率为 k	不能表示垂直 x 轴的直线
斜截式	$y=kx+b$	纵截距为 b，斜率为 k	不能表示垂直 x 轴的直线
一般式	$Ax+By+C=0$(A，B 不全为 0)	直线上两点	能表示任何直线

2. 几条特殊直线

方程	已知条件	局限性
$x=a$(其中 $x=0$ 表示 y 轴)	直线与 x 轴垂直，且过点$(a, 0)$	斜率 k 不存在
$y=a$(其中 $y=0$ 表示 x 轴)	直线与 y 轴垂直，且过点$(0, a)$	斜率 $k=0$

五、两条直线平行或垂直的条件

1. 两条直线平行或垂直的条件

如果两条直线 l_1，l_2 的斜率均存在，且其斜率分别为 k_1，k_2，则有：

(1)$l_1 /\!/ l_2 \Leftrightarrow k_1=k_2$，且 $b_1\neq b_2$.

(2)$l_1\perp l_2\Leftrightarrow k_1k_2=-1$.

2. 与已知直线平行或垂直的直线的方程

(1)与直线 l：$Ax+By+C=0$ 平行的直线的方程是 $Ax+By+m=0$.

(2)与直线 l：$Ax+By+C=0$ 垂直的直线的方程是 $Ax-By+n=0$.

六、两条直线的交点

已知两条直线 l_1：$A_1x+B_1y+C_1=0$，l_2：$A_2x+B_2y+C_2=0$.

若方程组$\begin{cases}Ax_1+By_1+C_1=0,\\Ax_2+By_2+C_2=0\end{cases}$的解是$\begin{cases}x=m\\y=n\end{cases}$则直线 l_1 与 l_2 的交点坐标为(m, n).

七、点到直线的距离公式

点 $P_0(x_0, y_0)$ 到直线 l：$Ax+By+C=0$（A，B 不同时为零）的距离为

$$d=\frac{|Ax_0+By_0+C|}{\sqrt{A^2+B^2}}.$$

八、圆的方程

1. 圆的标准方程和一般方程

名称	方程	圆心	半径
圆的标准方程	$(x-a)^2+(y-b)^2=r^2$	(a, b)	r
圆的一般方程	$x^2+y^2+Dx+Ey+F=0$	$\left(-\frac{D}{2}, -\frac{E}{2}\right)$	$\frac{1}{2}\sqrt{D^2+E^2-4F}$
注：方程 $x^2+y^2+Dx+Ey+F=0$ 表示圆的条件是 $D^2+E^2-4F>0$.			

2. 点与圆的位置关系的判定

(1)若点 P 到圆心的距离为 d，则：

①$d>r$⇔点 P 在圆 C 外.

②$d=r$⇔点 P 在圆 C 上.

③$d<r$⇔点 P 在圆 C 内.

(2)若圆心为 (a, b)，点 P 的坐标为 (x_0, y_0)，则：

①点 $P(x_0, y_0)$ 在圆 C 外⇔$(x_0-a)^2+(y_0-b)^2>r^2$.

②点 $P(x_0, y_0)$ 在圆 C 上⇔$(x_0-a)^2+(y_0-b)^2=r^2$.

③点 $P(x_0, y_0)$ 在圆 C 内⇔$(x_0-a)^2+(y_0-b)^2<r^2$.

3. 直线与圆的位置关系的判定

(1)若圆心 (a, b) 到直线 l：$Ax+By+C=0$ 的距离为 d，则有：

①$d<r$⇔直线与圆相交.

②$d=r$⇔直线与圆相切.

③$d>r$⇔直线与圆相离.

(2)由 $\begin{cases}Ax+By+C=0,\\(x-a)^2+(y-b)2=r^2\end{cases}$ 消去 x 或 y 后得到的一元二次方程的判别式记为 Δ，则有：①$\Delta>0$⇔直线与圆相交．②$\Delta=0$⇔直线与圆相切．③$\Delta<0$⇔直线与圆相离.

专题高效讲坛

专题一　与弦长有关的问题

已知直线和圆的方程求弦长以及直线和圆相交时，已知弦长求直线方程等都是与圆的弦长有关的问题. 在这里，我们将重点介绍这类问题的解法，

例 1　已知经过点 $P(5, 5)$的直线 l 与圆 O：$x^2+y^2=25$ 相交，且直线 l 截圆 O 所得到的弦长为 $4\sqrt{5}$，求直线 l 的方程.

【解析】解法 1：由题意可知直线 l 的斜率存在，设直线 l 的方程为 $y-5=k(x-5)$，直线 l 与圆 O 相交于点 $A(x_1, y_1)$，$B(x_2, y_2)$.

由$\begin{cases} y=kx+5-5k \\ x^2+y^2=25 \end{cases}$，消去 y 得$(1+k)^2x^2+10k(1-k)x+25(k-2)=0$.

因为直线 l 和圆 O 相交，所以$\Delta=[10k(1-k)]^2-4(1+k^2)\times 25(k-2)>0$，$k>0$.

又因为 $x_1+x_2=-\dfrac{10k(1-k)}{k^2+1}$，$x_1x_2=\dfrac{25k(k-2)}{k^2+1}$，$y_1-y_2=k(x_1-x_2)$，

$$\text{所以 } |AB|=\sqrt{(x-x)^2+(y-y)^2}=\sqrt{(1+k^2)(x_1-x_2)^2}$$

$$=\sqrt{(1+k^2)[(x_1+x_2)^2-4x_1x_2]}=4\sqrt{5},$$

即有$(1+k^2)\left[\dfrac{100k^2(1-k)^2}{(k^2+1)^2}-4\times\dfrac{25k(k-2)}{k^2+1}\right]=80$，

所以 $2k^2-5k+2=0$，解之得 $k=\dfrac{1}{2}$或 $k=2$.

故直线 l 的方程为 $y-5=\dfrac{1}{2}(x-5)$或 $y-5=2(x-5)$，

即 $x-2y+5=0$ 或 $2x-y-5=0$.

解法 2：如图 1 所示，作 $OH\perp AB$ 于 H 于 H，设直线 l 的斜率为 k，则直线 l 的方程为 $y-5=k(x-5)$.

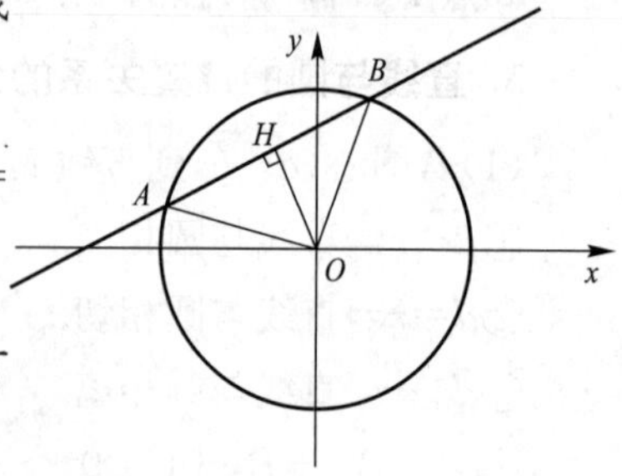

图 1

在 Rt$\triangle AHO$ 中，$OA=5$，$AH=\dfrac{1}{2}AB=2\sqrt{5}$，$OH=\sqrt{OA^2-AH^2}=\sqrt{5}$.

因为 OH 的长等于圆心 O 到直线 l 的距离，所以有 $\dfrac{|5-5k|}{\sqrt{k^2+1}}=\sqrt{5}$，解之得 $k=\dfrac{1}{2}$或 $k=2$.

故直线 l 的方程为 $x-2y+5=0$ 或 $2x-y-5=0$.

【点评】在本题中，若直线 l 的斜率不存在，则 l 的方程为 $x=5$，此时直线 l 与圆 O 相切，因此，直线 l 的斜率存在，解法 1 设出了直线与圆的两个交点坐标，但是并没有去求交点坐标，而是利用两点间距离公式和一元二次方程的根与系数的关系(韦达定理)，根据

弦长来求直线的斜率，这就是“设而不求”的方法．事实上，若直线 $y=kx+b$ 与圆交于 $A(x_1, y_1)$，$B(x_2, y_2)$ 两点，则 $|AB|=\sqrt{(x_1-x_2)^2+(y_1-y_2)^2}=\sqrt{(x_1-x_2)^2+(kx_1+b-kx_2-b)^2}=\sqrt{(1+k)^2[(x_1+x_2)^2-4x_1x_2]}$．我们通常把 $|AB|=\sqrt{(1+k)^2[(x_1+x_2)^2-4x_1x_2]}$ 叫做弦长公式．解法2是几何法，即利用圆中弦的一半、弦心距（圆心到弦的距离）和一条半径所构成的直角三角形来求解．设弦心距为 d，半径为 r，弦长为 l，则 $d^2+\left(\frac{l}{2}\right)^2=r^2$．在求弦心距 d 时，常用点到直线的距离公式．

专题二　在本章中常见的错误分析

在解题过程中，由于知识掌握不全面，不牢固，对某些概念和方法理解与领会不透彻，或考虑问题不周到而遗漏某些该出现或可能出现的情形，常常导致解题不正确，在这里我们将对本章解题过程中的常见错误或思维误区举例进行分析，从而走出思维误区，提高纠错能力．

例 2　已知直线 l_1 的倾斜角为 $30°$，直线 l_2 经过点 $A(-2, \sqrt{3})$，$B(1, 2\sqrt{3})$，试判断直线 l_1 和 l_2 的位置关系．

【解析】错解：因为直线 l_1，l_2 的斜率分别是 $k_1=\tan 30°=\frac{\sqrt{3}}{3}$，$k_2=\frac{2\sqrt{3}-\sqrt{3}}{1-(-2)}=\frac{\sqrt{3}}{3}$，

即 $k_1=k_2$，所以 $l_1 /\!/ l_2$．

正解：因为直线 l_1，l_2 的斜率分别是 $k_1=\tan 30°=\frac{\sqrt{3}}{3}$，$k_2=\frac{2\sqrt{3}-\sqrt{3}}{1-(-2)}=\frac{\sqrt{3}}{3}$，

即是 $k_1=k_2$，所以 $l_1 /\!/ l_2$ 或 l_1，l_2 重合，

【点评】$l_1 /\!/ l_2 \Leftrightarrow k_1=k_2$ 的前提条件是 l_1，l_2 的斜率都存在，且 l_1，l_2 不重合．在本例的解题中遗漏了 l_1，l_2 重合而导致错误．

例 3　求经过点 $P(-2, 1)$，且到原点的距离等于2的直线 l 的方程．

【解析】错解：设所求直线 l 的方程为 $y-1=k(x+2)$，即 $y=kx+2k+1$．

因为原点$(0, 0)$到直线 l 的距离为2，

所以 $\frac{|2k+1|}{\sqrt{k^2+1}}=2$，解之得 $k=\frac{3}{4}$．

故直线 l 的方程为 $y-1=\frac{3}{4}(x+2)$，即 $3x-4y+10=0$．

正解：(1)当过点 A 的直线 l 垂直于 x 轴（即斜率不存在）时，因为它到原点的距离等于2，所以直线 l 的方程为 $x=-2$，即 $x+2=0$．

(2)当过点 A 的直线 l 不垂直于 x 轴（即斜率存在）时，设 l 的方程为

$$y-1=k(x+2)，即 y=kx+2k+1.$$

因为原点$(0, 0)$到直线 l 的距离为2，

所以 $\frac{|2k+1|}{\sqrt{k^2+1}}=2$，解之得 $k=\frac{3}{4}$．

此时，直线 l 的方程为 $y-1=\frac{3}{4}(x+2)$，即 $3x-4y+10=0$.

综合(1)、(2)可知，直线 l 的方程为 $x+2=0$ 或 $3x-4y+10=0$.

【点评】本题在解答过程中，由于遗漏斜率不存在的情形而致误，事实上，直线的点斜式方程只有在直线斜率存在的前提下才能使用，因而用点斜式方程来解题，就意味着直线的斜率一定存在，而直线 $x=-2$，虽然其斜率不存在，但是满足题设条件，因而不能遗漏. 由此可知，求直线方程要特别注意斜率不存在的情形.

认知强化训练

总分：100 分　时量：________分钟　得分：________分

一、选择题(本大题共 8 小题，每小题 5 分，共 40 分. 在每小题给出的四个选项中，只有一项是符合题目要求的)

1. 直线 $2x+3y-1=0$ 的斜率是(　　)

A. $-\frac{3}{2}$　　B. $-\frac{2}{3}$　　C. $\frac{3}{2}$　　D. $\frac{2}{3}$

2. 已知点 $M(3, -4)$，点 $N(5, -2)$，则线段 MN 的中点坐标是(　　)

A. $(1, 1)$　　B. $(2, 2)$　　C. $(4, -3)$　　D$(8, -6)$

3. 直线 l 经过坐标原点和点$(-1, 1)$，则直线 l 的倾斜角为(　　)

A. $\frac{3\pi}{4}$　　B. $\frac{7\pi}{4}$　　C. $\frac{\pi}{2}$　　D. $\frac{\pi}{4}$

4. 经过点 $M(-2, -3)$与点 $N(0, 1)$的直线的方程是(　　)

A. $x-y-1=0$　　B. $x-y-5=0$　　C. $x+y-1=0$　　D. $x+y-5=0$

5. 设直线 $ax+by+c=0$ 的倾斜角为$\frac{3\pi}{4}$，则 a 与 b 满足(　　)

A. $a+b=1$　　B. $a+b=0$　　C. $a-b=1$　　D. $a-b=0$

6. 圆 $x^2+y^2=1$ 的圆心到直线 $x+2y-5=0$ 的距离为(　　)

A. 1　　B. $\sqrt{3}$　　C. 2　　D. $\sqrt{5}$

7. 若 $x^2+y^2+2mx+4y+3m+8=1$ 表示一个圆，则实数 m 的取值范围是(　　)

A. $\{m \mid -1<m<4\}$　　B. $\{m \mid m>-\frac{8}{3}\}$

C. $\{m \mid m<-\frac{8}{3}\}$　　D. $\{m \mid m<-1$ 或 $m>4\}$

8. 圆心为$(1, 2)$且与直线 $5x-12y-7=0$ 相切的圆的方程是(　　)

A. $(x-1)^2+(y-2)^2=4$　　B. $(x-1)^2+(y-2)^2=2$

C. $(x+1)^2+(y+2)^2=4$　　D. $(x-1)^2+(y+2)^2=2$

二、填空题(本大题共 4 小题，每小题 5 分，共 20 分)

9. 圆 $x^2+y^2-2x-4y-1=0$ 的圆心到两直线 $x-y+4=0$ 和 $3x+y=0$ 的交点之间的

距离是________.

10. 已知两点 $A(-3, 2)$，$B(-5, 4)$，则经过线段 AB 的中点且与直线 $2x-3y+1=0$ 垂直的直线的方程是________.

11. 若点 $A\left(-1, \frac{1}{2}\right)$，$B(-2, 2)$，则直线 AB 的倾斜角为________.

12. 两条平行直线 $4x-3y+5=0$ 和 $4x-3y-9=0$ 的距离是________.

三、解答题(本大题共 4 小题，每小题 10 分，共 40 分．解答应写出文字说明或演算步骤)

13. 已知两点 $A(-3, 4)$和 $B(2, 1)$，以及直线 $x+y-4=0$ 上一点 C，若$\triangle ABC$ 的面积为 4，求点 C 的坐标.

14. 设直线 $ax-y+3=0$ 与圆 $x^2+y^2-2x-4y+1=0$ 相交于 A，B 两点，且弦 AB 的长为 $2\sqrt{3}$，求 a 的值.

15. 已知直线 l 经过点 $P(2, -1)$，其倾斜角为 θ，且 $\sin\theta=\frac{4}{5}$，求直线 l 的方程.

16. 已知直线 l 经过点$(-2, 2)$，且与两坐标轴围成的三角形的面积为 l，求直线 l 的方程.

第 9 章　立体几何

§9.1　平面的基本性质

学习目标点击

1. 理解平面的概念，能画出不同位置的平面，并会用字母表示平面，会用符号语言表示点、直线、平面之间的关系.

2. 掌握平面的基本性质，能判断直线是否在平面内，能画出两相交平面的交线、直线与平面的交点.

3. 会用简洁的符号语言表述平面的基本性质.

4. 能用平面的基本性质解释生活中的有关实际问题.

知识要点聚焦

知识要点一　平面及其表示法

平面是最基本的几何概念，几何中的“平面”是无限延展的，它没有厚薄、没有大小，通常用平行四边形来表示.

知识要点二　点、直线和平面之间的关系及表示

直线和平面都是由点构成的集合．几何中许多符号的规定都出自将图形视为点集．例如，点 A 在平面 α 内，记作 $A\in\alpha$；点 A 不在平面内，记作 $A\notin\alpha$；直线 l 在平面 α 内，记作 $l\subseteq\alpha$；直线 l 不在平面 α 内，记作 $l\nsubseteq\alpha$.

知识要点三　平面的基本性质

1. 性质 1：如果一条直线上的两点在一个平面内，那么这条直线上所有的点都在这个

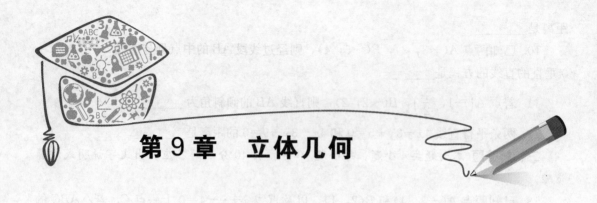

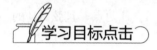

平面内.（图 9.1-1）

用符号语言描述：$A\in l$，$B\in l$，$A\in\alpha$，$B\in\alpha\Rightarrow l\subseteq\alpha$.

性质 1 反映了直线和平面的关系，它的作用在于用它判定直线是否在平面内.

2. 性质 2：如果两个平面有一个公共点，那么它们一定还有其他公共点，并且所有公共点的集合是过该点的一条直线.（图 9.1-2）

用符号语言描述：$P\in\alpha$，$P\in\beta\Rightarrow\alpha\cap\beta=l$，$P\in l$.

性质 2 指出了两个平面的位置关系，它的作用有两个：一是作为判定两个平面相交的依据：只要两个平面有一个公共点，就可以判定这两个平面必相交于过这个点的一条直线；二是它可以判定点在直线上：点是某两个平面的公共点，直线是这两个平面的公共交线，则这点在交线上.

3. 性质 3：不在同一条直线上的三个点，可以确定一个平面.（图 9.1-3）

性质 3 讲的是确定平面的条件，它强调的是存在性和唯一性两个方面. 由它可以得到如下三个推论：

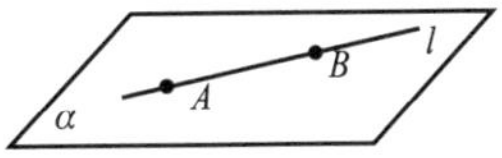

图 9.1-1

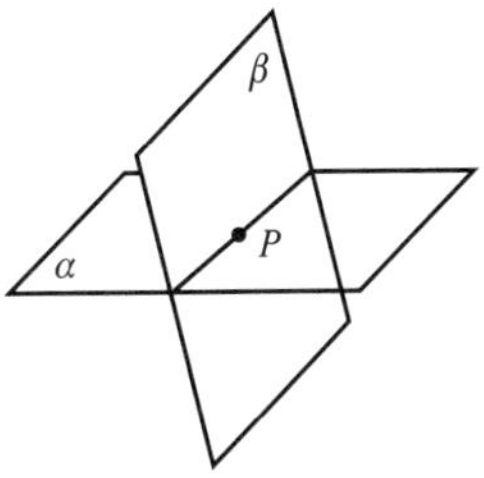

图 9.1-2

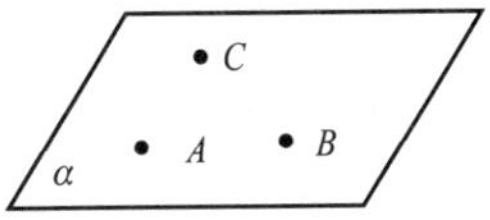

图 9.1-3

推论 1：一条直线与直线外一点确定一个平面.

推论 2：两条相交直线确定一个平面.

推论 3：两条平行直线确定一个平面.

题型分类剖析

题型一　运用符号语言答题

例 1　用符号语言表示下列点、线、面之间的位置关系，并作出它们的图形.

(1)点 P 在平面 α 内，但不在直线 l 上，直线 l 在平面 α 内；

(2)直线 l 经过点 M，且点 M 不在平面 β 内；

(3)l 在平面 γ 内，又在平面 α 内，l 是平面 α 与平面 γ 的交线.

【分析】在立体几何中，点是最基本的元素，直线与平面都是点的集合，运用集合的观点解答此题.

【解答】(1)$P\in\alpha$，$P\notin l$，$l\subseteq\alpha$(图 9.1-4).

(2)$M\in l$，$M\notin\beta$(图 9.1-5).

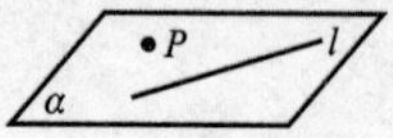

图 9.1-4

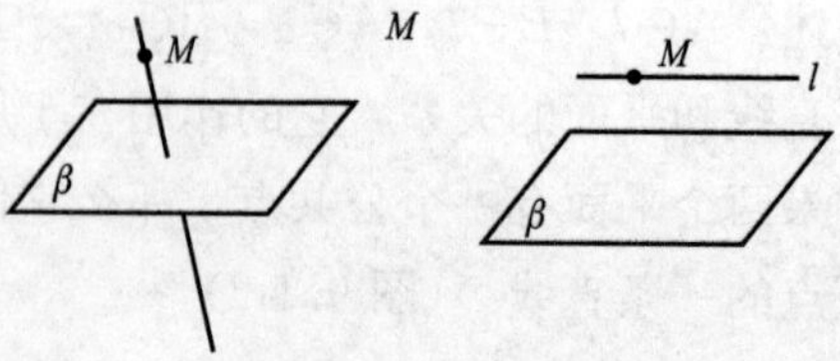

图 9.1-5

(3)$l\subseteq\gamma$，$l\subseteq\alpha$，$\alpha\cap\gamma=l$(图 9.1-6).

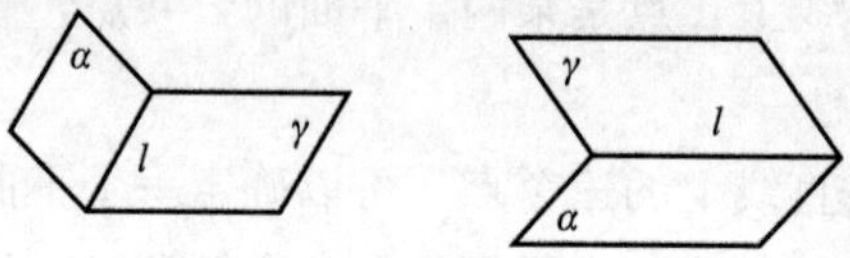

图 9.1-6

【反思】点组成线和面，线与面都是点的集合，因此点与直线、平面的关系是元素与集合的关系，应该用“$\in$”或“$\notin$”表示，而直线与平面的关系是集合之间的关系，应该用$\subseteq$或$\not\subseteq$表示.

题型二　证明共面问题

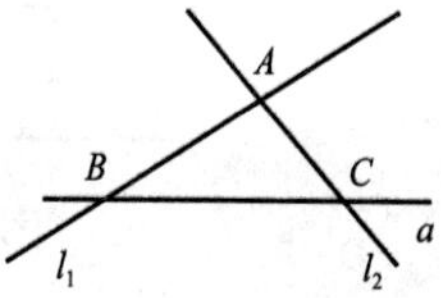

图 9.1-7

例 2　如图 9.1-7 所示，已知直线 a 与点 A，过点 A 作直线 l_1，l_2 分别与直线 a 相交于两点 B，C，求证：直线 a，l_1，l_2 共面.

【分析】证明共面问题，可以运用平面的基本性质及其推论.

【证明】因为 $A\notin a$，

所以直线 a 与点 A 可以确定平面 α.

因为 $l_1\cap a=B$，所以 $B\in\alpha$.

又因为 $a\subseteq\alpha$，

所以 $A\in\alpha$，$B\in\alpha$，A，$B\in l_1$，于是 $l_1\subseteq\alpha$.

同理可证 $l_2\subseteq\alpha$，所以 a，l_1，l_2 共面.

【反思】此题除了上述证法，还有其他证法，证明点或线共面，通常有以下步骤：(1)适当选择点和直线，运用性质 3 或推论 1、2、3 确定一个平面；(2)利用性质 1，证明其余的点也在此确定的平面内；也可以用另外的方法：(1)选择适当的点、线确定两个平面；(2)证明这两个平面重合.

认知强化训练

1. 判断下列说法是否正确.

(1)铺得很平的一张白纸是一个平面.　(　　)

(2)一个平面的面积可以等于80 m^2. ( )

(3)通常150页的书比120页的书厚一些，那么150个平面重合在一起时一定比120个平面重合在一起时要厚一些. ( )

(4)平面的形状是平行四边形. ( )

(5)如果两个平面有三个公共点，那么这两个平面重合. ( )

2. 空间四点，如果其中任意三点不共线，则经过其中三个点的平面有( )

A. 一个或两个　　B. 一个或三个

C. 两个或三个　　D. 一个或四个

3. 在空间，下列条件可以确定一个平面的是( )

A. 两条直线

B. 两两相交的三条直线

C. 两两相交的三条直线，但不交于同一点

D. 三个点

4. 用符号语言表示平面的基本性质1，正确的是( )

A. $A\not\subseteq\alpha$，$B\not\subseteq\alpha$，则 $AB\in\alpha$　　B. $A\in\alpha$，$B\in\alpha$，则 $AB\in\alpha$

C. $A\in\alpha$，$B\in\alpha$，则 $AB\subseteq\alpha$　　D. $A\not\subseteq\alpha$，$B\not\subseteq\alpha$，则 $AB\not\subseteq\alpha$

5. 一条直线和直线外两点，可以确定的平面个数是( )

A. 1个　　B. 2个　　C. 3个　　D. 1个或2个

6. 当门与门框之间安上两个铰链时，门就可以自动转动，但若再安上一把锁，门就被固定了，这是利用了确定平面的什么条件( )

A. 不在一条直线上的三点　　B. 一直线和直线外一点

C. 两条相交直线　　D. 两条平行直线

7. 两个平面有公共点，则公共点的个数是( )

A. 1个　　B. 2个

C. 1个或无数个　　D. 无数个且在同一条直线上

8. 用符号语言表述下列命题：

(1)直线 a 和平面 α 相交于点 A：________.

(2)平面 α 和平面 β 相交于直线 a：________.

(3)直线 a 和直线 b 不相交：________.

(4)直线 l 在平面 γ 内，且不过平面 γ 内的 A 点：________.

(5)直线 a 不在平面 M 内：________.

9. 如果两个平面有公共点，则公共点的个数是________个.

10. 如果点 P 是三角形 ABC 所在平面外一点，则 P，A，B，C 四点可以确定________个平面.

11. 空间四个点最多可以确定________个平面.

12. 三条直线两两相交，由这三条直线可以确定________个平面.

13. 若a，b是相交直线，c，a也是相交直线，且$c//b$，求证：a，b，c在同一平面内.

§9.2 直线与直线、直线与平面、平面与平面平行的判定与性质

学习目标点击

1. 了解空间两条直线的三种位置关系的定义，理解判定两条直线位置关系的依据和平行直线的性质.

2. 了解直线和平面的三种位置关系，并能用公共点的个数来判定直线和平面的位置关系.

3. 了解空间两个平面的位置关系，能根据公共点的个数来判定平面和平面的位置关系.

4. 掌握直线与平面平行的判定与性质定理.

5. 掌握平面与平面平行的判定与性质定理.

6. 应用判定定理和性质定理解决实际问题.

知识要点聚焦

知识要点一　空间两条直线的位置关系

空间两条直线的位置关系有三种：

共面直线 $\begin{cases}\text{相交直线：在同一平面内，有且只有一个公共点；}\\ \text{平行直线：在同一平面内，没有公共点.}\end{cases}$

异面直线：不同在任何一平面内，没有公共点.

知识要点二　空间直线与平面之间的位置关系

直线与平面的位置关系有且只有三种：

1. 直线在平面内——有无数个公共点.

2. 直线与平面相交——有且只有一个公共点.

3. 直线与平面平行——没有公共点.

直线与平面相交或平行统称为直线在平面外，可以用符号 $a\subseteq\alpha$ 来表示 $a/\!/\alpha$ 和 $a\cap\alpha=A$ 这两种情形.

知识要点三　空间中平面与平面之间的位置关系

空间两个不重合的平面有且只有以下两种位置关系：

(1)两个平面平行——没有公共点.

(2)两个平面相交——有一条公共直线.

知识要点四　平行直线的性质

平行直线的性质：平行于同一直线的两条直线平行.

平行直线的性质表明了平行的传递性，可以作为判断两条直线平行的依据，同时它给出了空间两条直线平行的一种证法.

知识要点五　直线与平面平行的判定与性质

1. 判定定理

(1)如果平面外一条直线与这个平面内的一条直线平行，那么这条直线和这个平面平行. 简称：“线线平行，则线面平行”，用符号表示为：$a/\!/b$，$a\subseteq\alpha$，$b\subseteq\alpha\Rightarrow a/\!/\alpha$.

(2)如果两个平面平行，那么其中一个平面内的直线必平行于另一个平面. 简称为：“面面平行，则线面平行”，用符号表示为：$\alpha/\!/\beta$，$a\subseteq\alpha\Rightarrow a/\!/\beta$.

2. 性质定理

如果一条直线和一个平面平行，经过这条直线的一个平面和这个平面相交，那么这条直线和交线平行. 简称为：“线面平行，则线线平行”，用符号表示为：$a/\!/\alpha$，$a\subseteq\beta$，$\alpha\cap\beta=b\Rightarrow a/\!/b$.

知识要点五　两个平面平行的判定定理与性质定理

	定理	符号表示	图形说明
判定定理	如果一个平面内有两条相交直线都平行于另一个平面，那么两个平面平行	$\left.\begin{matrix}a\subseteq\alpha,\ a/\!/\beta\\ b\subseteq\alpha,\ b/\!/\beta\\ a\cap b=A\end{matrix}\right\}\Rightarrow\alpha/\!/\beta$	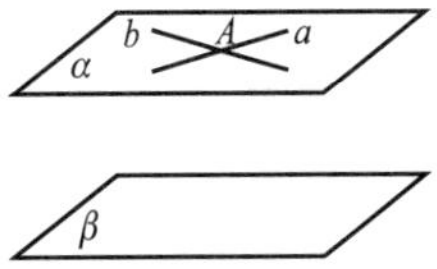

续表

	定理	符号表示	图形说明
判定定理	垂直于同一直线的两个平面平行	$\left.\begin{matrix}a\perp\alpha\\a\perp\beta\end{matrix}\right\}\Rightarrow\alpha/\!/\beta$	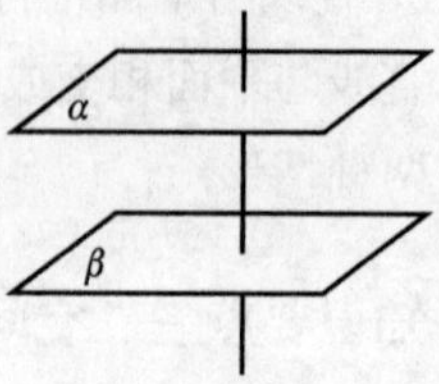
	如果两平面都平行于另一个面，那么这两个平面平行	$\left.\begin{matrix}\alpha/\!/\gamma\\\beta/\!/\gamma\end{matrix}\right\}\Rightarrow\alpha/\!/\beta$	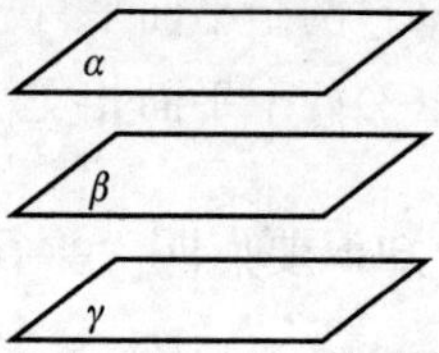
性质定理	两个平行平面中一个平面内的直线必平行于另一个平面	$\left.\begin{matrix}\alpha/\!/\beta\\a\subseteq\alpha\end{matrix}\right\}\Rightarrow a/\!/\beta$	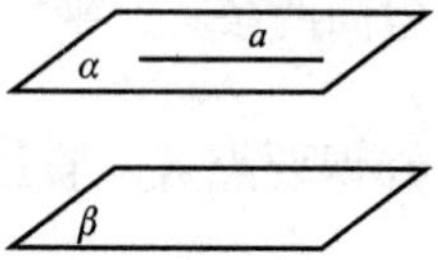
	如果两个平行平面同时和第三个平面相交，那么它们的交线平行	$\left.\begin{matrix}\alpha/\!/\beta\\\alpha\cap\gamma=a\\\beta\cap\gamma=b\end{matrix}\right\}\Rightarrow a/\!/b$	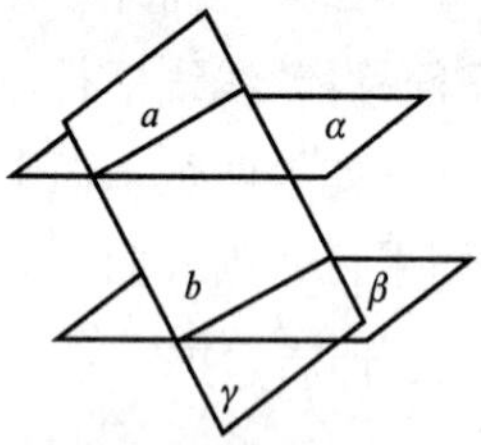
	如果两个平行平面中的一个垂直于一条直线，那么另一个也和这条直线垂直	$\left.\begin{matrix}\alpha/\!/\beta\\a\perp\alpha\end{matrix}\right\}\Rightarrow a\perp\beta$	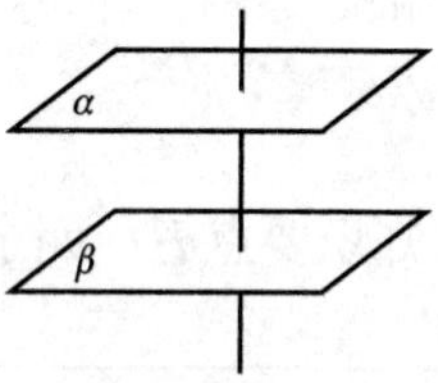
	夹在两个平行平面间的平行线段相等	$\left.\begin{matrix}\alpha/\!/\beta\\A，C\in\alpha\\B，D\in\beta\\AB/\!/CD\end{matrix}\right\}\Rightarrow AB=CD$	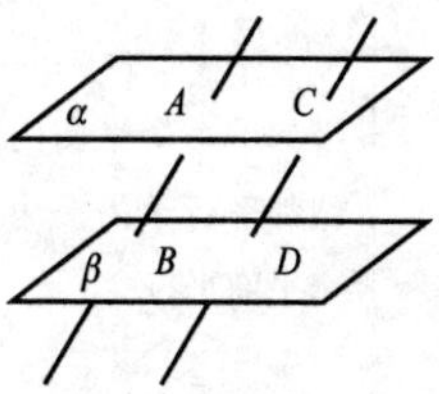

题型分类剖析

题型一　直线与平面平行的判定和性质

例 1　判断题

(1)若直线 a 不在平面 α 内，则 $a /\!/ \alpha$；（　　）

(2)若直线 a 不平行平面 α，则 a 必与 α 相交；（　　）

(3)若直线 a 平行平面 α，则 α 内有无数条直线与 a 平行；（　　）

(4)若直线 $a /\!/ b$，a 与平面 α 相交，则 b 与 α 也相交；（　　）

(5)若直线 a 平行平面 α，直线 b 平行平面 α，则 $a /\!/ b$.（　　）

【分析】直线与平面的位置关系，除了平行还有相交，以及直线在平面内.

【解答】(1)错误，a 可能与 α 相交；

(2)错误，a 可能在 α 内；

(3)正确；

(4)正确；

(5)错误，平行于同一平面的两条直线的位置关系不确定.

【反思】掌握直线与平面的位置关系以及平行的判定与性质并应用直线与平面的位置关系以及平行的判定与性质来判断.

例 2　如图 9.2-1 所示，直线 $a /\!/ b$，$a /\!/$ 平面 α，且 a，b 在平面 α 外，判断 b 与平面 α 是否平行. 请说明理由.

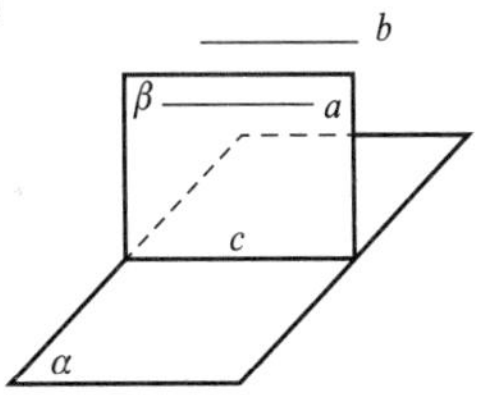

图 9.2-1

【分析】利用直线与平面平行的判定与性质来解题.

【解答】过直线 a 作平面 β 交平面 α 于直线 c.

由 $a /\!/$ 平面 α 可知 $a /\!/ c$.

又因为 $a /\!/ b$，所以 $b /\!/ c$.

由直线与平面平行的判定方法可知，直线 $b /\!/$ 平面 α.

【反思】证明直线 $b /\!/$ 平面 α，只需在平面 α 内找到一条直线，使得 b 与这条直线平行.

题型二　平面与平面平行的判定和性质

例 3　判断题：

(1)如果平面 α 内有无数条直线分别与平面 β 平行，那么 $\alpha /\!/ \beta$；（　　）

(2)如果平面 α 内任何一条直线都与平面 β 平行，那么 $\alpha /\!/ \beta$；（　　）

(3)$\alpha /\!/ \beta$，$a \subseteq \alpha$，$b \subseteq \beta \Rightarrow a /\!/ b$；（　　）

(4)$\alpha /\!/ \beta$，$a \subseteq \alpha \Rightarrow a /\!/ \beta$.（　　）

【分析】利用平面与平面平行的判定与性质解题.

【解答】(1)错误，α 与 β 可能相交；

(2)正确;

(3)错误，a，b的关系不确定;

(4)正确.

【反思】在解题时要考虑全面，特别是一些特殊情况.

例 4 如图 9.2-2 所示，设 E，F，E_1，F_1 分别是正方体 $ABCD-A_1B_1C_1D_1$ 的棱 AB，CD，A_1B_1，C_1D_1 的中点. 证明：平面 ED_1 // 平面 BF_1.

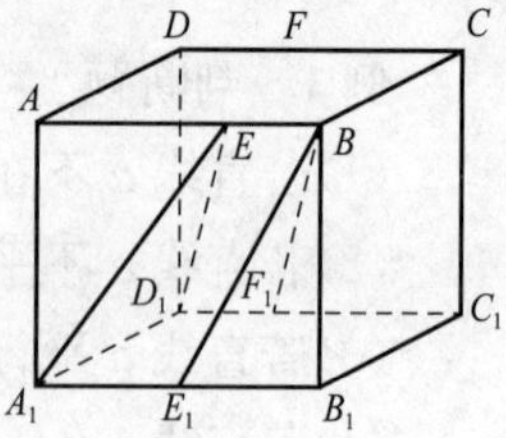

图 9.2-2

【分析】在一个平面内找一条直线与另一个平面的两条相交直线平行.

【解答】因为 E，F 分别是棱 AB，CD 的中点，所以 EF // BC，且四边形 A_1EBE_1 是平行四边形，于是有 A_1E // BE_1，所以 EF // 平面 BF_1，A_1E // 平面 BF_1，又因为 EF，A_1E 是平面 ED_1 内的两条相交直线，所以平面 ED_1 // 平面 BF_1.

【反思】证明面面平行可以转化为证明线面平行.

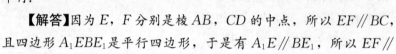

认知强化训练

1. 直线 a // 平面 α，直线 b // 平面 α，那么 a，b 的位置关系是(　　)

A. 平行　　B. 相交　　C. 异面　　D. 以上均有可能

2. 如果一条直线和一个平面平行，那么(　　)

A. 这条直线和这个平面的所有直线都平行

B. 这条直线和这个平面的所有直线不平行

C. 这条直线和这个平面的某些直线都平行

D. 这条直线和这个平面内的一条直线平行

3. 下列命题正确的是(　　)

A. $a \not\subseteq \alpha \Rightarrow a // \alpha$　　B. $b \subseteq \alpha$，$a // b \Rightarrow a // \alpha$

C. $a // b$，$b \subseteq \alpha$，$a \not\subseteq \alpha \Rightarrow a // \alpha$　　D. $a // b$，$b \not\subseteq \alpha \Rightarrow a // \alpha$

4. 若直线 a，b 是异面直线，且 $a // \alpha$，则 b 与 α 的位置关系是(　　)

A. $b // \alpha$　　B. b 与 α 相交　　C. $b \subseteq \alpha$　　D. 不能确定

5. 设 $\alpha // \beta$，$a \subseteq \alpha$，$b \subseteq \beta$，则 a，b(　　)

A. 平行　　B. 相交　　C. 异面　　D. 平行或异面

6. 设 a，b 为直线，α，β 为平面，则 $a // \alpha$ 的一个充分条件是(　　)

A. $a // b$，$b \subseteq \alpha$　　B. $a // b$，$\alpha \cap \beta = b$

C. $\alpha // \beta$，$a // \beta$　　D. $\alpha // \beta$，$a \subseteq \beta$

7. 对于直线 m，n 和平面 α，下列命题中正确的是(　　)

A. 若 $m // \alpha$，$n // \alpha$，m，n 共面，则 $m // n$

B. 若 $m\subseteq\alpha$，$n/\!/\alpha$，m，n 共面，则 $m/\!/n$

C. 若 $m\subseteq\alpha$，$n\not\subseteq\alpha$，m，n 异面，则 $n/\!/\alpha$

D. 若 $m\subseteq\alpha$，$n\not\subseteq\alpha$，m，n 异面，则 n 与 α 相交

8. 如图 9.2-3 所示的一块木料中，如果 $AD/\!/BC$，$BC/\!/$平面 $A'C'$，问 AD 和平面 BC'、平面 $A'C'$有怎样的位置关系？

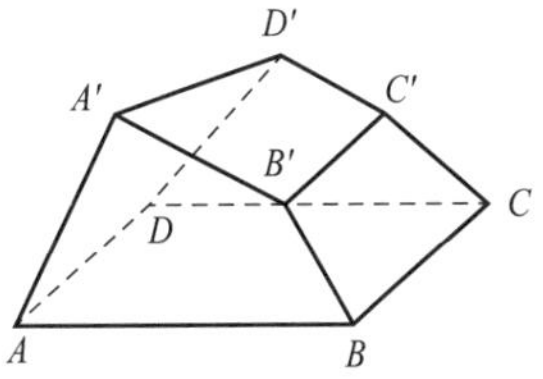

图 9.2-3

9. 如图 9.2-4 所示，从两个平行平面 α 和 β 外一点 P 作两条直线与 α，β 分别交于 A，B 及 A_1，B_1，且 $BB_1=25$ cm，$PA:PB=2:3$，求线段 AA_1 的长.

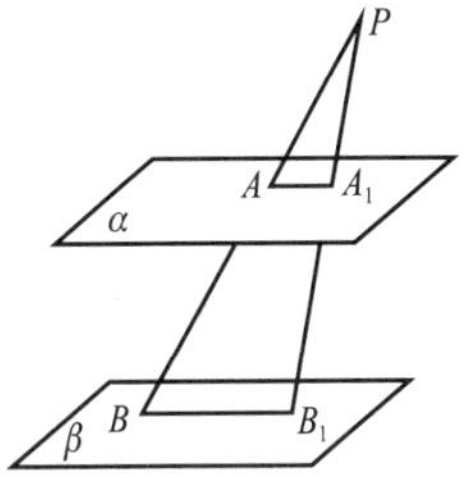

图 9.2-4

10. 如图 9.2-5，已知 P 为平行四边形 $ABCD$ 所在平面外的一点，M 是 PD 的中点．求证：$PB/\!/$平面 MAC.

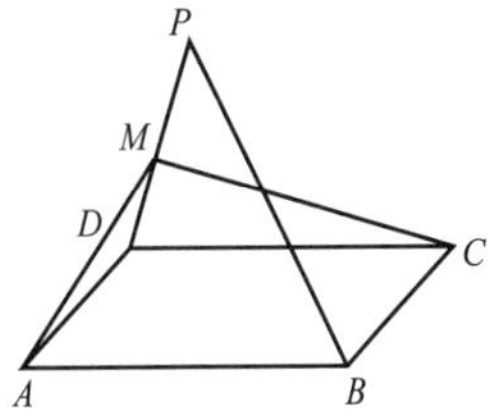

图 9.2-5

§9.3 直线与直线、直线与平面、平面与平面所成的角

学习目标点击

1. 理解等角定理.

2. 理解异面直线的概念，掌握两条异面直线的一般画法. 理解两条异面直线所成角的概念，掌握用平移法作出两条异面直线所成的角，并会求异面直线所成的角.

3. 理解直线与平面所成角的概念，并能根据已知条件求直线与平面所成角的大小. 理解二面角的概念和二面角的平面角的概念.

知识要点聚焦

知识要点一　等角定理

等角定理：如果一个角的两边和另一个角的两边分别平行，那么这两个角相等或互补. 等角定理是定义异面直线所成角的理论基础.

知识要点二　异面直线所成的角

已知两条异面直线 a，b，经过空间一点 O 作直线 $a'\parallel a$，$b'\parallel b$，我们把 a' 与 b' 所成的锐角(或直角)叫做异面直线 a 与 b 所成的角(或夹角)，异面直线所成的角是指这两条直线经过平移后处于相交位置时所成的锐角或直角，它的范围是 $\left(0,\ \frac{\pi}{2}\right]$，当两条异面直线所成的角是直角时就说这两条直线互相垂直，记作 $a\perp b$.

知识要点三　直线与平面所成的角

直线与平面所成角的含义由下列三部分组成：

(1)一条直线和平面平行，或直线在平面内，规定直线和平面成 $0°$ 的角.

(2)平面的垂线和平面所成的角规定为 $90°$.

(3)平面的一条斜线和平面所成的角定义为：这条斜线和它在平面内的射影所成的锐角. 由此可得，直线和平面所成角的范围是 $\left[0,\ \frac{\pi}{2}\right]$.

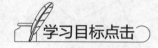

知识要点四　二面角及其平面角的定义

从一条直线出发的两个半平面所组成的图形叫做二面角．以二面角的棱上任意一点为端点，在两个面内分别作垂直于棱的两条射线，这两条射线所成的角叫做二面角的平面角．

理解二面角应注意以下三点：

(1)顶点在二面角的棱上；

(2)两条射线分别在二面角的两个半平面内；

(3)两条射线都与棱垂直．

题型分类剖析

题型一　平行直线的性质的应用

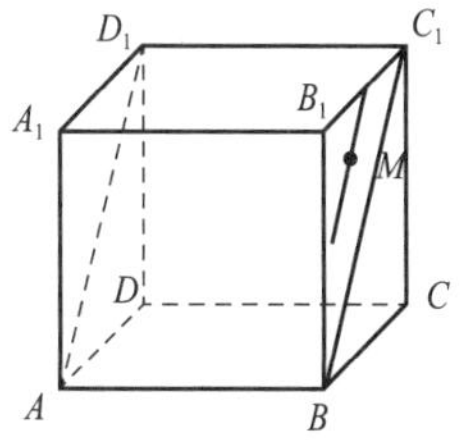

图 9.3-1

例 1　如图 9.3-1 所示，在正方体 $ABCD-A_1B_1C_1D_1$ 的面 BC_1 上有一点 M，过点 M 在 BC_1 面内画一条直线和直线 AD_1 平行，应当如何画？并简述理由．

【分析】点 M 与直线 AD_1 不同在正方体的一个面上，要借助中间量．

【解答】连结 BC_1，在平面 BC_1 内，过 M 作 $PQ /\!/ BC_1$，交 B_1C_1，B_1B 于 $PQ /\!/ BC_1$ 两点，则 PQ 即为所求直线．

证明因为 $AB /\!/ C_1D_1$ 且 $AB=C_1D_1$，所以，四边形 ABC_1D_1 为平行四边形，于是，有 $AD_1 /\!/ BC_1$，$PQ /\!/ BC_1$．因此，$AD_1 /\!/ PQ$(平行直线的性质)．

【反思】因为点 M 与直线 AD_1 不同在正方体的一个面上，所以要在平面 BC_1 上找一条与 AD_1 平行的直线，然后在平面 BC_1 上过 M 作此直线的平行线，即为所求直线．

题型二　求异面直线所成的角

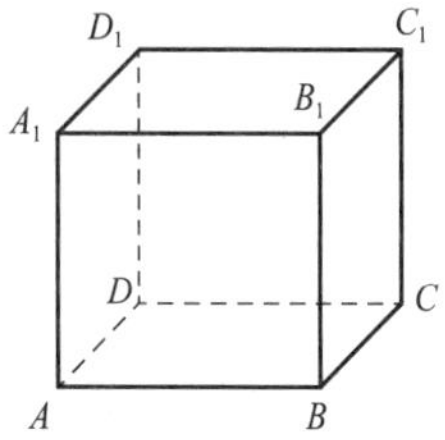

图 9.3-2

例 2　如图 9.3-2 所示，在正方体 $ABCD-A_1B_1C_1D_1$ 中：

(1)哪些棱所在的直线与直线 AB 是异面直线；

(2)求异面直线 A_1B 与 B_1C 所成的角；

(3)求异面直线 A_1B 与 C_1C 所成的角．

【分析】求异面直线所成的角，最关键的问题是找到角．

【解答】(1)与 AB 成异面直线的有 A_1D_1，B_1C_1，CC_1，DD_1．

(2)连结 A_1D，BD，因为 $A_1D /\!/ B_1C$，所以 A_1B 与 A_1D 所成的角就是 A_1B 与 B_1C 所成的角，而三角形 A_1BD 是等边三角形，所以 A_1B 与 B_1C 所成的角为 $60°$．

(3)因为 $BB_1 // C_1C$，所以异面直线 A_1B 与 C_1C 所成的角就是 A_1B 与 BB_1 所成的角，而三角形 A_1BB_1 是等腰直角三角形，所以异面直线 A_1B 与 C_1C 所成的角为 $45°$.

【反思】求异面直线所成的角，最关键的问题在于将异面直线平移为相交直线成为平面角，再利用解三角形求出其大小.

题型三　空间各直线的位置关系

例 3　判断各直线的位置关系：

设 a，b，c 为三条直线.

(1)若 $a\perp b$，则 a 与 b 一定相交；

(2)若 $a\perp c$，$b\perp c$，则 $a//b$；

(3)若 $a\perp b$，$b//c$，则 $a\perp c$；

(4)若 $a//b$，则 c 与 a，b 所成的角相等；

(5)若 c 与 a，b 所成的角相等，则 $a//b$.

【分析】正确理解两直线的位置关系.

【解答】(1)不正确，线线垂直包括两条相交直线互相垂直和两条异面直线垂直两种情况. (2)不正确. (3)正确. (4)正确. (5)不正确.

【反思】空间直线的位置关系与平面直线的位置关系的区别和联系要分清.

题型四　直线与平面的位置关系

例 4　下列命题中正确的是(　　)

A. 若直线 $m\subseteq$平面 α，且直线 m 与直线 n 异面，则 n 与 α 相交

B. 若直线 $m\subseteq$平面 α，且直线 m 与直线 n 平行，则 n 与 α 平行

C. 若直线 $m\subseteq$平面 α，且直线 m 与直线 n 相交，则 $n\subseteq\alpha$

D. 若直线 $m\subseteq$平面 α，且直线 m 与直线 n 平行，则 n 与 α 平行或在 α 内

【分析】本题考查的是直线与直线、直线与平面的位置关系.

【解答】A 中 n 可能与 α 平行，B 中 n 也可能在 α 内，C 中 n 也可能与 α 相交，故应选择 D.

【反思】直线与直线、直线与平面的位置关系在考查的时候要考虑全面，特殊情况不容忽略.

题型五　两平面的位置关系

例 5　下列命题正确的是：

(1)经过平面外一点有且只有一个平面与已知平面平行.

(2)过一条直线有且只有一个平面与已知平面平行.

(3)过一条直线有无数个平面与已知平面相交.

【分析】平面与平面的位置关系可以通过公共点的个数来判断.

【解答】(1) 正确. (2) 不正确，若该直线在已知平面内时错误. (3) 正确.

【反思】可以通过实例来判断.

认知强化训练

1. 在空间中下列结论正确的是(　　)

A. 一条直线和两条平行直线中的一条相交，那么它和另一条也相交

B. 如果两个角相等，那么这两个角的两边分别平行

C. 两组对边分别相等的四边形是平行四边形

D. 过直线外一点有且只有一条直线和这条直线平行

2. 给出下列命题，其中正确命题的个数是(　　)

(1) 分别在两个不同平面内的两条直线一定是异面直线.

(2) 没有公共点的两条直线一定是异面直线.

(3) 垂直于同一直线的两直线互相平行.

(4) 如果 a，b 是异面直线，则 a，c 也是异面直线.

A. 0 个　　B. 1 个　　C. 2 个　　D. 3 个

3. 判断：两条直线互相垂直，它们一定相交.　　(　　)

4. 两条异面直线所成的角的取值范围是________.

5. 直线 AB 与 CD 是异面直线，则 AC 与 BD 的位置关系是________.

6. 已知直线 a，b，c 和平面 α，其中 $a\subseteq\alpha$，$b\subseteq\alpha$，且 $a/\!/b$，设 a 与 c 所成的角为 θ.

(1) b 与 c 所成的角是多大？为什么？

(2) 若 c 不在平面 α 内，则 a 与 c，b 与 c 分别是异面直线吗？

7. 两条相交直线 l，m 都在平面 α 内，且都不在平面 β 内，条件甲：l 和 m 中至少有一条直线与平面 β 相交；条件乙：平面 α 与平面 β 相交，则甲是乙的什么条件(　　)

A. 充分不必要条件　　B. 必要不充分条件

C. 充分必要条件　　D. 既不充分也不必要条件

8. 如图 9.3-3 所示，在长方体木块的 A_1C_1 面上有一点 P，怎样过点 P 画一条直线和棱 CD 平行？

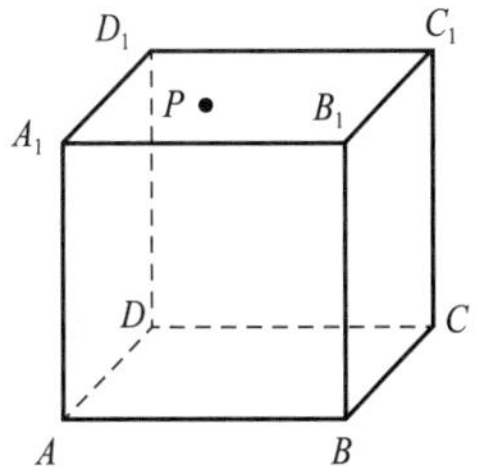

图 9.3-3

9. 如图 9.3-4 所示，在长方体中，$AE=A_1E_1$，$AF=A_1F_1$，求证：$EF/\!/E_1F_1$.

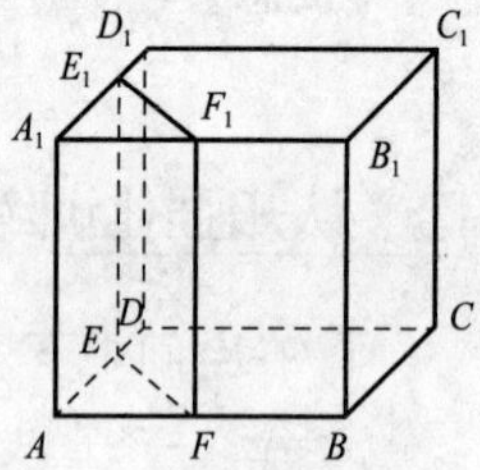

图 9.3-4

10. 如图 9.3-5 所示，在正方体 $ABCD-A_1B_1C_1D_1$ 中：

(1)求异面直线 A_1C_1 与 B_1C 所成的角；

(2)求异面直线 BC 与 B_1D_1 所成的角；

(3)求异面直线 AC 与 B_1D_1 所成的角.

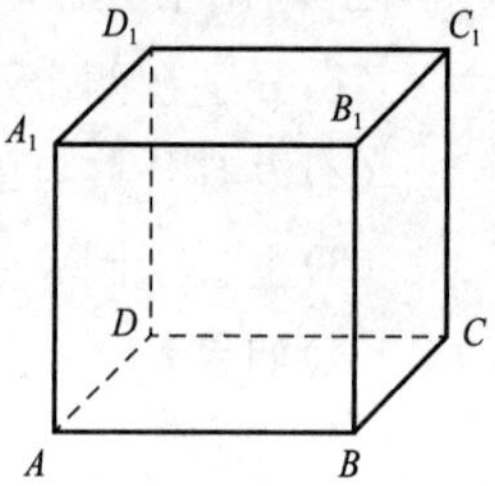

图 9.3-5

§9.4 直线与直线、直线与平面、平面与平面垂直的判定与性质

学习目标点击

1. 理解直线与平面垂直的定义，掌握直线与平面垂直的判定与性质定理.

2. 理解点到平面的距离，并能根据条件计算有关的距离.

3. 理解直线与平面斜交的概念，理解斜线、斜足、斜线段等概念，理解点、直线和线段在平面上的射影的概念.

4. 理解平面与平面垂直的概念，掌握平面与平面垂直的判定定理与性质定理.

知识要点聚焦

知识要点一 直线与平面垂直的判定方法与性质定理

如果一条直线和一个平面相交，并且和这个平面内的任意一条直线都垂直，那么就称这条直线和这个平面互相垂直，其中直线叫做平面的垂线，平面叫做直线的垂面，交点叫垂足.

1. 直线与平面垂直的判定方法：

(1)如果一条直线和一个平面内的两条相交直线都垂直，那么这条直线垂直于这个平面.

符号表示：$m\subseteq\alpha$，$n\subseteq\alpha$，$m\cap n\neq\varnothing$，$l\perp m$，$l\perp n\Rightarrow l\perp\alpha$.

(2)如果两平行线中的一条垂直于一个平面，那么另一条也垂直于这个平面.

符号表示：$a/\!/b$，$b\perp\alpha\Rightarrow a\perp\alpha$.

(3)如果两个平面垂直，那么在一个平面内垂直于它们交线的直线垂直于另一个平面.

符号表示：$\alpha\perp\beta$，$\alpha\cap\beta=b$，$a\subseteq\alpha$，$a\perp b\Rightarrow a\perp\beta$.

2. 直线与平面垂直的性质定理：

如果两条直线同垂直于一个平面，那么这两条直线平行，即 $a\perp\alpha$，$b\perp\alpha\Rightarrow a/\!/b$.

知识要点二 两个平面垂直的判定定理和性质定理

	定理	符号说明	图形说明
判定定理	如果一个平面经过另一个平面的一条垂线，那么这两个平面互相垂直	$\left.\begin{matrix}a\perp\alpha\\ a\subseteq\beta\end{matrix}\right\}\Rightarrow\alpha\perp\beta$	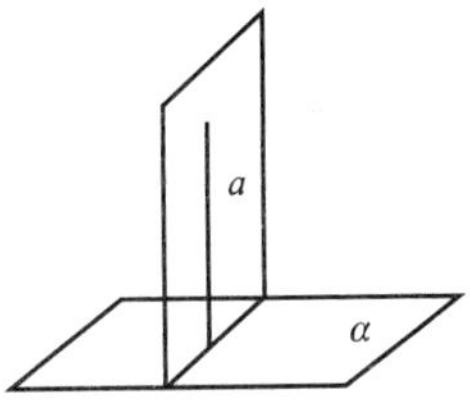
	如果两个平面垂直，那么在一个平面内垂直于它们交线的直线垂直于另一个平面	$\left.\begin{matrix}\alpha\perp\beta\\ \alpha\cap\beta=b\\ a\subseteq\alpha\\ a\perp b\end{matrix}\right\}\Rightarrow a\perp\beta$	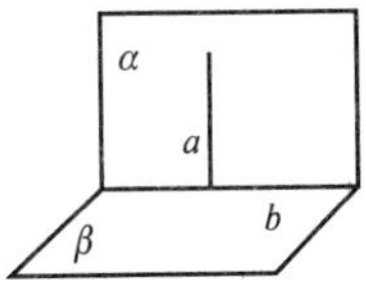
性质定理	如果两个平面垂直，那么经过第一个平面内的一点垂直于第二个平面的直线在第一个平面内	$\left.\begin{matrix}\alpha\perp\beta\\ A\in\alpha,\ A\in a\\ a\perp\beta\end{matrix}\right\}\Rightarrow a\subseteq\alpha$	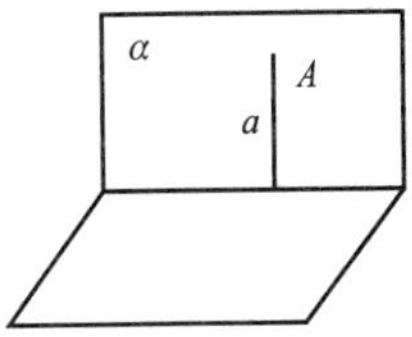

续表

	定理	符号说明	图形说明
性质定理	如果两个相交平面都垂直于第三个平面，那么它们的交线垂直于第三个平面	$\left.\begin{matrix}\alpha\cap\beta=l\\\alpha\perp\gamma\\\beta\perp\gamma\end{matrix}\right\}\Rightarrow l\perp\gamma$	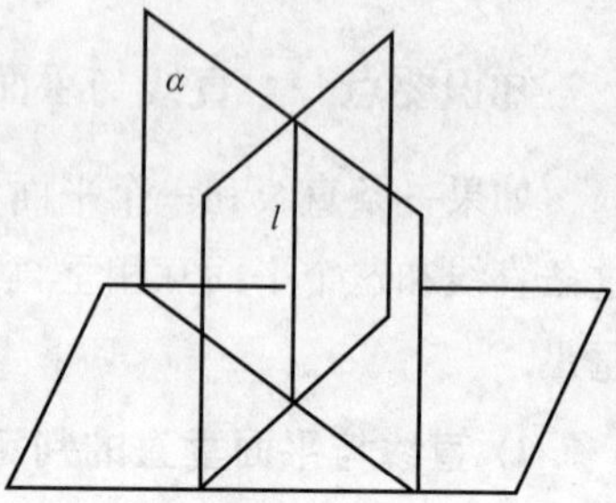
	三个两两垂直的平面的交线两两垂直	$\left.\begin{matrix}\alpha\perp\beta,\ \alpha\cap\beta=a\\\beta\perp\gamma,\ \beta\cap\gamma=b\\\gamma\perp\alpha,\ \gamma\cap\alpha=c\end{matrix}\right\}\Rightarrow\left\{\begin{matrix}a\perp b\\b\perp c\\a\perp c\end{matrix}\right.$	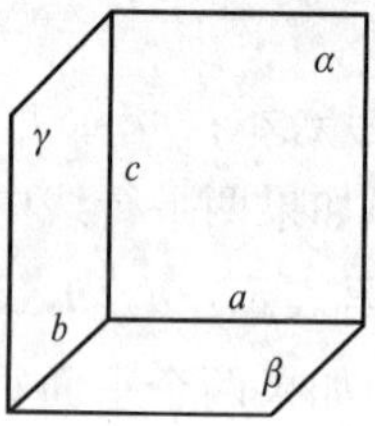

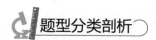

题型分类剖析

题型一 直线与平面平行或垂直的判定与性质

例1 下列命题一定正确的是(　　)

A. 若直线 $l\perp$ 平面 α，则 l 与平面 α 内的任一直线垂直

B. l，m，n 是空间三条直线，若 $l\perp m$，$m\perp n$，则 $l/\!/n$

C. 若直线 l 与平面 α 都垂直于平面 β，则必有 $l\subseteq\alpha$.

D. 若两条斜线段在同一平面内的射影相等，则这两条斜线段的长也相等

【分析】借助直线与平面垂直的定义及判定性质定理解题.

【解答】B 中 l 与 n 平行或异面；C 中 $l\subseteq\alpha$ 或 $l/\!/\alpha$；D 不一定；故选 A.

题型二 直线与平面所成的角

例2 判断题：

(1)从平面外一点到这个平面的斜线有且只有一条.

(2)从平面外一点向这个平面引的斜线段中射影相等的两条斜线段相等.

(3)两直线平行，则这两直线与同一平面所成的角相等.

(4)直线与平面所成的角的范围是$\left[0,\frac{\pi}{2}\right]$.

【分析】利用直线与平面所成的角的有关概念解题.

【解答】(1)错误，斜线有无数多条；(2)正确；(3)正确；(4)正确.

题型三　平面平行与垂直的判断

例 3　下列命题正确的是(　　)

A. 若平面 $\alpha\perp$平面 β，平面 $\gamma\perp$平面 β，则 $\alpha\perp\gamma$

B. 若直线 $l\perp$直线 m，直线 $m\perp$直线 n，则 $l/\!/n$

C. 若平面 $\beta/\!/$平面 α，直线 $l\subseteq\alpha$，则 $l/\!/\beta$

D. 若直线 $l/\!/$平面 α，平面 $\alpha\perp$平面 β，则 $l\perp\beta$

【分析】利用直线与平面，平面与平面的位置关系及其定理解题.

【解答】A 中 α 也可能平行于 γ；B 中 l 与 n 也可能异面；D 中可能出现 $l/\!/\beta$；所以选 C.

题型四　距离的计算问题

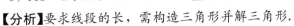

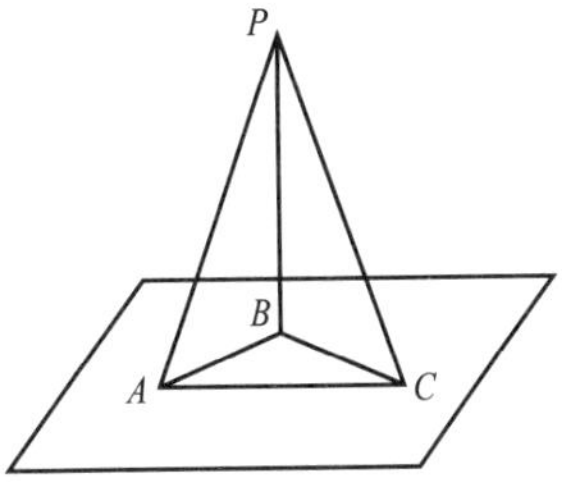

图 9.4-1

例 4　如图 9.4-1 所示，在平面 α 内，$\angle BAC=90°$，取 $AB=5$，$AC=2\sqrt{14}$，$PB=12$，$PB\perp\alpha$，求 PA，PC 的长.

【分析】要求线段的长，需构造三角形并解三角形.

【解答】因为 $PB\perp\alpha$，$AB\subset\alpha$，所以 $PB\perp AB$，同理 $PB\perp BC$，因为$\angle BAC=90°$，所以在直角三角形 BAC 中，$BC=\sqrt{AB^2+AC^2}=9$；在直角三角形 PBC 中，$PC=\sqrt{12^2+9^2}=15$；在直角三角形 PBA 中，$PA=\sqrt{PB^2+AB^2}=13$.

【反思】求线段的长，可以选择适当的三角形，把所求线段放在三角形中，然后解三角形即可求得.

认知强化训练

1. 下列命题正确的是(　　)

(1)直线 $b/\!/$平面 α，直线 $a/\!/$平面 α，则 $a/\!/b$；

(2)若直线 a 不与平面 α 相交，则 $a/\!/\alpha$；

(3)一条直线垂直于平面内任何一条直线，则这条直线垂直于这个平面；

(4)过平面外一点有且只有一条直线与已知平面平行；

(5)一条直线垂直于平面内无数条直线，则这条直线垂直于这个平面；

(6)垂直于同一平面的两直线平行；

(7)平面外一点与这个平面内各点连结而成的线段中垂直于平面的线段最短 .

A. (1)(3)　　　B. (4)(5)　　　C. (3)(6)(7)　　　D. (1)(6)(7)

2. 如图 9.4-2 所示，在正方体中，下列结论错误的是(　　)

A. $A_1B_1 /\!/ CD$

B. AA_1 与 CD 所在的直线是异面直线

C. A_1D_1 与 B_1C 的夹角是 45°

D. B_1C 与平面 $ABCD$ 所成的角是 90°

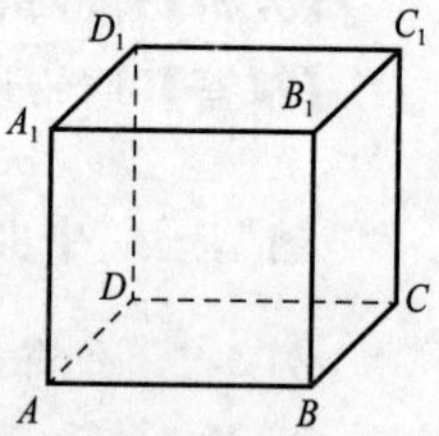

图 9.4-2

3. 下列命题正确的是(　　)

A. 平行于同一直线的两个平面平行

B. 空间两条不相交的直线一定平行

C. 若一直线垂直于一个平面，则该直线垂直于平面内的所有直线

D. 若一直线与一个平面平行，则该直线与平面内的任何一条直线平行

4. 下列四个命题中，正确命题的个数是(　　)

(1)经过空间的三个点，有且只有一个平面

(2)经过一条直线和这条直线外的一点，有且只有一个平面

(3)若两条直线都垂直于同一平面，则这两条直线平行

(4)若两条直线都垂直于同一直线，则这两条直线平行

A. 1　　B. 2　　C. 3　　D. 4

5. 下列命题中正确命题的个数为(　　)

(1)与三角形的两边垂直的直线垂直于第三边

(2)与三角形的两边平行的平面平行于第三边

(3)与三角形的一边垂直的平面垂直于三角形所在的平面

A. 0　　B. 1　　C. 2　　D. 3

6. 设斜线 b 在平面 α 内的射影为 c，若直线 $a \perp c$，则 a 与 b 位置关系是(　　)

A. 垂直　　B. 不一定垂直　　C. 可能平行　　D. 异面

7. 下列命题中正确的是(　　)

A. 若直线 m，n 都平行于平面 α，则 $m /\!/ n$

B. 若两个平面互相垂直，则经过第一个平面内的一点，垂直于第二个平面的直线在第一个平面内

C. 设 $\alpha-l-\beta$ 是直二面角，若直线 $m \perp l$，则 $m \perp \beta$

D. 设 m，n 是异面直线，若 m 与平面 α 平行，则 n 与 α 相交

8. 如图 9.4-3 所示，在两个互相垂直的平面 α 和 β 的交线上有两个已知点 A 和 B，AC 和 BD 分别是这两个平面内垂直于 AB 的线段，已知 $AC=6$，$AB=8$，$BD=24$，求 CD 的长.

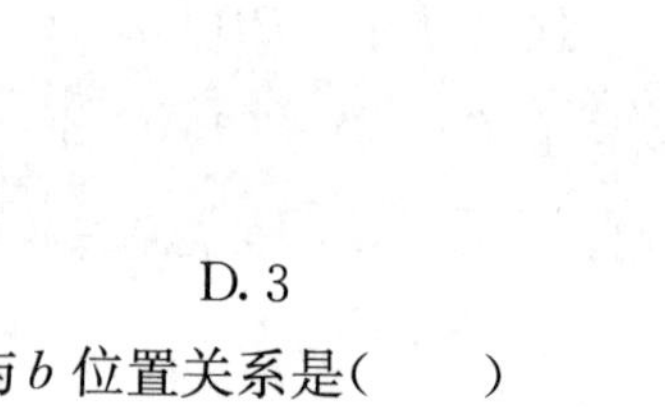

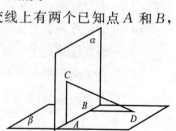

图 9.4-3

9. 如图 9.4-4 所示，已知从平面外一点 D 向平面引垂线段 DA 及斜线段 DB，DC，且 DB，DC 与平面所成的角都为 30°，$DA=a$，$\angle BDC=90°$，求 BC 的长.

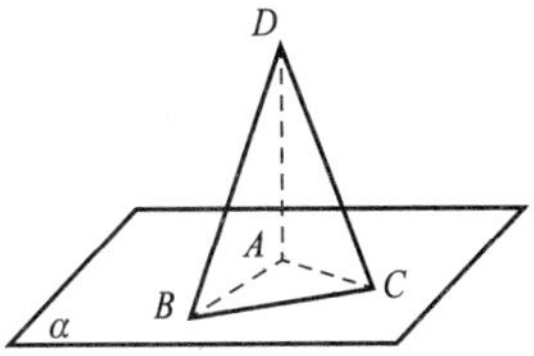

图 9.4-4

§9.5 柱、锥、球及其简单组合体

学习目标点击

1. 掌握棱柱和棱锥的结构特征.
2. 了解圆柱和圆锥的生成过程，掌握它们的结构特征. 掌握球的概念及结构特征.
3. 了解柱体和锥体的侧面展开图，理解侧面积和全面积(表面积)的概念，会求柱体和锥体的全面积(表面积).
4. 掌握柱体和锥体的体积公式，会求柱体和锥体的体积.
5. 掌握球的表面积和体积公式.

知识要点聚焦

知识要点一　棱柱与棱锥的本质特征

棱柱的两个本质特征：有两个面平行；其余每相邻的两个面的公共边互相平行.

棱锥的两个本质特征：有一个面是多边形；其余各面是有一个公共顶点的三角形.

知识要点二　棱柱与棱锥的分类

棱柱的侧面都是平行四边形；棱锥的侧面都是三角形；因此都可以用底面的边数对棱柱、棱锥进行分类.

知识要点三　圆柱和圆锥的形成

圆柱和圆锥都是旋转体，它们分别是由矩形的一边绕直角三角形的一直角边所在的直线为旋转轴旋转一周而成的.

知识要点四　球的生成

球也是旋转体，它是由半圆绕它的直径所在直线为旋转轴旋转一周所形成的.

知识要点五　柱体和锥体的表面积

1. 表面积=侧面积+底面积.

2. 棱柱的侧面是由平行四边形组成的图形，棱锥的侧面是由三角形组成的图形，求它们的侧面积就是求平行四边形和三角形的面积.

3. 圆柱的侧面展开图是矩形，圆锥的侧面展开图是扇形，求它们的侧面积就是求矩形和扇形的面积.

4. 若圆柱的底面半径为 r，母线长为 l，则圆柱的表面积：

$$S=2\pi r^2+2\pi rl=2\pi r(r+l).$$

5. 若圆锥的底面半径为 r，母线长为 l，则圆锥的表面积 $S=\pi r^2+\pi rl=\pi r(r+l)$.

知识要点六　柱体和锥体的体积

$$V_{柱}=Sh,\ V_{锥}=\frac{1}{3}Sh\ (其中\ S\ 是底面积，h\ 为高).$$

知识要点七　球的表面积和体积

$$S=4\pi R^2,\ V_{球}=\frac{4}{3}\pi R^3(其中\ R\ 为球的半径).$$

题型分类剖析

题型一　棱柱的性质及应用

例 1　下列棱柱中为长方体的是(　　)

A. 直平行六面体

B. 底面都是矩形的直棱柱

C. 侧面都是矩形的直四棱柱

D. 对角面是全等矩形的四棱柱

【分析】根据长方体的基本特征判断.

【解答】在 A 中底面为平行四边形；C 中底面可以为任意四边形；D 中底面为对角线相等的四边形(如等腰梯形)，因此正确的答案只有 B.

【反思】底面为矩形是棱柱为长方体的基本特征之一，这是我们判断本题的关键.

题型二 特殊四棱柱之间的关系

例 2 设 A 为正方体集合，B 为直四棱柱集合，C 为长方体集合，D 正四棱柱集合，E 为直平行六面体集合，则这些集合间的包含关系正确的为（ ）

A. $A\subseteq C\subseteq D\subseteq E\subseteq B$　　B. $A\supseteq C\supseteq D\supseteq E\supseteq B$

C. $A\subseteq D\subseteq C\subseteq E\subseteq B$　　D. $A\supseteq D\supseteq C\supseteq E\supseteq B$

【分析】借助四棱柱的性质解题：底面是平行四边形的四棱柱叫平行六面体；侧棱与底面垂直的平行六面体叫直平行六面体；底面是矩形的直平行六面体叫长方体；底面是正方形的长方体叫正四棱柱；底面边长与侧棱相等的正四棱柱叫正方体.

【解答】选 C 在这些集合中，A 是其余四个集合的子集，故排除 B，D，而正四棱柱是底面为正方形的长方体，所以 D 是 C 的子集，故应选 C.

【反思】特殊四棱柱之间的关系可用集合的包含关系表示：{正方体}$\subseteq${正四棱柱}$\subseteq${长方体}$\subseteq${直平行六面体}$\subseteq${平行六面体}.

题型三 表面积(全面积)的计算问题

例 3 已知长方体对角线的长为 l，长、宽、高之和为 m，求长方体的表面积.

【分析】长方体的表面积就是各个面的面积之和，且各个面都是长方形.

【解答】设长方体的长、宽、高分别为 a，b，c，则 $a^2+b^2+c^2=l^2$，$a+b+c=m$，因为 $(a+b+c)^2=a^2+b^2+c^2+2(ab+bc+ac)$，所以，$S_{全}=2(ab+bc+ac)=(a+b+c)^2-(a^2+b^2+c^2)=m^2-l^2$.

【反思】题中未明确给出长、宽、高，需利用三项和的完全平方公式代换求表面积.

题型四 体积的计算问题

例 4 一个底面是正三角形的棱锥的侧面都是直角三角形，其底面边长是 a，求此三棱锥的体积.

【分析】由三棱锥的特殊性可以选择任一个面为底面.

【解答】根据题意，可设三条侧棱长都为 x.

因为 $x^2+x^2=a^2$，所以 $x=\dfrac{\sqrt{2}}{2}a$.

因为 $AB\perp AC$，$AB\perp AD$

所以 $AB\perp$ 平面 ACD.

因此，$V_{A-BCD}=V_{B-ACD}=\dfrac{\sqrt{2}}{24}a^3$.

【反思】由已知三个侧面都是直角三角形，可知三条侧棱两两垂直．若以其中任何一个侧面作为底面，其高便是另一条侧棱．灵活运用侧面与底面的转换将大大提高运算速度及正确率.

题型五　球的表面积和体积

例 5　把直径分别为 6 cm，8 cm，10 cm 的三个铜球熔制成一个较大的铜球，求大球的表面积和体积.

【分析】将三个小球熔成一个大球，这是一个等体积变形问题，因此 $V_{变形前}=V_{变形后}$.

【解答】设熔制后的大铜球的半径为 r，则

$$V=\frac{4}{3}\pi(3^2+4^2+5^2)=288\pi.$$

由 $288\pi=\frac{4}{3}\pi r^3$ 得 $r=6$，因此，$S=4\pi r^2=144\pi$.

【反思】同一物体形状改变，体积不变．利用等体积关系求解是本题的解题关键.

认知强化训练

1. 判断题.

(1)底面是正多边形的棱柱是正棱柱.　(　　)

(2)棱柱的侧面是平行四边形，而底面不是平行四边形.　(　　)

(3)两个侧面是矩形的棱柱是直棱柱.　(　　)

(4)一条侧棱垂直于底面两边的棱柱是直棱柱.　(　　)

(5)侧面都是正方形的棱柱是正棱柱.　(　　)

(6)底面是正多边形的棱锥是正棱锥.　(　　)

(7)正棱锥的侧面是正三角形.　(　　)

(8)以直角三角形的一边为轴旋转一周所得到的旋转体是圆锥.　(　　)

(9)在圆柱的上下底面圆周上各取一点，这两点的连线是圆柱的母线.　(　　)

(10)与圆锥的轴平行的截面是等腰三角形.　(　　)

2. 已知三个球的表面积之比是 2∶3∶4，则它们的体积之比为(　　)

A. 2∶3∶4　　B. $\sqrt{2}:\sqrt{3}:2$　　C. $2\sqrt{2}:3\sqrt{3}:8$　　D. $\sqrt[3]{2}:\sqrt[3]{3}:\sqrt[3]{4}$

3. 若一个球的体积扩大为原来的 8 倍，则它的表面积扩大为原来的(　　)倍.

A. 2　　B. 4　　C. 31　　D. 32

4. 表面积相等的球与正方体的体积之比为(　　)

A. $\sqrt{\frac{2}{\pi}}$　　B. $\frac{2}{\sqrt{\pi}}$　　C. $\sqrt{\frac{6}{\pi}}$　　D. $\frac{3}{\sqrt{\pi}}$

5. 球的大圆面积增为原来的 16 倍，则球的体积增大为原来的________倍.

6. 若正三棱锥的底面边长为 4，三条侧棱两两互相垂直，求它的侧面积和体积.

7. 已知长方体的交于一个顶点的三个面的面积分别为 12，15，20，求长方体对角线的长.

8. 圆柱的轴截面是一个面积为 Q 的正方形，求圆柱的侧面积和体积.

9. 圆锥的轴截面是一个边长为 4 的正三角形，求圆锥的表面积和体积.

10. 如图 9.5-1，扇形的半径为 R，弦 AB 将扇形分成两部分，以 OA 为轴旋转一周得到一个几何体，求这两部分的体积之比.

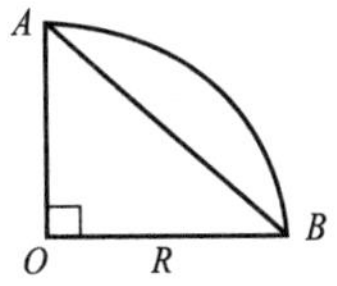

图 9.5-1

本章小结

基础知识归纳

一、平面的基本性质

1. 性质 1：如果一条直线上的两点在一个平面内，那么这条直线上所有的点都在这个平面内.

2. 性质 2：如果两个平面有一个公共点，那么它们一定还有其他公共点，并且所有公共点的集合是过该点的一条直线.

3. 性质 3：经过不在同一直线上的三个点，可以确定一个平面.

推论 1：经过一条直线和这条直线外的一点，有且只有一个平面.

推论 2：经过两条相交直线，有且只有一个平面.

推论 3：经过两条平行直线，有且只有一个平面.

二、空间两条直线、直线与平面、平面与平面的位置关系

1. 空间两条直线的位置关系：相交、平行、异面.

2. 直线与平面的位置关系：

直线在平面内——有无数个公共点

直线在平面外 $\begin{cases}\text{直线和平面相交——有且只有一个公共点}\\\text{直线和平面平行——没有公共点}\end{cases}$

3. 平面与平面的位置关系：平行——没有公共点.

相交——有且只有一条公共直线.

三、空间直线与平面、平面与平面平行或垂直的判定和性质

1. 直线和平面平行的判定

(1)直线和平面平行的判定定理：如果平面外一条直线和这个平面内的一条直线平行，那么这条直线和这个平面平行.

(2)如果两个平面平行，那么其中一个平面内的直线必平行于另一个平面.

2. 直线和平面平行的性质定理：如果一条直线和一个平面平行，经过这条直线的平面和这个平面相交，那么这条直线和交线平行.

3. 直线和平面垂直的判定

(1)直线和平面垂直的判定定理：如果一条直线和一个平面内的两条相交直线都垂直，那么这条直线垂直于这个平面.

(2)如果两条平行直线中的一条垂直于一个平面，那么另一条也垂直于这个平面.

(3)如果两个平面垂直，那么在一个平面内垂直于它们的交线的直线垂直于另一个平面.

4. 直线和平面垂直的性质

(1)直线和平面垂直的性质定理：如果两条直线垂直于一个平面，那么这两条直线平行.

(2)如果一条直线和一个平面垂直，那么这条直线和这个平面内的所有直线都垂直.

5. 两个平面的平行的判定

(1)两个平面平行的判定定理：如果一个平面内有两条相交直线都平行于另一个平面，那么这两个平面平行.

(2)垂直于同一直线的两个平面平行.

(3)平行于同一个平面的两个平面平行.

6. 两个平面平行的性质

(1)两个平面平行的性质定理：如果两个平行平面同时和第三个平面相交，那么它们的交线平行.

(2)两个平面平行，其中一个平面内的直线必平行于另一个平面.

(3)如果两个平行平面中的一个平面垂直于一条直线，那么另一个平面也和这条直线垂直.

(4)夹在两个平行平面间的平行线段相等.

7. 两个平面垂直的判定

(1)两个平面垂直的判定定理：如果一个平面经过另一个平面的一条垂线，那么这两个平面互相垂直.

(2)如果两个平面的二面角的平面角等于 90°，那么这两个平面互相垂直.

8. 两个平面垂直的性质

(1)两个平面垂直的性质定理：如果两个平面垂直，那么在一个平面内垂直于它们的交线的直线垂直于另一个平面.

(2)如果两个平面垂直，那么经过第一个平面内的一点垂直于第二个平面的直线在第一个平面内.

(3)如果两个相交平面都垂直于第三个平面，那么它们的交线垂直于第三个平面.

(4)三个两两垂直的平面的交线也两两垂直.

四、几种特殊角的取值范围

1. 两异面直线所成的角：$\left(0, \dfrac{\pi}{2}\right]$；

2. 直线与平面所成的角：$\left[0, \dfrac{\pi}{2}\right]$；

3. 二面角：$[0, \pi]$.

五、柱体与椎体、球的面积与体积公式

1. 表面积＝侧面积＋底面积.

2. 棱柱的侧面是由平行四边形组成的图形，棱锥的侧面是由三角形组成的图形，求它们的侧面积就是求平行四边形和三角形的面积.

3. 圆柱的侧面展开图是矩形，圆柱的侧面展开图是扇形，求它们的侧面积就是求矩形和扇形的面积.

4. 若圆柱的底面半径为 r，母线长为 l，则圆柱的表面积 $S_{表}=2\pi r^2+2\pi rl=2\pi r(r+l)$.

5. 若圆锥的底面半径为 r，母线长为 l，则圆锥的表面积 $S_{表}=\pi r^2+\pi rl=\pi r(r+l)$.

6. 柱体和锥体的体积：

$$V_{柱}=Sh,\ V_{锥}=\frac{1}{3}Sh\text{（其中 }S\text{ 是底面积，}h\text{ 为高）}.$$

7. 球的表面积和体积：

$$S=4\pi R^2,\ V_{球}=\frac{4}{3}\pi R^3\text{（其中 }R\text{ 为球的半径）}.$$

专题高效讲坛

专题一　平面的概念与性质

例 1　判断下列命题是否正确，并说明理由：

(1)平面的形状是平行四边形.

(2)两两相交的三条直线一定在同一平面内.

(3)两组对边分别相等的四边形是平行四边形.

(4)过三点可以确定一个平面.

(5)圆和平面多边形都可以表示平面.

【解答】(1)不正确，平行四边形可以用来表示平面，但平面的形状不是平行四边形.

(2)不正确，因为若此三条直线两两相交但过同一点时，就不一定在同一平面内.

(3)不正确，若是空间四边形就不正确.

(4)不正确，若三点在同一条直线上时就不能确定一个平面.

(5)正确.

【点评】“平面”是一个只描述而不加定义的原始概念，是由现实生活中抽象出来的数学概念，平面没有边界，没有大小、厚薄之分，具有无限延展性，用平行四边形来表示平面只是表示平面的一部分.

专题二　空间两直线、直线与平面、平面与平面的位置关系

例 2　α 和 β 是两个不重合的平面，在下列条件中可判定 α 与 β 平行的是(　　)

A. α，β 都垂直平面 γ

B. α 内不共线的三点到 α，β 的距离相等

C. l，m 是两条异面直线，且有 $l/\!/\alpha$，$m/\!/\alpha$，$l/\!/\beta$，$m/\!/\beta$

D. l，m 是平面 α 内的直线，且有 $l/\!/\beta$，$m/\!/\beta$

【解答】A 中，当 α，β 都垂直平面 γ 时，α 与 β 可能平行也可能相交；B 中，平面 α 内的三点在 β 的两侧时，它们到 β 的距离也可能相等，而此时 α 与 β 相交；对于 D，由于 l，m 在平面 α 内并不一定相交，所以平面 α 与 β 不一定平行；故选 C.

【点评】判定两平面平行的方法很多，可依据定义 判定定理等来判定，特别地，如果两条异面直线和两个平面都平行，那么这两个平面也平行.

例 3　下列命题中正确的是(　　)

A. 若一条直线垂直于一个平面，则此直线只垂直于这个平面内过垂足的所有直线

B. 若 $a\perp c$，$b\perp c$，则 $a/\!/b$

C. 若一条直线垂直于一个平面的一条垂线，则该直线平行于这个平面

D. 已知三条直线 a，b，c，若 c 与 a，b 所成的角相等，则 a 与 b 不一定平行

【解答】A 错，事实上，若一条直线垂直于一个平面，则此直线垂直于这个平面内的所有直线；B 错，题中 a 与 b 可能平行，可能相交，可能异面；C 错，若此直线在平面内，则它与平面不平行；故选 D.

【点评】判断一个命题不正确，既可列举由命题的条件可得出的其他结论，也可采用反例的办法.

专题三　空间的角与距离的计算

例 4　如图 1 所示，长度为 10 的线段 AB 与平面 α 相交于点 O，两段点 A，B 到平面 α 的距离 AC，BD 分别为 2 和 3，分别求线段 AO，BO 在平面 α 上的射影长，以及线段 AB 与平面 α 所成的角的度数.

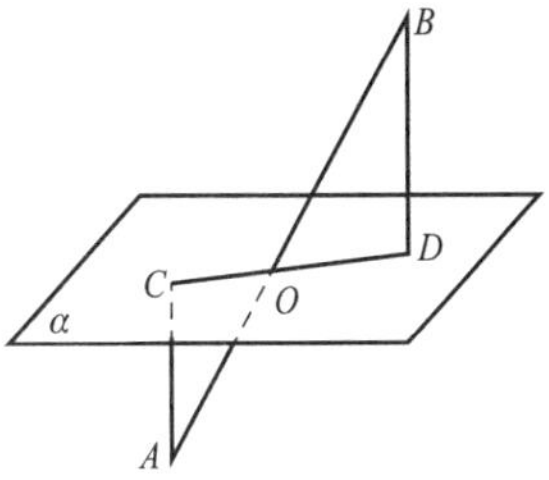

图 1

【解答】因为 $AC\perp\alpha$，$BD\perp\alpha$，所以 $AC/\!/BD$，

于是 AC 与 BD 确定的平面 α 交于直线 COD，

且 $\triangle AOC\backsim\triangle BOD$，所以 $\dfrac{AO}{BO}=\dfrac{AC}{BD}=\dfrac{2}{3}$，

于是 $AO=10\times\dfrac{2}{5}=4$，$BO=6$，

因为 $\sin\angle BOD=\dfrac{BD}{BO}=\dfrac{1}{2}$，所以 $\angle BOD=30^\circ$，

$OC=AO\times\cos30^\circ=2\sqrt{3}$，$OD=BO\times\cos30^\circ=3\sqrt{3}$，

因此，线段 AB 与平面 α 成 30° 的角，线段 AO，BO 在平面 α 上的射影长分别为 $2\sqrt{3}$ 和 $3\sqrt{3}$.

【点评】求直线与平面所成的角的大小时，先要在图中作直线上的某一特殊点到平面的垂线，然后归结为解直角三角形；求距离也可归结为解三角形或运用面积法求解.

例 5　如图 2 所示，在正方体 $ABCD-A_1B_1C_1D_1$ 中，

(1)哪些棱所在的直线与直线 AB 是异面直线；

(2)求异面直线 A_1B 与 B_1C 所成的角；

(3)求异面直线 A_1B 与 C_1C 所成的角.

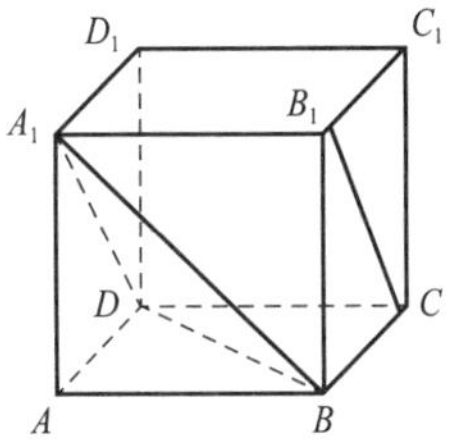

图 2

【解答】(1) 与直线 AB 成异面直线的有 A_1D_1，B_1C_1，CC_1，DD_1.

(2)连结 A_1D 与 BD，因为 $A_1D/\!/B_1C$，所以 A_1B 与 A_1D 所成的角就是 A_1B 与 B_1C 所成的角，而三角形 A_1BD 是等边三角形，所以 A_1B 与 B_1C 所成的角为 60°.

(3)因为 $B_1B/\!/C_1C$，所以 A_1B 与 C_1C 所成的角就是 A_1B 与 B_1B 所成的角，而三角形 A_1BB_1 是等腰直角三角形，所以 A_1B 与 C_1C 所成的角为 45°.

【点评】求异面直线所成的角，最关键的问题是将异面直线平移为相交直线成为平面角.

例 6 已知三角形 ABC 中，$\angle BAC=90°$，$BC\subseteq$平面 α，$A\notin\alpha$，$AO\perp\alpha$ 于 O，$\angle ACO=30°$，$\angle ABO=45°$，求三角形 ABC 中 BC 边上的高 AD 与平面 α 所成角的度数.

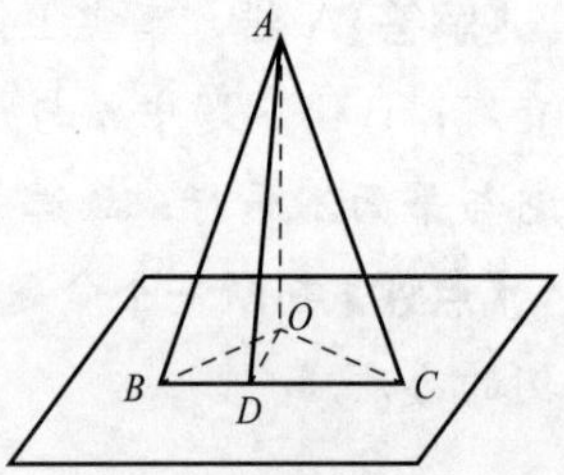

图 3

【解答】如图 3 所示，因为 $AO\perp$ 平面 α，OD 为 AD 在平面 α 内的射影，所以$\angle ADO$ 为 AD 与平面 α 所成的角.

设 $AO=a$，则在直角三角形 ABO 中，$AB=\dfrac{AO}{\sin45°}=\sqrt{2}a$，在直角三角形 ACO 中，$AC=\dfrac{AO}{\sin30°}=2a$，在直角三角形 ABC 中，$BC=\sqrt{AC^2+AD^2}=\sqrt{6}a$，又 $AD\cdot BC=AB\cdot AC$（等面积公式），所以 $AD=\dfrac{\sqrt{2}a\cdot 2a}{\sqrt{6}a}=\dfrac{2a}{\sqrt{3}}=\dfrac{2\sqrt{3}a}{3}$，在直角三角形 AOD 中，$\sin\angle ADO=\dfrac{AO}{AD}=\dfrac{\sqrt{3}}{2}$，又因为$\angle ADO$ 为锐角，所以$\angle ADO=60°$，因此，AD 与平面 α 所成的角为 $60°$.

【点评】立体几何中的角的计算一共有三类：(1)两直线所成的角；(2)直线和平面所成的角；(3)二面角．求空间中的角的步骤是：(1)作出或找到有关角的图形；(2)证明它符合其定义；(3)计算：角的计算一般是把已知条件归结到同一个三角形或几个有关的三角形中，从而把空间问题转化为平面问题去解决.

专题四　面积与体积的计算

例 7 若正四棱柱的对角线长为 $\sqrt{17}$，侧面一条对角线长为 3，求它的体积.

【解答】设底面边长为 a，侧棱长为 b.

由已知条件有 $\begin{cases}2a^2+b^2=17,\\ a^2+b^2=9,\end{cases}$ 解之得 $a^2=8$，$b^2=1$.

因此，$V=a^2b=8$，即正四棱柱的体积为 8.

【点评】正四棱柱是底面为正方形的长方体，由长方体对角线的计算公式，可求得底面边长和侧棱长，进而求得长方体的体积.

认知强化训练

总分：100 分　时量：________分钟　得分：________分

一、选择题（本大题共 8 小题，每小题 5 分，共 40 分，在每小题给出的四个选项中，只有一项是符合题目要求的.）

1. 下列命题正确的是(　　)

A. 经过一点的三条直线确定一个平面

B. 经过一点的两条直线确定一个平面

C. 如果一条直线与两条直线都相交，那么这三条直线确定一个平面

D. 若点 P 在平面 α 内，也在直线 a 上，则直线 a 在平面 α 内

2. 直线 $a\perp b$，$a/\!/$平面 α，则直线 b 与平面 α 的位置关系是(　　)

A. $b\perp\alpha$　　B. $b/\!/\alpha$

C. $b\subseteq\alpha$　　D. 以上三种情况都有可能

3. a，b 是平面 α 外的两条直线，且 $a/\!/\alpha$，则 $a/\!/b$ 是 $b/\!/\alpha$ 的(　　)

A. 充分不必要条件　　B. 必要不充分条件

C. 充分必要条件　　D. 既不充分也不必要条件

4. 下列命题中正确的是(　　)

A. 若直线 l 与平面 α 平行，则 l 与平面 α 内的任意一条直线都平行

B. 若直线 l 有无数个点不在平面 α 内，则 $l/\!/\alpha$

C. 若直线 l 与平面 α 平行，则 l 与平面 α 内的任意一条直线都没有公共点

D. 若两条平行直线中的一条与一个平面平行，那么另一条也与这个平面平行

5. 由距离平面 α 为 4 的一点 P 向平面引斜线 PA，使斜线与平面成 $30°$ 角，则斜线 PA 在平面 α 内的射影长为(　　)

A. $\dfrac{4\sqrt{3}}{3}$　　B. $4\sqrt{2}$　　C. $4\sqrt{3}$　　D. $2\sqrt{2}$

6. 在正方体 $ABCD-A_1B_1C_1D_1$ 中，下列结论错误的是(　　)

A. A_1D_1 与 B_1C 所成的角为 $45°$　　B. $AD/\!/B_1C_1$

C. A_1A 与 C_1D 所在的直线是异面直线　　D. A_1D 与平面 $ABCD$ 所成的角为 $60°$

7. 已知圆锥的侧面展开图是个半圆，则圆锥的母线与底面所成的角为(　　)

A. $35°$　　B. $45°$　　C. $60°$　　D. $75°$

8. 已知正方体 $ABCD-A_1B_1C_1D_1$ 的棱长为 a，则三棱锥 A_1-C_1CD 的体积为(　　)

A. $\dfrac{a^3}{2}$　　B. $\dfrac{a^3}{3}$　　C. $\dfrac{a^3}{4}$　　D. $\dfrac{a^3}{6}$

二、填空题(本大题共 4 小题，每小题 5 分，共 20 分.)

9. 在三角形 ABC 中，$AB=AC=5$，$PA\perp$平面 ABC，且 $PA=8$，$BC=6$，则 P 到 BC 的距离是________.

10. 经过同一点的三条直线可确定________个平面.

11. 在正方体 $ABCD-A_1B_1C_1D_1$ 中，与棱 AA_1 所成的角为 $90°$的棱有________条.

12. 已知一个长方体的表面积为 28，十二条棱的长度之和为 32，则该长方体的一条对角线长为________.

三、解答题(本大题共 4 小题，每小题 10 分，共 40 分，解答应写出文字说明或演算步骤.)

13. 如图所示，$CD=8$ cm，在 AC，BC 所在的平面 α 内有一点 E，且 $CE=6$ cm，$AC\perp CD$ 于 C，$BC\perp CD$ 于 C.

(1)AB 和 CD 以及 CE 和 CD 各成多少度的角？

(2)求线段 DE 的长度.

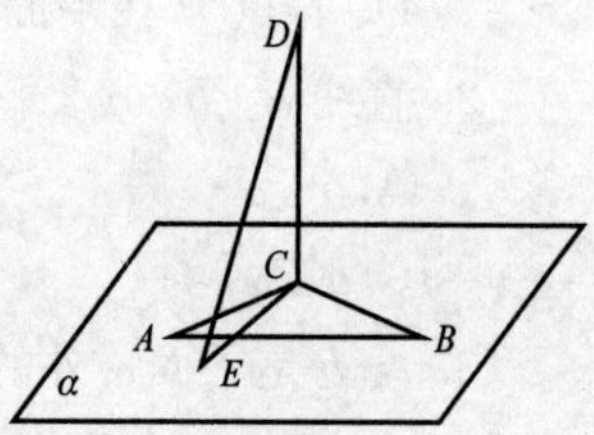

第 13 题图

14. 如图所示，已知平面 $ADE\perp$ 平面 $ABCD$，$\triangle ADE$ 是等边三角形，$ABCD$ 是矩形，$AE=1$，$AB=\sqrt{2}$.

(1)求证：$AE\perp CD$.

(2)求直线 EC 与平面 $ABCD$ 所成的角的大小.

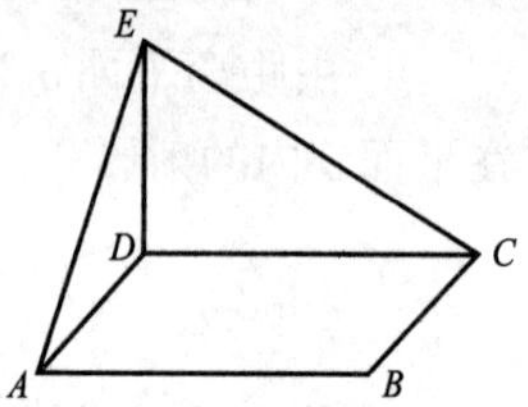

第 14 题图

15. 已知直四棱柱 $ABCD-A_1B_1C_1D_1$ 的底面是菱形，菱形 $ABCD$ 的两条对角线长为 6 和 8，棱柱侧棱长为 10，求棱柱侧面积和体积.

第 10 章　概率与统计初步

§10.1　计数原理

学习目标点击

1. 理解分类计数原理和分步计数原理，会利用这两个原理解决有关问题.
2. 培养利用数学思想方法分析、解决实际问题的能力.
3. 感受生活中的数学思想，提高数学应用意识.

知识要点聚焦

知识要点一　分类计数原理

1. 分类计数原理的内容

完成一件事，有 n 类办法，在第一类办法中有 m_1 种不同的方法，在第二类办法中有 m_2 种不同的方法，…，在第 n 类办法中有 m_n 种不同的方法，那么完成这件事共有 $N=m_1+m_2+\cdots+m_n$ 种不同的方法.

2. 理解分类计数原理要注意以下几点

(1)分类计数原理针对的是“完成事件的方法种类不同”的问题，其各种方法是相互独立的，用其中任何一种方法都能完成这件事情.

(2)分类计数原理中，“完成一件事，有 n 类办法”，是对完成这件事的所有方法的一个分类. 分类时，首先要根据问题或事情的特点确定一个分类的标准，其次要注意：完成这件事的任何一种方法必属于某一类，并且分别属于不同两类的两种方法都是不同的方法，既不能重复也不能遗漏，只有满足这些条件，才可以用分类计数原理.

(3)如果完成一件事有 n 类办法，这 n 类办法彼此之间是相互独立的，无论用哪一类办法中的哪一种办法都能独立完成这件事，求完成这件事的方法种数就用分类计数原理.

知识要点二　分步计数原理

1. 分步计数原理的内容

完成一件事，需要分成 n 个步骤，做第一步有 m_1 种不同的方法，做第二步有 m_2 种不同的方法，…，做第 n 步有 m_n 种不同的方法，那么完成这件事共有 $N=m_1\times m_2\times\cdots\times m_n$ 种不同的方法.

2. 理解分步计数原理要注意以下几点

(1)分步计数原理针对的是“完成事件需分几个步骤”的问题，各个步骤中的方法相互联系．只有各个步骤全部完成了才能完成这件事.

(2)分步计数原理中，“完成一件事，需要分成 n 个步骤”，是指完成这件事情的任何一种方法，都要分成 n 个步骤，分步时首先要根据问题或事件的特点确定一个分步的标准，其次分步时还要注意：完成这件事必须并且只需连续完成这 n 个步骤后这件事才算完成，只有满足这些条件，才能用分步计数原理.

(3)如果完成一件事需要分成 n 个步骤，缺一不可，即需要依次完成所有的步骤，才能完成这件事，而完成每一个步骤各有若干种不同的方法，求完成这件事的方法种数就用分步计数原理.

题型分类剖析

题型一　分类计数原理问题

例 1　邵新职业中专模具一班有学生 56 人，其中男生 46 人；模具二班有学生 50 人，其中男生 38 人；模具三班有学生 52 人，其中男生 44 人.

(1)从模具一班、模具二班或模具三班任选 1 名学生在开学典礼上发言，有多少种不同的选法?

(2)从模具一班、模具二班或模具三班任选 1 名女生到学习部工作，有多少种不同的选法?

【分析】在开学典礼上的发言人与班级无关，三个模具班的学生都有资格被选上．要完成选一名发言人这件事可分为三类办法，第一类在模具一班选人，第二类在模具二班选人．第三类在模具三班选人．因而采用分类计数原理，对于第(2)题，解法与第(1)题相同，不过要注意的是选女生.

【解答】(1)要完成选一名学生在开学典礼上发言这一件事，有三类办法．第一类在模具一班任选 1 人，有 56 种选法；第二类在模具二班任选 1 人，有 50 种选法；第三类在模具三班任选 1 人．有 52 种选法，根据分类计数原理可以得到不同选法的种数是：$N=56+$

$50+52=158$(种).

(2)要完成从模具一班、模具二班或模具三班任选一名女生到学习部工作这一件事，可分为三类办法. 第一类在模具一班任选1名女生，有10种选法；第二类在模具二班任选1名女生，有12种选法；第三类在模具三班任选1名女生，有8种选法，根据分类计数原理可以得到不同选法的种数是：$N=10+12+8=30$(种).

【反思】完成一件事，如果是分类来完成的，并且其中任何一类中的任何一种方法均能独立完成所给的事情就可以用分类计数原理.

题型二　分步计数原理问题

例2　(1)将5封信投入3个邮筒，有多少种不同的投法?

(2)3位旅客到5个不同的宾馆住宿，有多少种不同的住宿方法?

(3)5本不同的书，任选3本分给3个同学，每人一本，有多少种不同的分法?

【分析】完成第(1)、(2)、(3)题中的每一件事，均需分步完成，故可用分步计数原理.

【解答】(1)每投完一封信就是一步，所以需分五步来完成．将5封信投入3个邮筒中这件事，又因为每封信有3种不同的投法，所以完成每一步有3种不同的方法. 故共有不同的投法 $N=3\times3\times3\times3\times3=3^5=243$(种).

(2)要完成3位旅客到5个不同的宾馆住宿这一件事，可分为三步，由于每位旅客有5种不同的住宿方法，所以完成每一步有5种不同的方法. 故共有不同的方法 $N=5\times5\times5=5^3=125$(种).

(3)要完成题中的“5本不同的书，任选3本分给3个同学，每人一本”这件事，需要分三步，第一步，第一个同学取1本书，有5种取法. 第二步，第二个同学取1本书，有4种取法. 第三步，第三个同学取1本书，有3种取法. 故共有不同的分法 $N=5\times4\times3=60$(种).

【反思】完成一件事，如果是需要分步来完成的，并且任何一步中的任何一种方法都不能完成这件事，只有依次完成所有的分步(步骤)后这件事才完成的事情就可以用分步计数原理.

题型三　分类计数原理与分类计数原理的综合应用

例3　已知集合 $A=\{2,\ 3,\ -4\}$，$B=\{-2,\ -3,\ 4,\ 5\}$，从集合 A，B 中各取一个元素作为点 $P(x,\ y)$的坐标.

(1)可以得到多少个不同的点?

(2)这些点中，位于第一象限的点有多少个?

【分析】点$(a,\ b)$与$(b,\ a)$是两个不同的点；第一象限的点的横坐标和纵坐标均为正数.

【解答】(1)可以分为两类，第一类，A 中的元素作 x，B 中的元素作 y. 第二类，B 中的元素作 x，A 中的元素作 y. 因此，共有 $N=3\times4+4\times3=24$ 个不同的点.

(2)第一象限的点的纵、横坐标均为正数，所以 x 和 y 只能取 A，B 中的正数. 因此，共有 $N=2\times2+2\times2=8$ 个第一象限的不同点.

【反思】某些较复杂的计数问题往往不是单纯的“分类”“分步”可以解决的，而是要将“分类”“分步”综合起来运用．一般来说，先“分类”，后“分步”，即在每一类中“分步”. 因而，问题的解决就得综合运用分类计数原理和分步计数原理.

认知强化训练

1. 有 3 本不同的书，一个人去借，至少借一本的方法有(　　)

A. 3 种　　B. 6 种　　C. 7 种　　D. 9 种

2. 5 名女生和 4 名男生，组成羽毛球混合双打代表队，不同的组队方法数为(　　)

A. 7　　B. 8　　C. 16　　D. 20

3. 由 1，2，3，4 这四个数字可以组成多少个没有重复数字的四位数(　　)

A. 24　　B. 12　　C. 8　　D. 4

4. 现有不同颜色的上衣 4 件与不同颜色的裤子 3 条，如果一件上衣与一条裤子配成一套，则不同的配法种数为(　　)

A. 7　　B. 12　　C. 64　　D. 81

5. 把 3 封信投入到 4 个信箱中，不同的投法种数为________.

6. 用 0，1，2，3，…，9 这 10 个数字能构成首位允许为 0 的 7 位电话号码的个数是________.

7. 从 3，5，7，9 这 4 个数字中每次取出两个数字相乘，所得的积共有________个.

8. 由 0，1，2，5 可以组成________个比 500 大的没有重复数字的自然数.

9. 书架上有不同的语文书 5 本，不同的英语书 7 本，不同的数学书 9 本，从中取出不同科目的 2 本书，有多少种不同的取法？

10. 4 张卡片的正面和反面分别写有 0 与 1，2 与 3，4 与 5，6 与 7，将其中 3 张卡片排放在一起，可以组成多少个不同的三位数？

§ 10.2(1) 概率(1)

学习目标点击

1. 理解必然事件、不可能事件和随机事件的含义.
2. 理解随机试验的含义.
3. 掌握样本空间的概念，并会写出随机试验的样本空间.

知识要点聚焦

知识要点一 随机事件的概念

1. 必然事件

在一定条件下，必然发生的事件叫做必然事件，常用大写字母 Ω 或 U 表示.

2. 不可能事件

在一定条件下，不可能发生的事件叫做不可能事件，常用空集符号 $\varnothing$ 表示.

3. 随机事件

在一定条件下，可能发生也可能不发生的事件，叫做随机事件，随机事件具有“发生不确定性”的特点. 必然事件、不可能事件和随机事件统称为事件，一般用大写字母 A，B，C，…表示. 如事件 $A=\{$正面朝上$\}$，$B=\{$反面朝上$\}$.

知识要点二 随机试验

如果在相同的条件下试验可以重复进行，试验的所有可能结果是已知的，并且不止一种，每次试验总是出现这些结果中的一种，但在试验之前却不能确定这次试验会出现哪一种结果，这样的试验叫做随机试验. 简称试验.

知识要点三 样本空间

一个随机试验的一切可能出现的结果构成的集合叫做这个试验的样本空间，通常用大写英文字母 U 或大写希腊字母 Ω 表示 . 每一个可能发生的结果是样本空间的一个元素，称为样本点. 只含有一个样本点的事件叫做基本事件，含有两个或两个以上样本点的事件，叫做复合事件.

题型分类剖析

题型一 随机事件、必然事件、不可能事件的概念

例 1 判断下列事件是随机事件，必然事件，还是不可能事件.

(1)若 $a>b$，则 $a+2>b+2$.

(2)抛两枚骰子，出现的点数之和为 8.

(3)若 x 为实数，则 $x^2<0$.

(4)某人购买福利彩票中奖.

(5)如果两条直线的斜率相等，则这两条直线平行或重合.

(6)若向量 $\boldsymbol{a}=(-3,1)$，$\boldsymbol{b}=(1,3)$，则 $\boldsymbol{a}\perp\boldsymbol{b}$.

【分析】本题主要考查随机事件、必然事件、不可能事件的概念及对其判断的能力，当然可以依据这几个概念的定义来判断.

【解答】事件(2)和(4)是随机事件；

事件(1)、(5)和(6)是必然事件；

事件(3)是不可能事件.

【反思】解答此类题的关键在于正确理解随机事件、必然事件和不可能事件的定义，尤其要注意事件在一定条件下发生与否，是对应于某个条件而言的. 如第(6)题改为"任给两个向量 $\boldsymbol{a}$ 和 $\boldsymbol{b}$，则 $\boldsymbol{a}\perp\boldsymbol{b}$"就是一个随机事件.

题型二 写随机试验的样本空间

例 2 从含有两件正品 a，b 和一件次品 c 的 3 件产品中每次任取一件，每次取出后不放回，连续取两次. 试写出该试验的样本空间.

【分析】在 3 件产品中每次任取一件，每次取出后不放回，连续取两次，因此这两次不可能取到同一件产品，而应该是两件不同的产品.

【解答】因为每次取出后不再放回地连续取两次，所以一切可能的结果组成的样本空间为

$$U=\{(a,b),(a,c),(b,a),(b,c),(c,a),(c,b)\}.$$

其中小括号内左边的字母表示第一次取出的产品，右边的字母表示第二次取出的产品.

【反思】写试验的样本空间就是要写出该试验的所有可能结果于大括号中，要做到不重复不遗漏.

认知强化训练

1. 下列事件是随机事件的是(　　)

A. 在标准大气压下，水加热到100 ℃沸腾

B. 没有水，种子也能发芽

C. 某汽车司机驾车通过几个交通路口都将遇到绿灯

D. 每一条直线都有倾斜角

2. 下列关于不可能事件的叙述，正确的是(　　)

A. 不可能事件改变条件后永远不可能发生

B. 不可能事件是指在一定条件下不可能发生的事件

C. 不可能事件是指在一定条件下可能发生也可能不发生的事件

D. 不可能事件是指在一定条件下不可能不发生的事件

3. 复合事件包含的样本点的个数为(　　)

A. 一个　　B. 两个　　C. 三个　　D. 两个或两个以上

4. 下列说法正确的是(　　)

A. 含有两个样本点的事件叫做基本事件

B. 常用空集符号$\varnothing$表示必然事件

C. 常用英文大写字母U或大写希腊字母Ω表示不可能事件

D. 在标准大气压下水加热到50 ℃沸腾，是不可能事件

5. 在随机试验中，每一种可能发生的结果，叫做一个________.

6. 做抛掷一枚骰子的试验．出现的点数为偶数，这一事件是________(用“基本事件”或“复合事件”填空).

7. 做连续抛掷两枚硬币的试验，该试验的样本空间所包含的样本点的个数是________.

8. 在抛掷一枚硬币的试验中，样本空间$U=$________.

9. 写出从集合$A=\{a, b, c, d\}$中任取两个元素的试验的样本空间.

10. 布袋中装有3个小球，分别编号为1，2，3.

(1)从中任取1个球后，不放回地再从袋中取1个球，记录两次取球的结果，写出样本空间.

(2)从中任取1个球后，放回袋中再从袋中取1个球，记录两次取球的结果，写出样本空间.

(3)在第(1)题中，写出事件“两次取出的球的编号之和等于5”包含的基本事件.

§10.2(2) 概率(2)

学习目标点击

1. 了解概率的统计定义.
2. 正确理解古典概型的两个特点. 掌握古典概型的计算方法.
3. 培养数学应用能力以及发展类比、归纳、猜想等推理能力.

知识要点聚焦

知识要点一　概率的统计定义

1. 概率的统计定义

在大量重复进行同一试验时，事件 A 发生的频率$\frac{m}{n}$总是接近于某个常数 p，并在该常数 p 附近摆动，我们把这个常数叫做事件 A 的概率，记作 $P(A)=p$.

2. 理解概率的统计定义要注意以下几点

(1)在相同的条件下重复进行 n 次试验，观察某一事件 A 是否发生，则称 n 次试验中事件 A 发生的次数 m 为事件 A 发生的频数，称事件 A 发生的比例$\frac{m}{n}$为事件 A 发生的频率.

必然事件发生的频率为 1，不可能事件发生的频率为 0.

(2)频率是概率的近似值，随着试验次数的增加，频率会越来越接近概率.

(3)频率是变化的. 它随着试验次数的变化而变化，概率是事件本身所固有的，不随试验次数的变化而变化，是一个确定的常数，它从数量上反映了随机事件发生的可能性的大小. 事件 A 的概率越大发生的可能性越大，反之越小.

知识要点二　概率的古典定义

1. 古典概型

如果随机试验(简称试验)满足以下两个条件：

(1)试验只含有限个样本点，即 $U=\{\omega_1, \omega_2, \cdots, \omega_n\}$(简称有限性).

(2)每个样本点 ω_1，ω_2，…，ω_n 对应的基本事件$\{\omega_1\}$，$\{\omega_2\}$，…，$\{\omega_n\}$发生的可能性

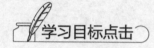

都相等(简称等可能性).

满足上述两个条件的随机试验叫做古典概型.

2. 概率的古典定义

在古典概型中，如果样本点的总数为 n，事件 A 包含 m 个样本点，则事件 A 的概率为

$$P(A)=\frac{m}{n}.$$

上述定义叫做概率的古典定义.

3. 理解概率的古典定义要注意以下几点

(1)概率的古典定义给出了古典概型的计算公式和方法.

(2)从集合的观点来看，事件 A 的概率是子集 A 的元素(样本点)个数[记作 $\mathrm{card}(A)$]与集合 U 的元素个数[$\mathrm{card}(U)$]的比值. 即

$$P(A)=\frac{\mathrm{card}(A)}{\mathrm{card}(U)}=\frac{m}{n}.$$

(3)在样本点总数为 n 的古典概型中. 每个样本点发生的概率为 $\frac{1}{n}$.

题型分类剖析

题型一 计算事件发生的频率

例1 某射手在同一条件下进行射击，成绩如下：

射击次数 n	10	20	70	100	200	400	500	600
击中靶心次数 m	5	11	34	52	101	199	251	302

(1)计算表中各次击中靶心的频率(保留两位小数).

(2)这个射手射击一次，击中靶心的概率是多少?

【分析】击中靶心的频率$=\frac{\text{击中靶心的次数 } m}{\text{射击次数 } n}$.

【解答】(1)因为 $\frac{5}{10}=0.50$，$\frac{11}{20}=0.55$. $\frac{34}{70}\approx0.49$，$\frac{52}{100}=0.52$，$\frac{101}{200}\approx0.51$，$\frac{199}{400}\approx0.50$. $\frac{251}{500}\approx0.50$，$\frac{302}{600}\approx0.50$，所以各次击中靶心的频率分别如下：

射击次数 n	10	20	70	100	200	400	500	600
击中靶心次数 m	5	11	34	52	101	199	251	302
击中靶心的频率 $\frac{m}{n}$	0.50	0.55	0.49	0.52	0.51	0.50	0.50	0.50

(2)由上表可知，这个射手击中靶心的频率稳定在0.5左右，故这个射手射击一次，击中靶心的概率为0.5.

【反思】在n次重复试验中，事件A发生的次数m与重复试验的次数n的比值$\frac{m}{n}$，叫做事件A的频率. 频率与试验的次数有关，在实际问题中，通常事件的概率是未知的，常用频率作为它的估计值.

题型二　利用古典概型的概率公式求概率

例2　先后抛掷2枚均匀的硬币，考察它的正面和反面.

(1)出现“一枚正面，一枚反面”的概率是多少?

(2)出现“两枚正面”的概率是多少?

【分析】找出先后抛掷2枚均匀的硬币的所有可能出现的情况.

【解答】(1)抛掷1枚硬币有正面朝上、反面朝上两种可能，先后抛掷2枚硬币有四种可能的结果，即(正，正)，(正，反)，(反，正)，(反，反).

又因为事件“一枚正面，一枚反面”包含的样本点是(正，反)和(反，正)，样本点个数为2. 所以出现“一枚正面，一枚反面”的概率为$\frac{2}{4}=\frac{1}{2}$.

(2)事件“两枚正面”包含的样本点是(正，正)，其个数为1，故出现“两枚正面”的概率为$\frac{1}{4}$.

【反思】利用古典概型求概率的关键在于求样本空间以及事件A所包含的样本点的个数，首先要看试验是否是古典概型.

例3　一个袋子里装有大小相同的1个红球和编有不同号码的3个黄球，从中摸出2个球，求：摸出两个黄球的概率是多少?

【分析】因为4个球的大小相同，所以每个球被摸出的可能性相同. 且样本点的总数有限，故属于古典概型，可以用古典概型的概率公式求概率.

【解答】从装有4个球的袋子里摸出2个球，共有(红，黄1)，(红，黄2)，(红，黄3)，(黄1，黄2)，(黄1，黄3)，(黄2，黄3)六种可能的情况，即样本点的总数为6.

设事件$A=\{$摸出两个黄球$\}$，则事件A包含的样本点的个数为3，所以$P(A)=\frac{3}{6}=\frac{1}{2}$.

【反思】求古典概型的概率大体上可分为这样几个步骤：①反复阅读题目，理解题意；②用字母表示所求事件；③计算样本点的总数n以及所求事件A包含的样本点的个数m；④计算事件A的概率$P(A)=\frac{m}{n}$.

认知强化训练

1. 在小于10的自然数中任取一个数，它是偶数的概率是(　　)

A. $\frac{1}{10}$　　B. $\frac{1}{5}$　　C. $\frac{1}{2}$　　D. 1

2. 文秘(2)班有学生45人，其中女生30人，男生15人，从中任选一人参加市级职业技能大赛，选到女生的概率是(　　)

A. $\frac{2}{3}$　　B. $\frac{1}{3}$　　C. $\frac{1}{2}$　　D. 1

3. 掷一枚骰子，出现的点数为奇数的概率是(　　)

A. $\frac{1}{6}$　　B. $\frac{1}{3}$　　C. $\frac{1}{2}$　　D. $\frac{2}{3}$

4. 将一枚均匀的硬币抛掷两次，正好出现两次正面向上的概率是(　　)

A. $\frac{1}{36}$　　B. $\frac{1}{4}$　　C. $\frac{1}{6}$　　D. $\frac{1}{2}$

5. 若书架上有中文书4本，英文书3本，法文书3本，从中任意抽出1本，则抽到外文书的概率是________.

6. 100件产品中恰有10件次品，从中任意选出1件，则选出正品的概率是________.

7. 从编号为1号至100号的100张小卡片中任取1张，取到的小卡片的编号是12的倍数的概率是________.

8. 从1，2，3，…，40这40个数中任意摸出一个数，则这个数能被5整除的概率是________.

9. 从不包括大小王的一副52张的扑克牌中随机取出一张，取到红色牌(即方片和红桃)的概率是多少？

10. 已知集合 $A=\{-9, -7, -5, -3, -1, 0, 2, 4, 6, 8\}$. 在平面直角坐标系中，点 $M(x, y)$ 的坐标 $x\in A$，$y\in A$，且 $x\neq y$.

(1)求点 $M(x, y)$ 不在 x 轴上的概率.

(2)求点 $M(x, y)$ 在第二象限的概率.

§10.2(3) 概率(3)

学习目标点击

1. 理解事件的关系及其运算.

2. 理解概率的几个基本性质.

3. 掌握互斥事件的概率加法公式、对立事件的概率计算公式以及概率的一般加法公式.

4. 培养分析和解决问题的能力.

知识要点聚焦

知识要点一　事件的关系及其运算

1. 包含关系

对于事件 A 与事件 B，如果事件 A 发生，那么事件 B 一定发生，则称事件 B 包含事件 A(或称事件 A 包含于事件 B)，记作 $B\supseteq A$(或 $A\subseteq B$)，如图 10.2(3)-1 所示.

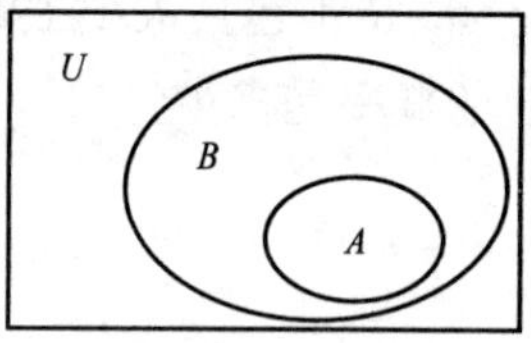

图 10.2(3)-1

2. 相等关系

若事件 $B\supseteq A$ 且 $A\supseteq B$，则称事件 A 与事件 B 相等，记作 $A=B$. 其本质是：事件 A 与事件 B 为同一事件.

3. 事件的和(或并)

“事件 A 与事件 B 至少有一个发生”这一事件称为事件 A 与 B 的和(或并)，记作 $A+B$(或 $A\cup B$).

事件的和(或并)有如下结论：

(1) $A+B\supseteq A$，$A+B\supseteq B$.

(2) $A+B=A$，$A+\Omega=\Omega$，$A+\varnothing=A$.

(3) $A+B=B+A$.

4. 事件的积(或交)

“事件 A 与 B 同时发生”这一事件叫做事件 A 与事件 B 的积(或交)，记作 AB(或 $A\cap B$). 如图 10.2(3)-2 所示.

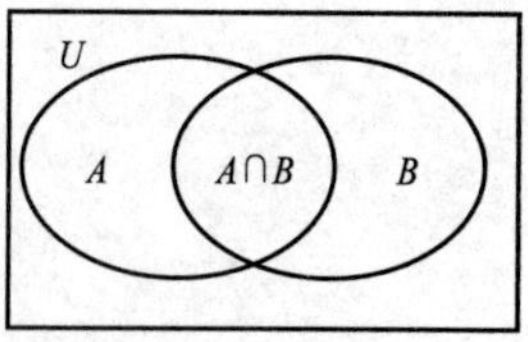

图 10.2(3)-2

事件的积(或交)有如下结论：

(1)$AB \subseteq A$，$AB \subseteq B$.

(2)$AA=A$，$A\Omega=A$，$A\varnothing=\varnothing$.

(3)$A \cap B=B \cap A$.

5. 互斥事件

如果 AB 为不可能事件(即 $AB=\varnothing$)，那么称事件 A 与事件 B 互斥．其含义是：事件 A 与事件 B 在试验中不会同时发生．事件 A 与 B 互斥，又称事件 A 与 B 互不相容，即互斥事件又叫互不相容事件．如图 10.2(3)-3 所示.

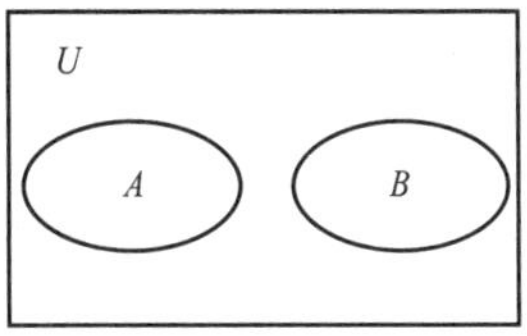

图 10.2(3)-3

6. 对立事件

如果事件 A 与 B 满足 $A \cap B$ 为不可能事件，$A \cup B$ 为必然事件，即满足 $A \cap B=\varnothing$ 且 $A \cup B=\Omega$，那么称事件 A 与事件 B 互为对立事件(或逆事件)．其含义是：事件 A 与事件 B 在试验中有且仅有一个发生，如图 10.2(3)-4 所示.

事件 A 的对立事件记作 $\overline{A}$.

对立事件有如下结论：

(1)$A \cup \overline{A}=\Omega$.

(2)$A \cap \overline{A}=\varnothing$.

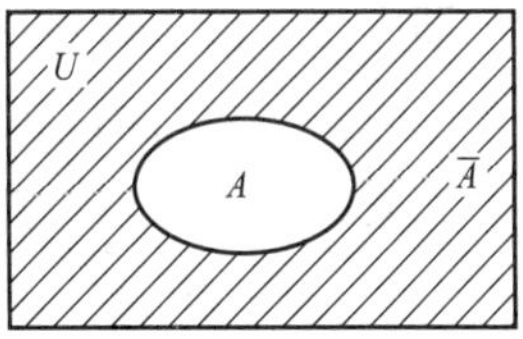

图 10.2(3)-4

7. 事件与集合之间的对应关系

试验可能出现的结果的全体可以看成一个集合，即样本空间(全集)，每个事件都可以看成全集的一个子集．由此，可得事件与集合之间的对应关系，见表 10.2(3)-1.

表 10.2(3)-1　事件与集合之间的对应关系

符号	概率	集合
Ω	必然事件(样本空间)	全集
$\varnothing$	不可能事件	空集
ω	试验的可能结果(样本点)	元素
A	事件	Ω 的子集
$A \subseteq B$	事件 B 包含事件 A	集合 B 包含集合 A

续表

符号	概率	集合
$A=B$	事件 A 与事件 B 相等	集合 A 与集合 B 相等
$A+B$ 或 $A\cup B$	事件 A 与事件 B 的和	集合 A 与集合 B 的并集
AB 或 $A\cap B$	事件 A 与事件 B 的积	集合 A 与集合 B 的交集
$AB=\varnothing$	事件 A 与事件 B 互斥	集合 A 与集合 B 的交为空集
$\overline{A}$ 或 $\complement_U A$	事件 A 的对立事件 $\overline{A}$	集合 A 的补集 $\complement_U A$
注：对立事件的符号表示与补集的符号表示不同．		

知识要点二　概率的几个基本性质及计算公式

1. 概率的几个基本性质和计算公式

(1)概率的几个基本性质：

①$0\leqslant P(A)\leqslant 1$，即任一事件 A 的概率 $P(A)\in[0, 1]$.

②$P(\Omega)=1$，即必然事件 Ω 的概率为 1.

③$P(\varnothing)=0$，即不可能事件$\varnothing$的概率为 0.

(2)互斥事件的概率加法公式：

如果事件 A 与 B 互斥，则 $P(A+B)=P(A)+P(B)$.

即两个互斥事件的和的概率等于每个事件的概率的和.

(3)对立事件的概率计算公式：

如果事件 A 与 B 互为对立事件，则 $A+B=\Omega$，$P(A+B)=1$，于是 $P(A)+P(B)=1$，$P(A)=1-P(B)$. 因此，有 $P(A)=1-P(\overline{A})$.

(4)概率的一般加法公式：

对于任意两个事件 A 和 B，则 $P(A+B)=P(A)+P(B)-P(AB)$.

2. 理解概率的几个基本性质要注意以下几点

(1)若 $A\subseteq B$，则事件 A 发生 B 一定发生，但是当事件 B 发生时，A 不一定发生.

(2)若 $A=B$，则意味着事件 A 与 B 表示同一事件.

(3)$A\cup B$ 有三层含义：A 发生，B 不发生；A 不发生，B 发生；A，B 同时发生．即事件 A，B 中至少有一个发生.

(4) $A\cap B$ 是指 A 和 B 同时发生.

(5)A 与 B 互斥是指 A 与 B 不会同时发生．如果事件 A_1，A_2，…，A_n 中的任何两个都互斥，则称 A_1，A_2，…，A_n 彼此互斥，此时有 $P(A_1+A_2+\cdots+A_n)=P(A_1)+P(A_2)+\cdots+P(A_n)$.

(6)对立事件一定是互斥事件，但互斥事件不一定是对立事件.

(7)当一个事件的概率不易求得，但其对立事件的概率容易求得时，可利用对立事件的概率公式来求.

题型分类剖析

题型一　事件的关系与运算

例 1　某小组有 3 名男生和 2 名女生，从中任选两名同学去参加职业技能比赛，判断下列各对事件是否是互斥事件.

(1)恰有 1 名男生和恰有 2 名男生.

(2)至少有 1 名男生和至少有 1 名女生.

(3)至少有 1 名男生和全是男生.

(4)至少有 1 名男生和全是女生.

【分析】逐题判断题中各对事件是否会同时发生．若不可能同时发生，则为互斥事件，反之，不是互斥事件，

【解答】(1)是互斥事件.

在所选的 2 名同学中，“恰有 1 名男生”就是“1 名男生和 1 名女生”，它与“恰有 2 名男生”不可能同时发生，所以是一对互斥事件.

(2)不是互斥事件.

因为“至少有 1 名男生”包括“有 1 名男生，1 名女生”和“2 名都是男生”两种结果，与“至少有 1 名女生”可以同时发生，所以不是互斥事件.

(3)不是互斥事件.

因为“至少有 1 名男生”包括“有 1 名男生，1 名女生”和“2 名都是男生”两种情况，与“全是男生”可以同时发生，所以不是互斥事件.

(4)是互斥事件.

因为“至少有 1 名男生”和“全是女生”不可能同时发生，所以它们是互斥事件.

【反思】互斥事件又叫互不相容事件，是不可能同时发生的两个事件，互斥事件是概率知识中的重要概念，要正确理解并记忆.

题型二　利用概率的加法公式或对立事件的概率计算公式求概率

例 2　甲、乙两人下棋，和棋的概率是$\frac{1}{2}$，甲获胜的概率是$\frac{1}{3}$.

(1)求乙获胜的概率.

(2)求乙不输的概率.

【分析】乙获胜、和棋、甲获胜是不可能同时发生的，它们彼此互为互斥事件.

【解答】(1)因为“乙获胜”是“和棋或甲获胜”的对立事件，

所以乙获胜的概率 $P=1-\left(\frac{1}{2}+\frac{1}{3}\right)=\frac{1}{6}$.

(2)解法 1：设事件 $A=\{$乙不输$\}$，$B=\{$乙胜$\}$，$C=\{$和棋$\}$，则 $A=B+C$.

又因为 B 与 C 互斥，所以 $P(A)=P(B+C)=P(B)+P(C)=\frac{1}{6}+\frac{1}{2}=\frac{2}{3}$.

解法 2：设事件 $A=\{$乙不输$\}$，$B=\{$甲胜$\}$，则 A 是 B 的对立事件.

故 $P(A)=1-\frac{1}{3}=\frac{2}{3}$.

【反思】求较复杂事件的概率通常有两种方法：一是将所求事件转化成彼此互斥的事件的和，二是利用对立事件的概率计算公式来求，互斥事件是指两个事件不能同时发生，对立事件中的两个事件必有一个发生.

例 3 某射手在一次射击中射中 10 环、9 环、8 环、8 环以下的概率分别是 0.25，0.29，0.18，0.28. 计算该射手在一次射击中：

(1)射中 9 环或 10 环的概率.

(2)至少射中 8 环的概率.

(3)射中环数不足 9 环的概率.

【分析】射中 10 环、射中 9 环、射中 8 环、射中 8 环以下彼此互为互斥事件，可以运用互斥事件的概率加法公式来求概率.

【解答】记事件 $A=\{$射中 10 环$\}$，$B=\{$射中 9 环$\}$，$C=\{$射中 8 环$\}$，$D=\{$射中 8 环以下$\}$，则 A，B，C，D 两两互斥.

(1)因为 $A+B=\{$射中 9 环或 10 环$\}$，所以 $P(A+B)=P(A)+P(B)=0.25+0.29=0.54$，即射中 9 环或 10 环的概率为 0.54.

(2)因为 $A+B+C=\{$至少射中 8 环$\}$，所以 $P(A+B+C)=P(A)+P(B)+P(C)=0.25+0.29+0.18=0.72$，故至少射中 8 环的概率是 0.72.

(3)因为 $C+D=\{$射中环数不足 9 环$\}$，所以 $P(C+D)=P(C)+P(D)=0.18+0.28=0.46$，故射中环数不足 8 环的概率为 0.46.

【反思】解答本题的关键在于正确理解 $A+B$，$A+B+C$ 以及 $C+D$ 的含义；公式 $P(A+B)=P(A)+P(B)$ 只有在 A 与 B 互斥时才能使用. 关于“至多”与“至少”型问题的求解，常使用对立事件的概率计算公式.

认知强化训练

1. 设 A 与 B 是对立事件，则下列命题正确的是(　　)

   A. 一次试验后，A 发生但 B 不发生

   B. 一次试验后，B 发生但 A 不发生

   C. 一次试验后，A 与 B 都发生

   D. 一次试验后，A 与 B 只有 1 个且必有 1 个发生

2. 设事件 $A=\{$甲发生$\}$，$B=\{$乙发生$\}$，则 AB 表示(　　)

   A. 甲与乙至少有一个发生　　B. 甲与乙都发生(同时发生)

   C. 甲与乙最多有一个发生　　D. 甲发生但乙不发生

3. 抽查 100 件新产品，设事件 $A=$\{至少有两件次品\}，则 $\overline{A}=$(　　)

A. \{至多有一件次品\}　　B. \{至多有两件次品\}

C. \{至少有两件次品\}　　D. \{至多有两件正品\}

4. 某种产品分为甲、乙、丙三级，其中乙、丙级品均属于次品，甲级品属于正品．若生产中出现乙级品的概率为 0.04，出现丙级品的概率为 0.03，则抽查这种产品 1 件，正好是正品的概率为(　　)

A. 0.97　　B. 0.96　　C. 0.93　　D. 0.92

5.“事件 A，B 至少有一个发生，而事件 C 不发生”可用字母表示为________.

6. 从一副 52 张的扑克牌(没有大王和小王)中，任取一张得红桃或梅花的概率是________.

7. 将一枚骰子抛掷一次，得到的点数不大于 2 的概率是________.

8. 若事件 A 与 B 互斥，且 $P(A)=0.2$，$P(A+B)=0.83$，则 $P(B)=$________.

9. 某人去大连出差参加一个国际性会议，他乘轮船、汽车、火车、飞机去的概率分别是 0.2，0.4，0.3，0.1.

(1)他乘汽车或飞机去的概率是多少?

(2)他不乘火车去的概率是多少?

10. 盒子中共装有 10 只球，其中有 4 只红球，3 只白球，3 只黄球，从中任取一球.

(1)求取出的一球为红球或白球的概率.

(2)求取出的一球不是白球的概率.

§10.3 总体、样本与抽样方法

学习目标点击

1. 理解总体、样本和随机抽样的概念.
2. 掌握简单随机抽样的两种方法.

3. 理解系统抽样的概念，掌握系统抽样的一般步骤.

4. 理解分层抽样的概念，掌握分层抽样的一般步骤.

5. 感受数学在实际生活中的应用，体会现实世界和数学知识的联系，体会用样本估计总体的数学思想.

知识要点聚焦

知识要点一　总体、样本和随机抽样的概念

1. 总体和个体

在统计中，所考察对象的某一数量指标的全体叫做总体，构成总体的每一个元素叫做个体. 例如：考察一批炮弹的杀伤半径，则炮弹杀伤半径的全部数据就是总体，每发炮弹的杀伤半径就是个体.

2. 样本

从总体中所抽取的一部分个体的集合叫做总体的一个样本，样本中所包含的个体数目称为样本容量.

3. 随机抽样

在抽取样本的过程中，每一个体都可能被抽到，并且每一个体被抽到的机会是均等的，这样的抽样叫做随机抽样，这样抽取出来的样本叫做随机样本.

知识要点二　简单随机抽样

1. 简单随机抽样的定义

设总体中含有 N 个个体，从中逐个不放回地抽取 n 个个体作为样本($n\leqslant N$). 如果每次抽取时总体内的各个个体被抽到的机会都相等，则把这种抽样方法叫做简单随机抽样. 用简单随机抽样得的样本叫做简单随机样本.

使用简单随机抽样，要注意以下几点：

(1)在抽样调查中使用的是不放回抽样.

(2)抽取的样本的总体个数有限，并且是从总体中逐个的进行抽取.

(3)每次抽取时，总体中的各个个体被抽到的可能性相等.

2. 简单随机抽样的常用方法

(1)抽签法. 先将总体中的所有个体(共有 N 个)编号(号码可以从 1 到 N)，并把号码写在形状、大小相同的号签上(号签可用卡片、纸条或小球等制作)，然后将这些号签放在同一个箱子里搅拌均匀，抽签时，每次从中抽出 1 个号签，连续抽取 n 次，就得到一个容量为 n 的样本，这就是抽签法，抽签法又叫抓阄法，简便易行，当总体的个体数不多时，

适宜采用这种方法.

(2)随机数法. 先将总体中的所有个体编号，然后选定随机号的范围，借助计算器上的随机数功能产生 n 个有效的随机号(范围之外或重复的号无效)，得到一个容量为 n 的样本.

知识要点三　系统抽样

1. 系统抽样的定义

当总体中的个体数较多时，可将总体分成均衡的几个部分，然后按预先定出的规则，从每一部分抽取一个个体，得到所需要的样本，这种抽样方法叫做系统抽样.

2. 系统抽样的步骤

假设从容量为 N 的总体中抽取容量为 n 的样本.

(1)编号：先将总体中的 N 个个体编号.

(2)确定分段间隔 k：若 $k=\frac{N}{n}$ 为整数，则分段间隔为 k；若 $\frac{N}{n}$ 不是整数，则先用简单随机抽样的方法．从总体中剔除一些个体，使剩下的总体中的个体数 N' 能被 n 整除，这时 $k=\frac{N'}{n}$. 根据分段间隔 k 的值，对编号进行分段.

(3)确定起始个体的编号：在第1段用简单随机抽样的方法确定第1个个体编号 $a(a\leqslant k)$.

(4)按照一定的规则抽取样本：常常是将 a 加上间隔 k 得到第2个个体编号 $(a+k)$，再加 k 得到第3个个体编号，依次进行，直到获得整个样本，样本的编号依次为 a，$a+k$，$a+2k$，…，$a+(n-1)k$.

知识要点四　分层抽样

1. 分层抽样的定义

当已知总体由差异明显的几部分组成时，为了使样本更充分地反映总体的情况，常将总体分成几部分，然后按照各部分在总体中所占的比例进行抽样，这种抽样方法叫做分层抽样，所分成的各个部分叫做层.

2. 分层抽样的步骤

(1)将总体按一定标准进行分层，即将总体分成互不相交的层.

(2)根据总体中的个体数 N 和样本容量 n，计算抽样比 $k=\frac{N}{n}$.

(3)确定第 i 层应该抽取的个体数目 $n_i=N_i\times k$(N_i 为第 i 层所包含的个体数)，要注意的是所有 n_i 之和为 n.

(4)在各层中，按第(3)步确定的个体数目在各层中随机抽取个体，合在一起即得到容量为 n 的样本.

题型分类剖析

题型一　简单随机抽样

例 1　下列抽取样本的方法是简单随机抽样吗？为什么？

(1)从无限多个个体中抽取 200 个个体作为样本.

(2)盒子中有 100 个乒乓球，从中选出 20 个乒乓球进行质量检验. 在抽样时，从中任意拿出一个乒乓球进行检验后，又把它放回盒子中.

(3)从 500 个零件中，一次性抽取 10 个作为样本.

(4)从全班 43 名学生中指定成绩最好的 5 名学生参加学校组织的某项活动.

【分析】利用简单随机抽样的定义来解答，

【解答】(1)不是简单随机抽样，由于不符合"总体中个体数量有限"这一特点.

(2)不是简单随机抽样，由于不符合"无放回"抽样这一特点.

(3)不是简单随机抽样，由于不符合简单随机抽样的"逐个抽取"的特点.

(4)不是简单随机抽样，由于不符合简单随机抽样的"等可能性"的特点，因为 5 名学生不是随机抽取的，而是指定的.

【反思】简单随机抽样有如下四个特点：①无放回抽样；②总体中个体数量有限；③逐个抽取；④每个个体被抽到的可能性相等，即等可能性. 另外，"一次性"抽取和"逐个"抽取不影响个体被抽到的可能性，但一次性抽取不符合简单随机抽样的定义.

题型二　系统抽样和分层抽样

例 2　某中职学校共有 1 500 人，其中一年级 600 人，二年级 500 人，三年级 400 人，现要从全校学生中抽取 150 人参加市级职业技能测试. 请分别用系统抽样和分层抽样的方法，从 1 500 名学生中抽取一个容量为 150 的样本，要求写出抽样过程.

【分析】按照系统抽样和分层抽样的步骤进行抽样.

【解答】(1)系统抽样：

先将 1 500 名学生随机编号：1，2，…，1 500. 再将 1 500 个学生按 1～10，11～20，…，1 491～1 500，分成 150 组，每组 10 人. 在第 1 组 1～10 号内用简单随机抽样确定起始的个体编号，比如是 5 号学生. 从 5 号起，每隔 10 个号码抽取一个，按顺序地抽取编号分别为下面数字的 150 名学生：

5，5+10，5+20，…，5+1 490，即 5，15，25，…，1 495.

(2)分层抽样：

先将总体按年级分为三层：一年级有 600 人，分别按 1，2，3，…，600 编号；二年级有 500 人，分别按 1，2，3，…，500 编号；三年级有 400 人，分别按 1，2，3，…，400 编号. 由于总体中的个体数与样本容量之比为 10∶1，所以用简单随机抽样或系统抽样的方法，在一年级抽取 60 人，在二年级抽取 50 人，在三年级抽取 40 人．这样就可得到一个容量为 150 的样本．

【反思】当总体中所含个体数较多时，采用简单随机抽样的方法比较麻烦，这时可以采用系统抽样的方法．当总体是由差异明显的几部分组成时，可采用分层抽样法．在系统抽样中，若样本容量为 n，则分成 n 组．

认知强化训练

1. 为了解某校 1 200 名学生的身高，从中抽测了 100 名学生的身高．在这里，100 名学生的身高是(　　)

A. 个体　　B. 总体

C. 样本容量　　D. 总体的一个样本

2. 下列抽样，适合用抽签法的是(　　)

A. 从 4 000 只灯泡中抽取 500 只进行质量检测

B. 从某厂生产的两件共 30 个产品中抽取 5 个进行质量检测

C. 从甲、乙两厂生产的两件共 30 个产品中抽取 5 个进行质量检测

D. 从 4 000 只灯泡中抽取 10 只进行质量检测

3. 在简单随机抽样中，某一个个体被抽到的可能是(　　)

A. 与第 n 次抽样有关，第一次被抽中的可能性大些

B. 与第 n 次抽样有关，最后一次被抽中的可能性较大

C. 与第 n 次抽样无关，但各次被抽中的可能性不一样

D. 与第 n 次抽样无关，每次被抽中的可能性相等

4. 系统抽样又称为(　　)

A. 等距抽样　　B. 简单随机抽样

C. 分层抽样　　D. 类型抽样

5. 在一次系统抽样中，样本容量为 5，样本的编号依次为 2，m，18，n，34，则 $m+n=$________．

6. 一批零件共有 5 000 个，其中优等品 4 800 个．现采用分层抽样的方法抽取一个容量为 250 的样本，则应该从优等品中抽取的产品的个数是________．

7. 一种有奖的明信片，有 1 000 000 个有机会中奖的号码(编号为 000000～999999)，有关部门按照随机抽取的方式确定后两位是 79 的作为中奖号码，这是运用了________的抽样方法．

8. 某校为了解文秘专业 680 名学生对专业技能实训课的意见，准备从中抽取一个容量为 20 的样本，考虑用系统抽样的方法，则分段的间隔为________．

9. 从某汽车制造公司生产的 903 辆新汽车中随机抽取 90 辆进行某项性能的测试，请选择合理的抽样方法，并写出抽样过程．

10. 某工厂共有职工 100 人，其中青年职工 40 人，中年职工 40 人，老年职工 20 人，现要从中随机抽取 10 人参加职工代表大会. 请选用合理的抽样方法，并写出抽样过程.

§10.4(1)　用样本估计总体(1)

学习目标点击

1. 掌握列频率分布表、画频率分布直方图的步骤，会列频率分布表，会画频率分布直方图.

2. 会用样本频率分布表、频率分布直方图估计总体分布.

3. 培养耐心细致、严谨认真的科学态度.

知识要点聚焦

知识要点一　频数与频率

将一批数据按要求分成若干组，各组内数据的个数，叫做该组的频数. 每组频数除以全体数据的个数的商叫做该组的频率，它反映了数据在每组中所占比例的大小.

知识要点二　频率分布

根据随机抽样抽取的样本的大小，分别计算某一事件出现的频率，这些频率的分布规律(取值状况)就叫做样本的频率分布. 为了能直观地显示样本的频率分布情况，通常我们会将样本的容量、样本中出现该事件的频数以及计算所得的相应频率和累积频率列在一张表中，这张表叫做样本频率分布表，简称频率分布表.

知识要点三　频率分布表

从一个总体中得到一个包含大量数据的样本时，我们很难从一个个数字中直接看出样本所包含的信息，如果知道了这些数据的频数分布或频率分布，就可以比较清楚地看出样本数据的特征，从而估计总体的分布情况，而对于总体分布，我们常用样本频率分布表或频率分布直方图对它进行估计.

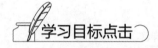

频率分布表的列法如下：

(1)计算极差，即一组数据的最大值与最小值之差.

(2)决定组距 h 和组数 k.

①组距与组数的确定没有固定的标准，将数据分组时，组距和组数应力求合适，以便让数据的分布规律比较清楚地呈现出来．数据分组的组数与样本容量有关，一般来说样本容量越大，分的组数也就越多．如果样本容量不超过100，通常分成5～12组.

②组距是指所分的每个小组的两个端点之间的距离．极差、组距与组数之间有如下关系：若$\frac{极差}{组距}$为整数，则$\frac{极差}{组距}=$组数；若$\frac{极差}{组距}$不为整数，则$\frac{极差}{组距}$用收尾法取近似所得的整数为组数.

(3)决定分点

决定分点时，使分点比数据多一位小数，并把第1组的起点稍微减小一点，这样可以避免样本数据落在分组的端点上．分组时，通常对数值所在区间取左闭右开区间，最后一组取闭区间.

(4)统计频数，计算频率.

$$频率=\frac{频数}{样本容量}.$$

(5)列出频率分布表.

在频率分布表中，从左边第1列开始至第5列，依次为“分组”“频数累计”“频数”“频率”和“累积频率”共五项，将相应的数值填入表中就得到了频率分布表.

知识要点四　频率分布直方图

利用直方图反映样本的频率分布规律，这样的直方图叫做频率分布直方图，简称频率直方图.

频率分布直方图的绘制方法与步骤：

(1)制作频率分布表.

(2)作平面直角坐标系，在横轴上描出各分点，纵轴表示$\frac{频率}{组距}$. 作出相应的直方图，即得所要作的频率分布直方图.

关于频率分布直方图有如下结论：

①频率＝小矩形的面积＝组距×$\frac{频率}{组距}$. 各小矩形的面积表示相应各组的频率．频率直方图以面积的形式反映了数据落在各小组内的频率大小.

②在频率分布直方图中，所有小矩形的面积之和为1.

③从频率分布直方图中，可以清楚地看到数据分布的总体规律，但是从频率分布直方图中得不到原始数据．也就是说，把数据表示成频率分布直方图后，原有的具体数据信息就抹掉了.

题型分类剖析

题型一　列频率分布表、画频率分布直方图

例 1　在某职业学校模具设计与制造专业中随机抽取了 100 名学生参加一项职业技能测试，成绩的分组及各组频数如下：

[40，50)，2；　　[50，60)，4；　　[60，70)，21；

[70，80)，28；　　[80，90)，30；　　[90，100]，15.

(1)列出样本的频率分布表.

(2)画出频率分布直方图.

(3)估计成绩低于 80 分的概率.

【分析】分组及各组的频数已经给定，只要计算出各组的频率和累计频率并列表表示即可.

【解答】(1)频率分布表如表 10.4(1)-1 所示.

表 10.4(1)-1　频率分布表

分组	频数累计	频　数	频　率	累积频率
[40，50)	2	2	0.02	0.02
[50，60)	6	4	0.04	0.06
[60，70)	27	21	0.21	0.27
[70，80)	55	28	0.28	0.55
[80，90)	85	30	0.30	0.85
[90，100]	100	15	0.15	1.00
合计		100	1	

(2)根据频率分布表，作平面直角坐标系，以横轴表示成绩(分数)，纵轴表示$\frac{频率}{组距}$；在横轴上标注表示的点；在标注的各点中，分别以连接相邻两点的线段为底作矩形，其高等于该组的$\frac{频率}{组距}$，就得到了所作的频率分布直方图如图 10.4(1)-1 所示.

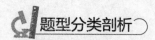

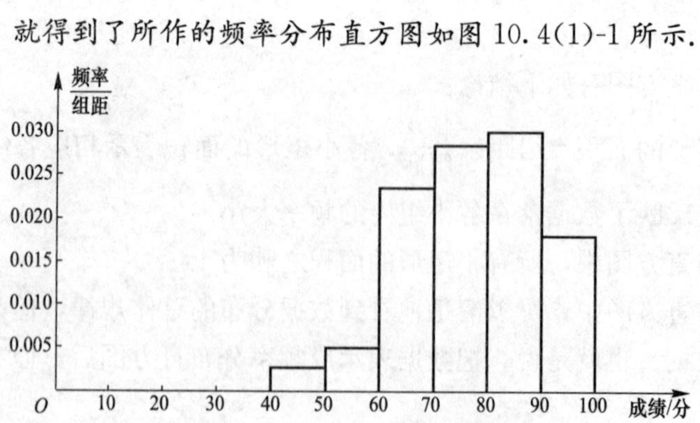

图 10.4(1)-1

(3)成绩高于或等于 80 分的频率是 0.30+0.15=0.45，故成绩低于 80 分的频率是 1−0.45=0.55，即成绩低于 80 分的概率约为 0.55.

【反思】画频率分布直方图时，必须先作出频率分布表，频率分布直方图中的纵轴表示 $\frac{频率}{组距}$，在画图之前先要计算出各组相应的 $\frac{频率}{组距}$ 的值.

题型二　频率分布的应用

例 2　图 10.4(1)-2 是容量为 100 的样本的频率分布直方图，根据图中的数据，求：

(1)样本数据落在[159.5，162.5)内的频率.

(2)样本数据落在[162.5，165.5)内的频数.

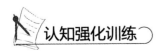

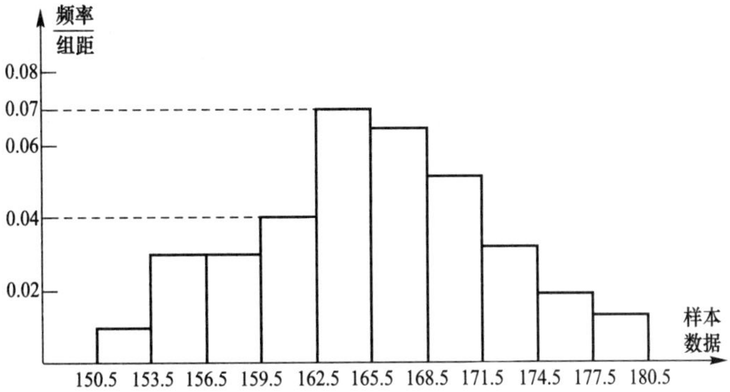

图 10.4(1)-2

【分析】频率 $=\frac{频率}{组距}\times$组距；根据频率 $=\frac{频数}{样本容量}$ 可知频数=频率×样本容量．由频率分布直方图可以看出，数据组[159.5，162.5)和[162.5，165.5)所对应的 $\frac{频率}{组距}$ 的值分别是 0.04 和 0.07.

【解答】(1)样本数据落在[159.5，162.5)内的频率为 0.04×3=0.12.

(2)样本数据落在[162.5，165.5)内的频率为 0.07×3=0.21.

又因为频率 $=\frac{频数}{样本容量}$，所以频数=频率×样本容量.

因此，样本数据落在[162.5，165.5)内的频数为 0.21×100=21.

【反思】正确理解在频率分布直方图中，频率 $=\frac{频率}{组距}\times$组距及频率 $=\frac{频数}{样本容量}$ 是解答此类题的关键，在画频率分布直方图时，各个小矩形的宽必须相等，即都等于组距.

认知强化训练

1. 关于频率分布直方图的下列说法，正确的是(　　)

A. 直方图的高表示该组上的个体在样本中出现的频率

B. 直方图的高表示某个数据的频率

C. 直方图的高表示该组上的个体在样本中出现的频率与组距的比值

D. 直方图的高表示该组上的个体与组距的比值

2. 一个容量为 20 的样本数据，数据的分组及各组的频数如下，则样本在[10, 50)内的频率为(　　)

分组	[10, 20)	[20, 30)	[30, 40)	[40, 50)	[50, 60)	[60, 70]
频数	2	3	4	5	4	2

A. 0.5　　B. 0.7　　C. 0.05　　D. 0.25

3. 在第 2 题中，试估计小于 40 的数据约为总体的(　　)

A. 25%　　B. 30%　　C. 45%　　D. 70%

4. 在一个容量为 50 的样本中，某组数据的频率为 0.12，则其频数为(　　)

A. 3　　B. 6　　C. 9　　D. 12

5. 将一个样本容量为 n 的样本分成若干组，已知某组的频率和频数分别是 0.15 和 6，则 $n=$________.

6. 将 100 个数据分成 7 组，其中有一组为 8 个数据，则该组的频数是________，频率是________.

7. 在样本的频率分布直方图中，各个小长方形的面积等于相应各组的________.

8. 200 辆汽车经过某一雷达测速地区，时速频率分布直方图如图 10.4(1)-3 所示，则时速不低于 60 km/h 的汽车为________辆.

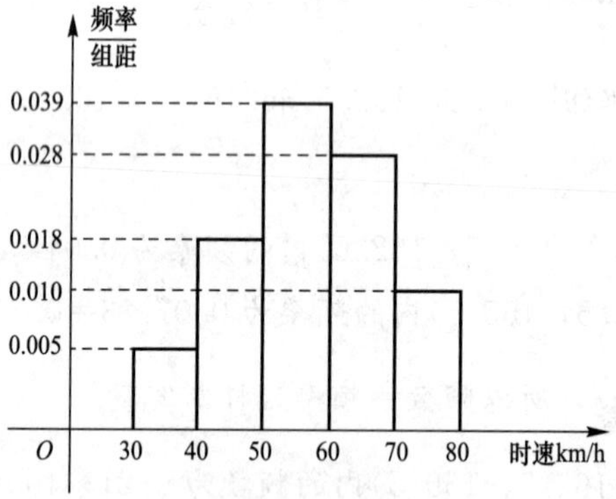

图 10.4(1)-3

9. 某个容量为 100 的样本的频率分布直方图如图 10.4(1) -4 所示，试求落在区间[4, 5)内的数据的频数.

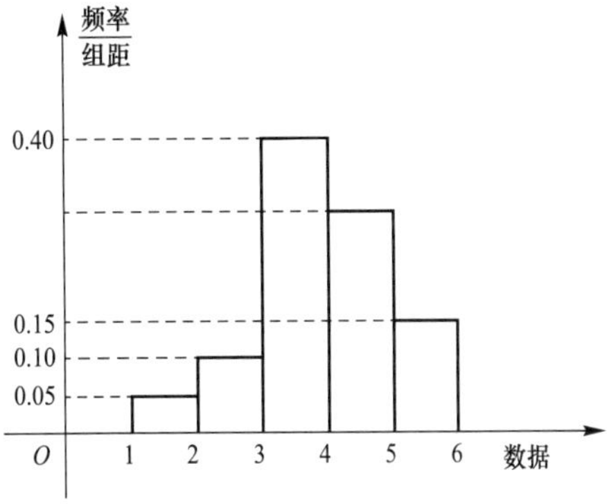

图 10.4(1)-4

10. 为了解一大片经济林的生长情况，随机测量其中的 100 株树木的底部周长，得到如下数据表(单位：cm)

135	98	102	110	99	121	110	96	100	103
125	97	117	113	110	92	102	109	104	112
109	124	87	131	97	102	123	104	104	128
105	123	111	103	105	92	114	108	104	102
129	126	97	100	115	111	106	117	104	109
111	89	110	121	80	120	121	104	108	118
129	99	90	99	121	123	107	111	91	100
99	101	116	97	102	108	101	95	107	101
102	108	117	99	118	106	119	97	126	108
123	119	98	121	101	113	102	103	104	108

(1)编制频率分布表.

(2)绘制频率分布直方图.

(3)估计该片经济林中底部周长小于 100 cm 的树木约占总体的百分数是多少？周长不小于 120 cm 的树木约占总体的百分数是多少？

§10.4(2)　用样本估计总体(2)

学习目标点击

1. 理解样本均值和总体均值，会用样本均值估计总体均值.

2. 理解样本标准差和方差的意义和作用，会计算样本标准差，并能用样本标准差估计总体标准差.

3. 体会从特殊到一般的数学思想方法，理解统计在社会生活中的重要作用.

知识要点聚焦

知识要点一　均值

如果有 n 个数 x_1，x_2，…，x_n，那么

$$\overline{x}=\frac{1}{n}(x_1+x_2+\cdots+x_n)=\frac{1}{n}\sum_{i=1}^{n}x_i$$

叫做这 n 个数的均值或平均数. 如果这 n 个数是从总体中抽取的一个样本，那么 $\overline{x}$ 叫做样本均值. 样本均值反映了样本数据的平均水平.

知识要点二　样本标准差和方差

1. 样本方差和标准差的计算公式

如果样本由 n 个数据 x_1，x_2，…，x_n 的组成，其均值为 $\overline{x}$，则

$$s^2=\frac{1}{n-1}[(x_1-\overline{x})^2+(x_2-\overline{x})^2+\cdots+(x_n-\overline{x})^2]$$

叫做样本方差.

$$s=\sqrt{\frac{1}{n-1}[(x_1-\overline{x})^2+(x_2-\overline{x})^2+\cdots+(x_n-\overline{x})^2]}$$

叫做样本标准差.

2. 理解样本标准差和方差要注意以下几点

(1)样本标准差和方差是描述样本数据围绕均值的波动大小和离散程度的统计量. 样本标准差或方差越大，样本数据的波动和离散程度越大. 标准差或方差越小，样本数据的波动和离散程度越小.

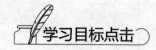

(2)样本标准差和方差的取值范围是$[0, +\infty)$，标准差的大小不会超过极差，标准差或方差为0时，样本数据全都相等，表明样本没有波动.

(3)样本方差与原始数据不同，并且平方后可能夸大了样本数据的离散与偏差程度，因此，虽然用方差和标准差来刻画样本数据的波动和离散程度是一样的，但是在解决实际问题时，一般采用样本标准差.

题型分类剖析

题型一　计算均值

例1　从某校2016年参加对口升学考试的考生成绩中随机抽取了20名考生的数学成绩，他们的成绩如下：(单位：分)

98	69	102	87	120	113	87	92	63	75
109	86	112	93	84	74	119	112	110	107

(1)计算样本均值.

(2)试估计该校在2016年对口升学考试中的数学平均成绩.

【分析】直接运用均值计算公式求解.

【解答】(1)$\overline{x}=\frac{1}{20}(98+69+102+\cdots+107)=\frac{1}{20}\times 1912=95.6$(分)，即样本均值为95.6分.

(2)因为样本均值为95.6分，所以可以估计总体均值约为95.6分，故该校在2016年对口升学考试中的数学平均成绩大约是95.6分.

【反思】一组数据x_1，x_2，…，x_n的均值的计算公式是$\overline{x}=\frac{1}{n}(x_1+x_2+\cdots+x_n)$. 在统计中，常用样本均值去估计总体均值.

题型二　计算样本标准差或方差

例2　从甲、乙两种树苗中各随机抽取10株，分别测得它们的株高如下(单位：cm)：

甲种树苗：41，25，37，40，42，21，19，39，22，14.

乙种树苗：16，44，27，27，16，44，40，16，40，40.

(1)哪种树苗长得高些?

(2)哪种树苗长得齐些?

【分析】比较甲、乙两种树苗哪种长得高，主要是比较它们的平均株高即均值；要比较哪种树苗长得整齐，只要比较两种树苗株高的方差或标准差.

【解答】(1)$\overline{x}_{甲}=\frac{1}{10}\times(41+25+37+40+42+21+19+39+22+14)=30$(cm)，

$\overline{x}_乙=\frac{1}{10}\times(16+44+27+27+16+44+40+16+40+40)=31(\text{cm})$.

由于$\overline{x}_乙>\overline{x}_甲$，故乙种树苗长得高些.

(2)$s_甲^2=\frac{1}{10-1}\times[(41-30)^2+(25-30)^2+(37-30)^2+(40-30)^2+(42-30)^2+(21-30)^2+(19-30)^2+(39-30)^2+(22-30)^2+(14-30)^2]\approx115.78(\text{cm}^2)$.

$s_乙^2=\frac{1}{10-1}\times[(16-31)^2+(44-31)^2+(27-31)^2+(27-31)^2+(16-31)^2+(44-31)^2-(40-31)^2+(16-31)^2+(40-31)^2+(40-31)^2]\approx143.11(\text{cm}^2)$.

由于$s_甲^2<s_乙^2$，所以甲种树苗长得齐些.

【反思】株高的均值越大，树苗越长得高些；株高的方差越小，树苗越长得齐些. 在实际生活中，总体的均值和方差或标准差往往难求，甚至不可求，通常的做法是用样本的均值和方差或标准差去估计总体的均值和方差或标准差. 只要样本的代表性好，这样做是合理的.

认知强化训练

1. 下列各量可以描述总体稳定性的统计量是（　　）

A. 样本均值 $\overline{x}$　　B. 总体均值

C. 样本方差 s^2　　D. 样本最大值

2. 从一大批红薯中任意抽取 5 只，测得其质量(单位：g)分别是：295，310，315，308，317，则它的样本方差是（　　）

A. 59.6　　B. 74.5　　C. 309　　D. 1 545

3. 已知样本数据 101，98，102，100，99，则这个样本的标准差是(　　)

A. 0　　B. 1　　C. $\frac{5}{2}$　　D. $\frac{\sqrt{10}}{2}$

4. 如果给定数组中每一个数都减去同一非零常数，则数据的(　　)

A. 均值改变，方差不变　　B. 均值改变，方差改变

C. 均值不变，方差不变　　D. 均值不变，方差改变

5. 已知 x_1，x_2…，x_6 的方差为 2，则 $2x_1$，$2x_2$，…，$2x_6$ 的标准差是________.

6. 已知样本 99，100，103，x 的均值是 100，则 $x=$________.

7. 一个样本的方差是 0，若样本中的第一个数是 a，那么这个样本的均值是________.

8. 样本的方差描述了一组数据围绕________波动的大小.

9. 假定以下数据是甲、乙两个供货商的交货天数：

甲	10	9	10	10	11	11	9	11	10	10
乙	8	8	14	10	11	10	7	15	12	10

估计两个供货商的交货情况，并问哪个供货商交货时间短一些，哪个供货商交货时间比较一致和可靠.

10. 甲、乙两机床同时加工直径为 100 mm 的零件，为检验质量，从中抽取 6 件测量数据为

甲	99	100	98	100	100	103
乙	99	100	102	99	100	100

(1)分别计算两组数据的平均数及方差.

(2)根据计算说明哪台机床加工零件的质量更稳定.

§ 10.5　一元线性回归

学习目标点击

1. 了解相关关系、回归分析、线性回归方程和散点图等概念.
2. 掌握散点图的画法和线性回归方程的求法，能应用线性回归方程解决有关问题.
3. 体会从特殊到一般的数学思想方法，理解统计在社会生活中的重要作用.

知识要点聚焦

知识要点一　变量间的相互关系

变量之间存在着两种关系：一种是确定性关系，另一种是非确定性关系.

(1)确定性关系. 变量之间的确定性关系又叫做函数关系，如正方形的边长 n 与面积 s 之间的函数关系.

(2)非确定性关系. 变量之间存在着关系，但又不具备函数关系所要求的确定性，它们的联系带有随机性，这就是非确定性关系，又叫做相关关系 . 如学习成绩与数学成绩，学习成绩并不能确定数学成绩，但学习成绩好的，一般来说数学成绩也好，又如人的身高与体重，产品的成本与产量之间都是相关关系.

知识要点二　两个变量的线性相关关系

1. 散点图

将两个变量的统计数据分别作为横坐标和纵坐标，在直角坐标系中描出相应的点，这样的图叫做散点图，通过观察散点图可以初步判断两个变量之间是否具有相关关系，它反映了各数据的密切程度.

2. 两个变量的线性相关关系

根据两个变量的统计数据制成散点图后，若图中各点大致分布在一条直线的附近，则称这两个变量线性相关.

知识要点三　线性回归方程

1. 线性回归方程的含义和作用

在观察具有线性相关关系的两个变量的散点图时，可以发现各点大致分布在一条直线附近，但可以画出的这样的直线不止一条，其中最能代表变量 x 与 y 的关系且最靠近 n 个统计数据对应的 n 个点的直线的方程叫做线性回归方程，又称为回归直线方程，根据两个变量的回归直线方程，可以由变量的部分统计数据或观测值，获得对这两个变量的整体关系，也可以根据一个变量的取值预报另一个变量的相应值.

2. 线性回归方程

线性回归方程为 $\hat{y}=\hat{a}+\hat{b}x$.

其中 $\hat{b}=\dfrac{\sum\limits_{i=1}^{n}x_iy_i-n\overline{x}\,\overline{y}}{\sum\limits_{i=1}^{n}x_i^2-n\overline{x}^2}$，$\hat{a}=\overline{y}-\hat{b}\,\overline{x}$，可用计算器求得.

题型分类剖析

题型一　变量间的相关关系

例 1　在图 10.5-1 中，具有线性相关关系的两个变量是(　　)

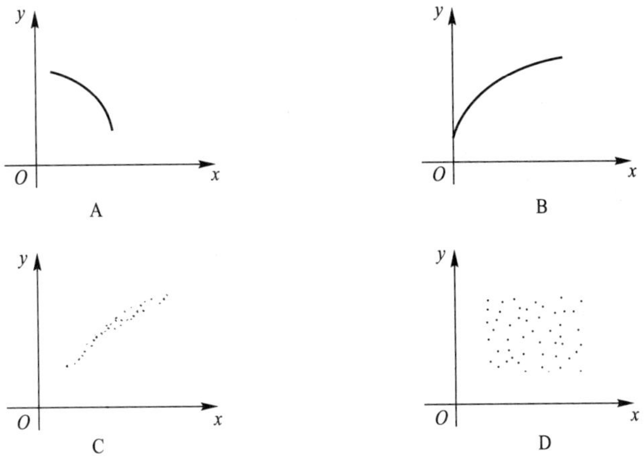

图 10.5-1

【分析】观察图形，看图中两个变量 x 和 y 是函数关系还是相关关系.

【解答】在 A 和 B 中，任给 x 一个值都有唯一确定的 y 的值和它对应，是一种函数关系. 在 C 中，从散点图可以看出所有点看上去都在某条直线附近波动，具有线性相关关系. 在 D 中，从散点图可以看出所有点看上去都不在某条直线附近波动，所以不具有线性相关关系.

【反思】具有线性相关关系的两个变量，在其散点图中，所有点均在某一条直线附近波动.

题型二　求线性回归方程

例 2　在 10 年期间，有一座城市的居民年收入与某种商品的销售额之间的关系见表 10.5-1.

表 10.5-1　居民收入与某商品的销售额的关系

第 n 年	居民年收入 x(亿元)	某商品销售额 y(亿元)
1	32.2	25.0
2	31.1	30.0
3	32.9	34.0
4	35.8	37.0
5	37.1	39.0
6	38.0	41.0
7	39.0	42.0
8	43.0	44.0
9	44.6	48.0
10	46.0	51.0

(1)画出散点图.

(2)判断变量 y 与 x 之间是否线性相关．如果线性相关，求 y 与 x 之间的线性回归方程.

(3)试预测该市居民年收入为 60 亿元时这种商品的销售额，

分析 画出散点图后，如果图中各散点大致位于一条直线附近，则 y 与 x 线性相关.

【解答】(1)散点图如图 10.5-2 所示.

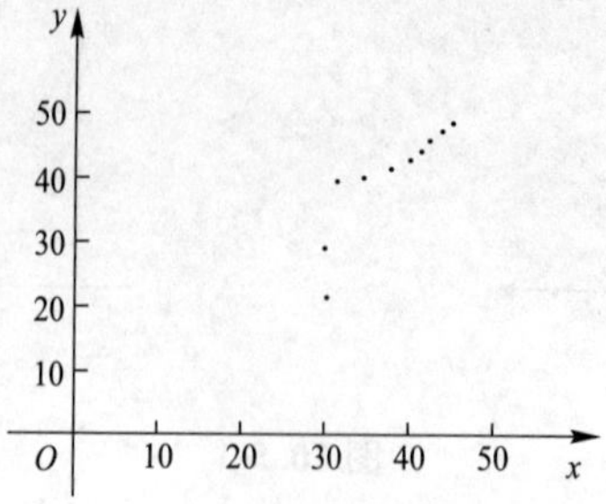

图 10.5-2

(2)观察图 10.5-2 可知，图中各点大致分布在一条直线附近，故 y 与 x 线性相关．下面用计算器来求线性回归方程：

首先，将计算器设置为统计状态(STAT).

操作：按一次 MODE 键， 显示 1：COMP 2：STAT 3：TABLE ，表示进入计算状态选项，按 2 进入统计状态.

其次，输入数据.

操作：在上一步的基础上，按键 2 进入线性回归计算(A＋Bx)指令，依次输入数值，即 32.2→ = →31.1→ = →32.9→ = →35.8→ = →37.1→ = →38.0→ = →39.0→ = →43.0→ = →44.6→ = →46.0→ = ，然后用中间光标键把输入位置移到 Y 下的第一位置，依次输入数值，即 25.0→ = →33.0→ = →34.0→ = →37.0→ = →39.0→ = →41.0→ = →42.0→ = →44.0→ = →48.0→ = →51.0→ = → AC ．在输入过程中注意 x 和 y 的值要对应起来.

最后，显示计算结果.

按键 SHIFT→ 1 ，然后按键 5 ，接着依次按键 1 → = ，显示回归系数：A＝－15.84.

按键 SHIFT→ 1 ，然后按键 5 ，接着依次按键 2 → = ，显示回归系数：B＝1.45.

故所求回归直线方程为 $y=-15.84+1.45x$.

(3)当该市居民年收入 x 为 60 亿元时，$y=-15.84+1.45\times60=71.16$(万元)，即这种商品的销售额大约为 71.16 万元.

【反思】在求回归系数 A，B 时，为避免出错，计算时要细心．回归直线方程往往用来作为现实生活中两变量之间相关关系的表达式，从而可以用来指导生产实践和科学研究.

认知强化训练

1. 长方形的面积一定时，长和宽的关系为(　　)

A. 不确定性关系　　B. 相关关系

C. 函数关系　　D. 无任何关系

2. 过三点(3，10)，(7，20)，(11，24)的线性回归方程是(　　)

A. $\hat{y}=-5.75-1.75x$　　B. $\hat{y}=5.75-1.75x$

C. $\hat{y}=5.75+1.75x$　　D. $\hat{y}=5.75+1.75x$

3. 线性回归方程 $\hat{y}=\hat{a}+\hat{b}x$ 表示的直线必经过的一个定点是(　　)

A. (0，0)　　B. ($\overline{x}$，0)　　C. (0，$\overline{y}$)　　D. ($\overline{x}$，$\overline{y}$)

4. 下列两个变量之间的关系不是函数关系的是(　　)

A. 角度与它的余弦值　　B. 正方形的边长与面积

C. 正 n 边形的边数和顶点角度之和　　D. 人的年龄与身高

5. 已知线性回归方程为 $\hat{y}=0.50x-0.81$，则 $x=25$ 时，y 的估计值为________.

6. 两个变量间有密切联系，但这种关系无法用确定的函数关系式表达出来，这种变量之间的关系称为________.

7. 一家保险公司调查其总公司营业部的加班效果，收集了 10 周中每周加班时间 y(小时)与签发新保单数目 x 的数据如下表：

x	825	215	1 070	550	480	920	1 350	325	670	1 215
y	3.5	1.0	4.0	2.0	1.0	3.0	4.5	1.5	3.0	5.0

则 y 与 x 的线性回归方程为________.(保留四位有效数字)

8. 炼铝厂测得所产铸模用的铝的硬度 x 与抗张强度 y 的数据如下：

x	63	53	70	84	60	72	51	83	70	64
y	288	293	349	343	290	354	283	324	340	286

则 y 与 x 的线性回归方程是________.(保留两位小数)

9. 在某种产品表面进行腐蚀试验，得到腐蚀深度 y 与腐蚀时间 x 之间相应的一组数据如下表：

x(s)	5	10	15	20	30	40	50	60	70	90	120
y(μm)	6	10	10	13	16	17	19	23	25	29	46

求腐蚀深度 y 与腐蚀时间 x 的线性回归方程.(保留三位小数)

10. 假设关于某设备的使用年限 x 和所支出的维修费用 y(万元)有如下的统计资料.

使用年限 x	2	3	4	5	6
维修费用 y	2.2	3.8	5.5	6.5	7.0

(1)试用计算器求线性回归方程 $\hat{y}=\hat{b}x+\hat{a}$ 的回归系数 $\hat{a}$，$\hat{b}$.(保留两位小数)

(2)估计使用年限为 10 年时，维修费用是多少?

本章小结

基础知识归纳

一、计数原理

1. 分类计数原理

完成一件事有 n 类办法，在第一类办法中有 m_1 种不同的方法，在第二类办法中有 m_2 种不同的方法，…，在第 n 类办法中有 m_n 种不同的方法，那么完成这件事共有 $N=m_1+m_2+\cdots+m_n$ 种不同的方法.

2. 分步计数原理

完成一件事，需要分成 n 个步骤，做第一步有 m_1 种不同的方法，做第二步有 m_2 种不同的方法，…，做第 n 步有 m_n 种不同的方法，那么完成这件事共有 $N=m_1\times m_2\times\cdots\times m_n$ 种不同的方法.

二、随机事件与概率的定义

1. 随机事件与样本空间

有的试验在相同的条件下可以重复进行，试验的所有可能结果是已知的，并且不止一种，每次试验出现所有可能结果中的一种，但在试验前不能确定会出现哪一种结果，这种试验叫做随机试验，在随机试验中，每一种可能的结果叫做一个随机事件，简称事件. 如果将每一种可能出现的结果 ω_i 叫看做一个元素(称为样本点)，则随机试验的所有样本点就构成一个集合 $\Omega=\{\omega_1, \omega_2, \cdots, \omega_n\}$，这样的集合称为这个试验的样本空间.

2. 概率的定义

(1)概率的统计定义．在大量重复进行同一试验时，事件 A 发生的频率$\frac{m}{n}$总是接近于某个常数，并在该常数附近摆动，这个常数叫做事件 A 的概率.

(2)概率的古典定义．如果随机试验只有有限个样本点，且每个样本点对应的基本事件发生的可能性都相等，那么这样的随机试验模型叫做古典概型．在古典概型中，如果样本点的总数为 n，事件 A 包含 m 个样本点，则事件 A 的概率 $P(A)=\frac{m}{n}$.

三、概率的几个基本性质及计算公式

1. 概率的基本性质

(1)$0\leqslant P(A)\leqslant 1$.　　(2)$P(\Omega)=1$.　　(3)$P(\varnothing)=0$.

2. 互斥事件的概率加法公式

若事件 A 与 B 互斥，则 $P(A+B)=P(A)+P(B)$.

3. 对立事件的概率计算公式

$P(\overline{A})=1-P(A)$.

4. 概率的一般加法公式

设 A，B 是任意两个事件，则 $P(A+B)=P(A)+P(B)-P(AB)$.

四、事件的关系与运算

事件的关系	符号	图示	含义
包含	$A\subseteq B$	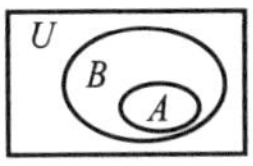	若事件 A 发生，则事件 B 一定发生
和或并	$A+B$	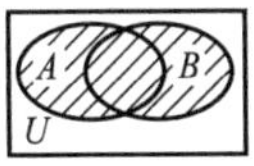	事件 A 与事件 B 至少有一个发生
积或交	AB	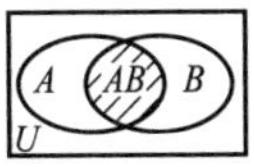	事件 A 与事件 B 同时发生
互斥事件	$AB=\varnothing$	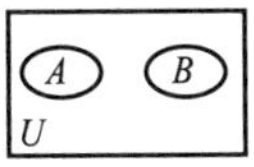	事件 A 与事件 B 不会同时发生
对立事件	$\overline{A}$	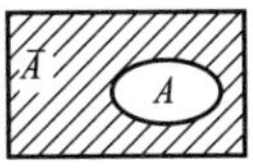	事件 A 与事件 $\overline{A}$ 有且只有一个发生

五、抽样方法

抽样的方法有三种：简单随机抽样、系统抽样和分层抽样，现将它们的特点、联系和适用范围进行比较如下：

三种抽样方法的比较

抽样方法	共同点	各自特点	相互联系	适用范围
简单随机抽样	都是不放回抽样，抽样过程中每个个体被抽取的概率相等	从总体中逐个抽取		总体中的个体数目较少
系统抽样		将总体均分成几个部分，按事先确定的规则在各部分抽取	在每一部分抽样时采用简单随机抽样	总体中的个体数目较多
分层抽样		将总体分成几层，分层进行抽取	各层抽样时采用简单随机抽样或系统抽样	总体由差异明显的几部分组成

六、绘制频率分布直观图的步骤

1. 计算最大值与最小值的差.
2. 决定组距和组数.
3. 决定分点.
4. 统计频数、计算频率，列出频率分布表.
5. 在横轴上描出各分点，以纵轴表示$\frac{频率}{组距}$，作直方图.

七、均值和标准差

1. 计算公式

(1)均值：$\overline{x}=\frac{1}{n}(x_1+x_2+\cdots+x_n)=\frac{1}{n}\sum_{i=1}^{n}x_i$.

(2)方差：$s^2=\frac{1}{n-1}[(x_1-\overline{x})^2+(x_2-\overline{x})^2+\cdots+(x_n-\overline{x})^2]$.

(3)标准差：$s=\sqrt{\frac{1}{n-1}[(x_1-\overline{x})^2+(x_2-\overline{x})^2+\cdots+(x_n-\overline{x})^2]}$.

2. 意义

均值反映了一组数据的平均水平；方差和标准差反映了一组数据围绕均值的波动大小

和离散程度.

八、线性回归方程

线性回归方程为 $\hat{y}=\hat{a}+\hat{b}x$.

（其中 $\hat{b}$，$\hat{a}$ 可用计算器求得.）

专题高效讲坛

专题一　用计算器求均值和方差

在一般的科学计算器中，均设有计算均值和标准差的按键，在求一组数据的均值和标准差时，只要让计算器处于统计状态，将数据逐个输入，然后按显示均值和标准差的按键，即可显示所求的均值和标准差.

例 1　用计算器求数据 9，7，8，9，8，7，9，6，10，7 的均值、标准差和方差.

【解析】用计算器求一组数据 9，7，8，9，8，7，9，6，10，7 的均值 $\overline{x}$，标准差 s 和方差 s^2 的步骤和方法：

(1)将计算器设置为统计(STAT)状态.

操作：按一次 MODE 键，显示 1：COMP 2：STAT 3：TABLE，表示进入计算状态选项，按 2 进入统计状态.

(2)输入数据.

操作：在统计状态下，按键 1 进入单个变量输入数据状态，依次输入各个数据，每输入一个数据后，都要按键 =，输入最后一个数据 7 按键 = 后再按键 AC．即：

9→ = →7→ = →8→ = →9→ = →8→ = →7→ = →9→ = →6→ = →10→ = →7→ = → AC.

(3)显示计算结果.

依次按键 SHIFT→ 1，然后按键 4，接着依次按键 1 → =，显示样本容量为：$n=10$.

依次按键 SHIFT→ 1，然后按键 4，接着依次按键 2 → =，显示样本均值为：$\overline{x}=8$.

依次按键 SHIFT→ 1，然后按键 4，接着依次按键 4 → =，显示样本标准差为：$s\approx1.25$.

在显示样本标准差的基础上，依次按键：x^2 → =，显示样本方差为：$s^2\approx1.56$.

所以，样本均值 $\overline{x}=8$，样本标准差 $s\approx1.25$，样本方差 $s^2\approx1.56$.

【点评】输入数据后，依次按键 SHIFT→1，然后按键4，接着依次按键2→=，显示的是样本均值. 依次按键 SHIFT→1，然后按键4，接着依次按键4→=，显示样本标准差.

专题二　用计算器求线性回归方程

在一般的科学计算器中，均可求线性回归方程. 在求一组数据的线性回归方程时，只要让计算器处于统计状态，将数据逐个输入，然后按显示线性回归方程系数的按键，即可显示所求的回归直线方程的系数.

例 2　据调查，某城市住房建筑面积 x(100 m^2)与建筑成本 y 的关系有如下一组数据：

x	4	2	3	5	4	5
y	14.8	12.8	13.3	15.4	14.3	15.9

用计算器求建筑成本 y 与建筑面积 x 之间的线性回归方程. (保留三位小数)

【解析】用计算器求线性回归方程的步骤和方法：

首先，将计算器设置为统计状态(STAT).

操作：按一次MODE键，显示 1：COMP 2：STAT 3：TABLE，表示进入计算状态选项，按2进入统计状态.

其次，输入数据.

操作：在上一步的基础上，按键 2 进入线性回归计算(A＋Bx)指令，依次输入数值，即 4→=→2→=→3→=→5→=→4→=→5→=，然后用中间光标键把输入位置移到 Y 下的第一位置，依次输入数值，即 14.8→=→12.8→=→13.3→=→15.4→=→14.3→=→15.9→=→AC. 在输入过程中注意 x 和 y 的值要对应起来.

最后，显示计算结果.

按键 SHIFT→1，然后按键5，接着依次按键1→=，显示回归系数：A=10.592.

按键 SHIFT→1，然后按键5，接着依次按键2→=，显示回归系数：B=0.998.

因此，所求线性回归方程是 $\hat{y}=10.592+0.998x$.

【点评】在显示计算结果时，按键 SHIFT→1，然后按键 5，接着依次按键1→=，显示的是回归系数 A(或 $\hat{a}$)，按键 SHIFT→1，然后按键5，接着依次按键2→=，显示的是回归系数 B(或 $\hat{b}$).

认知强化训练

总分：100 分 时量：________分钟 得分：________ 分

一、选择题(本大题共 8 小题，每小题 5 分，共 40 分，在每小题给出的四个选项中，只有一项是符合题目要求的.)

1. 将 4 封信投入 3 个邮筒，不同的投法种数为(　　)

A. 81　　B. 64　　C. 12　　D. 7

2. 下列事件是随机事件的是(　　)

A. 两个奇数之和为偶数　　B. 某人射击 10 次，中靶 10 次

C. 异种电荷相吸引　　D. 在三角形中，大边对大角

3. 从装有 4 只白球和 6 只红球的袋子中任意摸出一只球，摸到红球的概率是(　　)

A. $\frac{2}{5}$　　B. $\frac{2}{3}$　　C. $\frac{3}{5}$　　D. 无法确定

4. 若 $AB=\varnothing$，则事件 A 与事件 B 是(　　)

A. 互斥事件　　B. 对立事件　　C. 相等事件　　D. 包含关系

5. 从某班 43 名学生中，抽取 5 人，若采用分层抽样方法，则全班每名学生被抽到的概率为(　　)

A. $\frac{1}{43}$　　B. $\frac{5}{43}$　　C. $\frac{38}{43}$　　D. 1

6. 在 5 件产品中，有 3 件一等品和 2 件二等品，从中任取 2 件，那么以$\frac{7}{10}$为概率的事件是(　　)

A. 都不是一等品　　B. 恰好有一件一等品

C. 至少有一件一等品　　D. 至多有一件一等品

7. 4 张卡片上分别写着数字 1，2，3，4，从这 4 张卡片中随机抽取 2 张，则取出的 2 张卡片上的数字之和为奇数的概率为(　　)

A. $\frac{1}{3}$　　B. $\frac{1}{2}$　　C. $\frac{2}{3}$　　D. $\frac{3}{4}$

8. 在抽样过程中，每次抽取的个体不再放回到总体中的抽样为不放回抽样，那么简单随机抽样、系统抽样和分层抽样中，属于不放回抽样的有(　　)

A. 1 个　　B. 2 个　　C. 3 个　　D. 0 个

二、填空题(本大题共 4 小题，每小题 5 分，共 20 分.)

9. 若 x_1，x_2，x_3，x_4 的均值为 36，则 $2x_1$，$2x_2$，$2x_3$，$2x_4$ 的均值为________.

10. 样本-2，-2，-2，-2，-2 的标准差为________.

11. 为了解某校 1 500 名新生的视力状况，从中抽取 150 名学生进行视力测量. 在这里，总体是________，样本容量是________.

12. 某校三年级有男生 500 人，女生 400 人．为了解该年级学生的健康情况，从男生中抽取 25 人，从女生中抽取 20 人进行调查．这种抽样方法是______．

三、解答题(本大题共 4 小题，每小题 10 分，共 40 分，解答应写出文字说明或演算步骤.)

13. 在一次职业技能比试中，甲、乙两位同学的成绩(5 个评委给出的分数)如下：

甲	92	93	96	94	85
乙	91	94	83	98	94

(1)计算两位同学的平均成绩.

(2)计算两位同学成绩的标准差.（保留两位小数）

(3)比较两位同学谁的成绩优秀.

14. 某射手在一次射击中，击中 10 环，9 环，8 环的概率分别是 0.25，0.31，0.33，求这名射手在一次射击中：

(1)击中 9 环或 10 环的概率.

(2)至少击中 8 环的概率.

(3)最多击中 8 环的概率.

15. 已知变量 x 与变量 y 线性相关，且有下列对应关系：

x	1	2	3	4
y	0.5	1.5	2	3

用计算器求 y 与 x 之间的线性回归方程.

16. 下表给出了某校 500 名 12 岁男生中用随机抽样得出的 120 人的身高(单位：cm).

身高	[122，126)	[126，130)	[130，134)	[134，138)	[138，142)	[142，146)	[146，150)	[150，154)	[154，158]
人数	5	8	10	22	33	11	6	5	20

(1)列出样本频率分布表.

(2)画出频率分布直方图.

(3)估计身高小于 134 cm 的人数占总人数的百分比.

单元检测

第6章　数列单元检测试卷

总分：120分　　　　时量：90分钟

一、选择题(本大题共10小题，每小题4分，共40分．在每小题给出的四个选项中，只有一项是符合题目要求的．)

1. 已知数列$\{a_n\}$的通项公式是$a_n=(-1)^{n+1}(2n+1)$，则它的第5项是(　　)

A. -13　　B. -11　　C. 11　　D. 13

2. 在等差数列$\{a_n\}$中，$a_1=-5$，公差$d=-2$，则$a_n=$(　　)

A. $-2n-5$　　B. $-2n-3$　　C. $-2n-1$　　D. $-2n+1$

3. 已知等差数列$\{a_n\}$，$a_3=7$，$a_5=13$，则$a_7=$(　　)

A. 15　　B. 17　　C. 19　　D. 21

4. 等差数列16，13，10，7，…的公差是(　　)

A. -3　　B. -6　　C. 3　　D. 6

5. 在等差数列$\{a_n\}$中，$a_1=2$，$a_2=0$，则它的前n项和$S_n=$(　　)

A. $-n^2-3n$　　B. n^2+3n　　C. n^2-3n　　D. $-n^2+3n$

6. 命题"a，b，c成等比数列"是"$b^2=ac$"的(　　)

A. 充分不必要条件　　B. 必要不充分条件

C. 充分必要条件　　D. 既不充分也不必要条件

7. 在等比数列$\{a_n\}$中，若$a_3\cdot a_7=1\ 000$，则$\lg a_4+\lg a_6=$(　　)

A. 4　　B. 3　　C. 2　　D. 1

8. 在等比数列$\{a_n\}$中，若$a_2=\frac{1}{2}$，$a_5=-\frac{1}{16}$，则公比q的值为(　　)

A. $-\frac{1}{2}$　　B. $\frac{1}{2}$　　C. -2　　D. 2

9. 在等比数列$\{a_n\}$中，若$a_{n+1}=-\frac{1}{3}a_n$，$a_1=3$，则$a_4=$(　　)

A. $\frac{1}{3}$　　B. $\frac{1}{9}$　　C. $-\frac{1}{3}$　　D. $-\frac{1}{9}$

10. 已知等比数列$\{a_n\}$，$a_1=-2$，公比$q=-\frac{1}{2}$，则它的前5项和为(　　)

A. $-\frac{11}{4}$　　B. $-\frac{11}{8}$　　C. $-\frac{11}{16}$　　D. $\frac{11}{8}$

二、填空题(本大题共5小题，每小题4分，共20分.)

11. 等差数列-5，-3，-1，1，3，…的第10项是________.

12. 在等差数列$\{a_n\}$中，若$a_2+a_9=18$，则它的前10项和是________.

13. 若数列$\{a_n\}$的前n项和$S_n=n^2-2n$，则$a_5=$________.

14. 在等比数列$\{a_n\}$中，它的前5项和为242，公比$q=3$，则$a_1=$________.

15. 已知四个数a，9，27，b成等比数列，则$a+b=$________.

三、解答题(本大题共6小题，每小题10分，共60分. 解答应写出文字说明或演算步骤.)

16.(本小题满分10分)

在等差数列$\{a_n\}$中，$a_1=-\frac{5}{2}$，$a_4=-1$.

(1)求公差d.(5分)

(2)求前10项和.(5分)

17.(本小题满分10分)

在公差为d的等差数列$\{a_n\}$中，它的前n项和为S_n.

(1)已知$a_1=-1$，$d=-2$，$a_n=-119$，求n的值.(5分)

(2)已知$a_1=-1$，$d=-2$，$S_m=-100$，求m的值.(5分)

18.(本小题满分 10 分)

在公比为 q 的等比数列 $\{a_n\}$ 中，它的前 n 项和为 S_n.

(1)已知 $a_1=2$，$a_6=\frac{243}{16}$，求公比 q 和 a_5.(6 分)

(2)已知 $S_5=\frac{211}{8}$，$q=\frac{3}{2}$，求 a_1.(4 分)

19.(本小题满分 10 分)

在等比数列 $\{a_n\}$ 中，$a_5=16$，前 5 项之和 $S_5=16$，求 a_1 和公比 q 的值.

20.(本小题满分 10 分)

在一个演播厅设有 35 排座位，从第 2 排起，每一排比它的前一排多 3 个座位，最后一排有 122 个座位.

(1)第一排有多少个座位？(5 分)

(2)演播厅共有多少个座位？(5 分)

21.(本小题满分 10 分)

已知等差数列 $\{a_n\}$ 的前 n 项和为 S_n，且 $a_5=17$，$S_{10}=185$.

(1)求数列 $\{a_n\}$ 的通项公式.(5 分)

(2)设 $\{a_n\}=\log_2 b_n$，试证明数列 $\{b_n\}$ 为等比数列，并求数列 $\{b_n\}$ 的前 n 项和 T_n.(5 分)

第 7 章　平面向量单元检测试卷

总分：120 分　　　　时量：90 分钟

一、选择题(本大题共 10 小题，每小题 4 分，共 40 分．在每小题给出的四个选项中，只有一项是符合题目要求的.)

1. $\overrightarrow{OB}-\overrightarrow{OA}+\overrightarrow{BD}=$(　　)

A. $\overrightarrow{DA}$　　B. $\mathbf{0}$　　C. $\overrightarrow{AD}$　　D. $\overrightarrow{AB}$

2. 下列命题中的假命题是(　　)

A. 模等于 0 的向量只有零向量

B. 向量$\overrightarrow{AB}$与$\overrightarrow{BA}$的长度相等

C. 共线的单位向量都相等

D. 若两个相等向量的终点相同，则起点必定相同

3. 已知点 $A(-2,3)$，$B(4,-1)$，则$\overrightarrow{AB}=$(　　)

A. (2，2)　　B. (6，−4)　　C. (−6，4)　　D. (−8，−3)

4. 已知 $\boldsymbol{a}=(3,-4)$，$\boldsymbol{b}=(m,2)$. 若 $\boldsymbol{a}/\!/\boldsymbol{b}$，则 $m=$(　　)

A. $-\frac{3}{2}$　　B. $-\frac{2}{3}$　　C. $\frac{2}{3}$　　D. $\frac{3}{2}$

5. 已知 $|\boldsymbol{a}|=2$，$|\boldsymbol{b}|=3$，$\langle\boldsymbol{a},\boldsymbol{b}\rangle=\frac{\pi}{3}$，则 $\boldsymbol{a}\cdot\boldsymbol{b}=$(　　)

A. −3　　B. 12　　C. 6　　D. 3

6. 已知 $\boldsymbol{a}=(x,5)$，$\boldsymbol{b}=(3,-4)$. 若 $\boldsymbol{a}\perp\boldsymbol{b}$，则 $x=$(　　)

A. $-\frac{20}{3}$　　B. $-\frac{3}{20}$　　C. $\frac{3}{20}$　　D. $\frac{20}{3}$

7. 已知向量$\overrightarrow{AB}=(2,-4)$，则 $|\overrightarrow{AB}|=$(　　)

A. $\sqrt{2}$　　B. $\sqrt{5}$　　C. $2\sqrt{5}$　　D. 20

8. 已知 $\boldsymbol{a}=(-1,3)$，$\boldsymbol{b}=(2,-1)$，则 $\boldsymbol{a}\cdot\boldsymbol{b}=$(　　)

A. −5　　B. −1　　C. 1　　D. 5

9. 已知向量 $\boldsymbol{a}$ 和 $\boldsymbol{b}$ 均为单位向量，它们的夹角为 120°，则 $|\boldsymbol{a}-2\boldsymbol{b}|=$(　　)

A. $\frac{\sqrt{2}}{3}$　　B. 2　　C. $\sqrt{7}$　　D. 7

10. 若 $\boldsymbol{a}=(\sin x,-3)$，$\boldsymbol{b}=(\cos x,-\sqrt{3})$，且 $\boldsymbol{a}/\!/\boldsymbol{b}$，则锐角 $\alpha=$(　　)

A. 60°　　B. 45°　　C. 30°　　D. 15°

二、填空题(本大题共 5 小题，每小题 4 分，共 20 分.)

11. 已知平行四边形 $ABCD$，若$\overrightarrow{AB}=\boldsymbol{a}$，$\overrightarrow{BC}=\boldsymbol{b}$，则$\overrightarrow{AC}=$________，$\overrightarrow{BD}=$________.

12. 已知 $\boldsymbol{a}=(-1,2)$，则 $\boldsymbol{a}\cdot\boldsymbol{a}=$________.

13. 已知 $\boldsymbol{a}=(2,\ -3)$，$\boldsymbol{b}=(-1,\ 2)$，则 $3\boldsymbol{a}-4\boldsymbol{b}=$________.

14. 已知 $|\boldsymbol{a}|=3$，$|\boldsymbol{b}|=4$，$\langle\boldsymbol{a},\ \boldsymbol{b}\rangle=60°$，则 $|\boldsymbol{a}-\boldsymbol{b}|=$________.

15. 已知 $|\boldsymbol{a}|=1$，$|\boldsymbol{b}|=2$，$\langle\boldsymbol{a},\ \boldsymbol{b}\rangle=120°$，且 $\boldsymbol{a}+\boldsymbol{b}+\boldsymbol{c}=\boldsymbol{0}$，则 $\boldsymbol{a}$ 与 $\boldsymbol{c}$ 的夹角 $\langle\boldsymbol{a},\ \boldsymbol{c}\rangle=$________.

三、解答题(本大题共 6 小题，每小题 10 分，共 60 分. 解答应写出文字说明或演算步骤.)

16.(本小题满分 10 分)

已知向量 $\boldsymbol{a}=(-3,\ 2)$，$\boldsymbol{b}=(2,\ 2)$.

(1)求 $3\boldsymbol{a}-2\boldsymbol{b}$.(5 分)

(2)求 $|2\boldsymbol{a}+\boldsymbol{b}|$.(5 分)

17.(本小题满分 10 分)

已知 $\boldsymbol{a}=(1,\ -2)$，$\boldsymbol{b}=(x,\ -1)$. 若 $2\boldsymbol{a}-3\boldsymbol{b}$ 与 $\boldsymbol{a}+2\boldsymbol{b}$ 为共线向量，求 x 的值.

18.(本小题满分 10 分)

已知 $|\boldsymbol{a}|=3$，$|\boldsymbol{b}|=8$，$\boldsymbol{a}$ 与 $\boldsymbol{b}$ 的夹角为 $120°$. k 为何值时，$k\boldsymbol{a}+\boldsymbol{b}$ 与 $\boldsymbol{a}-2\boldsymbol{b}$ 垂直.

19.(本小题满分 10 分)

已知 $\boldsymbol{a}=(-1,-2)$，$\boldsymbol{b}=(3,1)$，求 $\langle\boldsymbol{a},\boldsymbol{b}\rangle$ 的大小.

20.(本小题满分 10 分)

在平行四边形 $ABCD$ 中，已知点 $A(-2,1)$，$B(3,4)$，$C(-4,-1)$.

(1)求顶点 D 的坐标.（5 分）

(2)求向量 $\overrightarrow{AD}$ 的模.（5 分）

21.(本小题满分 10 分)

已知点 $A(-7,3)$.

(1)若 $\overrightarrow{AB}=(-12,-9)$，求点 B 的坐标.（5 分）

(2) 若 $|\overrightarrow{AB}|=9$，且点 B 在 x 轴上，求点 B 的坐标.（5 分）

第8章　直线和圆的方程单元检测试卷

总分：120分　　　　时量：90分钟

一、选择题(本大题共10小题，每小题4分，共40分. 在每小题给出的四个选项中，只有一项是符合题目要求的.)

1. 已知两点 $A(-2, 3)$ 和 $B(x, y)$，且线段 AB 的中点是点 $P(1, -1)$，则 x 的值为(　　)

A. 0　　B. 2　　C. 4　　D. -4

2. 已知两点 $A(2, -1)$ 和 $B(4, 1)$，则 $|AB|=$(　　)

A. 8　　B. $2\sqrt{2}$　　C. $\sqrt{2}$　　D. $2\sqrt{10}$

3. 直线的倾斜角的取值范围是(　　)

A. $(0, \pi)$　　B. $[0, \pi)$　　C. $(0, \pi]$　　D. $[0, \pi]$

4. 若过点 $P(-1, m)$ 和 $Q(m, 5)$ 的直线斜率为2，则 $m=$(　　)

A. 1　　B. -1　　C. 7　　D. -7

5. 直线 $x-\sqrt{3}y-1=0$ 的倾斜角的大小是(　　)

A. $90°$　　B. $60°$　　C. $45°$　　D. $30°$

6. 斜率为-2，在 x 轴上的截距为3的直线的一般式方程是(　　)

A. $2x-y+6=0$　　B. $2x+y-6=0$

C. $2x-y-6=0$　　D. $2x+y+6=0$

7. 若两直线 $x+my-2=0$ 与 $3x+2y-1=0$ 互相垂直，则 $m=$(　　)

A. $-\frac{3}{2}$　　B. $\frac{3}{2}$　　C. $-\frac{2}{3}$　　D. $\frac{2}{3}$

8. 两直线 $-2x-3y-4=0$ 和 $x+y+3=0$ 的交点坐标是(　　)

A. $(-5, 2)$　　B. $(-2, 5)$　　C. $(5, -2)$　　D. $(2, -5)$

9. 若原点到直线 $y=kx+2$ 的距离为 $\sqrt{2}$，则 $k=$(　　)

A. -1　　B. 1　　C. ±1　　D. ±2

10. 若直线 $x+y+a=0$ 与圆 $x^2+y^2=a$ 相切，则 $a=$(　　)

A. -2　　B. 2　　C. 0或2　　D. 0或-2

二、填空题(本大题共5小题，每小题4分，共20分.)

11. 已知点 $A(2, 2)$，$B(3, 1)$，则直线 AB 的斜率是________，倾斜角为________.

12. 过点 $(2, -2)$ 且倾斜角为 $\frac{2\pi}{3}$ 的直线的一般方程式是________.

13. 过点 $A(3, 5)$ 和点 $B(2, 1)$ 的直线的一般方程式是________.

14. 圆 $x^2+y^2+4x-2y-1=0$ 的圆心坐标是________.

15. 若直线 l 的纵截距为-2，倾斜角为 $45°$，则直线 l 的方程是________.

三、解答题(本大题共 6 小题，每小题 10 分，共 60 分. 解答应写出文字说明或演算步骤.)

16.(本小题满分 10 分)

已知两点 $A(-2,3)$和 $B(4,9)$.

(1)求直线 AB 的斜率. (5 分)

(2)判断直线 AB 的倾斜角是锐角还是钝角. (5 分)

17.(本小题满分 10 分)

已知两直线 l_1：$2x+(4+m)y=2-m$，l_2：$(6+m)x+4y=5$.

(1)当 m 为何值时，l_1 与 l_2 相交? (5 分)

(2)当 m 为何值时，$l_1 /\!/ l_2$? (5 分)

18.(本小题满分 10 分)

已知点 $A(-2,3)$和直线 l：$2x-3y+4=0$.

(1) 求过点 A 且与直线 l 平行的直线 l_1 的方程. (5 分)

(2)求过点 A 且与直线 l 垂直的直线 l_2 的方程. (5 分)

19.（本小题满分 10 分）

已知直线 l：$3x-4y-1=0$.

(1)若点 $A(m，6)$到直线 l 的距离为 2，求 m 的值.（5 分）

(2)求直线 $6x-8y+1=0$ 与直线 l 之间的距离.（5 分）

20.（本小题满分 10 分）

求过点 $P(3，-4)$，且与圆 $x^2+y^2=25$ 相切的直线 l 方程.

21.（本小题满分 10 分）

m 为何值时，直线 $y=x+m$ 与圆$(x-1)^2+y^2=1$：

(1)相切.（4 分）

(2)相交.（3 分）

(3)相离.（3 分）

第 9 章　立体几何单元检测试卷

总分：120 分　　　　时量：90 分钟

一、选择题(本大题共 10 小题，每小题 4 分，共 40 分. 在每小题给出的四个选项中，只有一项是符合题目要求的.)

1. 点 P 在直线 a 上用符号可以表示为(　　)

A. $P\notin a$　　B. $P\in a$　　C. $P\subseteq a$　　D. $P\nsubseteq a$

2. 下列命题正确的是(　　)

A. 平面的形状是平行四边形

B. 三点确定一个平面

C. 一条直线和一个点确定一个平面

D. 一条直线和这条直线外一点确定一个平面

3. 已知一个平面与两个平行平面相交，则它们的交线(　　)

A. 平行　　B. 垂直　　C. 相交　　D. 平行或相交

4. 设 A_1A 是长方体的一条棱，则这个长方体中与 A_1A 平行的棱共有(　　)

A. 1 条　　B. 2 条　　C. 3 条　　D. 4 条

5. 如果两条直线 m 和 n 没有公共点，那么 m 与 n 的位置关系是(　　)

A. 平行　　B. 相交

C. 平行或异面　　D. 相交或异面

6. 已知直线 $a\perp$平面 α，直线 $b\subseteq\alpha$，则 a 与 b 的位置关系是(　　)

A. a 与 b 平行　　B. a 与 b 垂直

C. a 与 b 垂直且异面　　D. a 与 b 垂直且相交

7. 若平面 α 外两点 A 与 B 到平面 α 的距离相等，则直线 AB 与 α 的位置关系是(　　)

A. 平行　　B. 相交　　C. 平行或相交　　D. 垂直

8. 若一个圆柱的侧面展开图是一个正方形，且其底面半径为 4，则圆柱的侧面积是(　　)

A. $8\pi^2$　　B. $16\pi^2$　　C. $32\pi^2$　　D. $64\pi^2$

9. 若圆锥的底面半径是 3，高为 4，则它的侧面积是(　　)

A. 12π　　B. 15π　　C. 30π　　D. 60π

10. 在正方体 $ABCD-A_1B_1C_1D_1$ 中，AC 与 B_1D 所成的角的大小是(　　)

A. $90°$　　B. $60°$　　C. $45°$　　D. $30°$

二、填空题(本大题共 5 小题，每小题 4 分，共 20 分 .)

11. 已知 a 和 b 是两条相交直线，$a/\!/$平面 α，则 b 与 α 的位置关系是________.

12. 在二面角的一个平面内有一点，它到棱的距离等于它到另一个平面的距离的 2 倍，则两面角的度数为________.

13. 在正方体 $ABCD-A_1B_1C_1D_1$ 中，AB_1 与平面 $ABCD$ 所成的角的大小为________度.

14. 在正方体 $ABCD-A_1B_1C_1D_1$ 中，平面 ABD_1C_1 与平面 $ABCD$ 所成的角的大小为________度.

15. 若一个圆锥的母线长为 5 cm，侧面积为 $10\sqrt{3}\pi\text{cm}^2$，则这个圆锥的体积是________.

三、解答题(本大题共 6 小题，每小题 10 分，共 60 分. 解答应写出文字说明或演算步骤.)

16.(本小题满分 10 分)

如图所示，已知平面 $\alpha\perp$ 平面 β，$\alpha\cap\beta=l$，在 l 上取线段 $AB=4$，AC，BD 分别在平面 α 和平面 β 内，并且垂直于它们的交线 AB，且 $AC=3$，$BD=12$. 求 CD 的长.

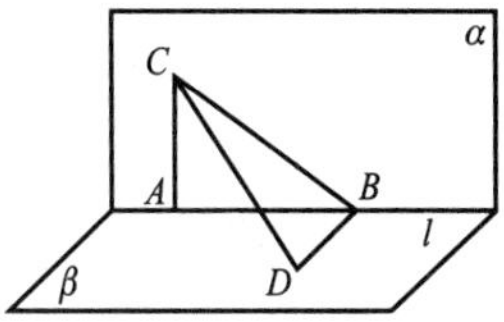

第 16 题图

17.(本小题满分 10 分)

已知正方体 $ABCD-A'B'C'D'$，求二面角 $D'-AB-D$ 的大小.

18.(本小题满分 10 分)

有一根旗杆 AB 高 8 m，它的顶端 A 挂一条 10 m 的绳子. 拉紧绳子，并把它的下端放在地面上的两点 C，D(和旗杆脚不在同一条直线上). 如果这两点都和旗杆脚 B 的距离是 6 m，那么旗杆就和地面垂直，为什么？请说明理由.

19.(本小题满分 10 分)

已知 Rt△ABC 中，$AB=AC=a$，AD 是斜边上的高，以 AD 为折痕使∠BDC 成直角，如图所示．求证：

(1)平面 $ABD\perp$平面 BDC，平面 $ACD\perp$平面 BDC；(5 分)

(2)证明：$\angle BAC=60°$.(5 分)

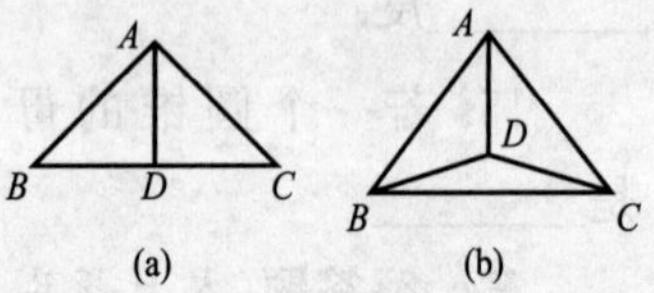

第 19 题图

20.(本小题满分 10 分)

已知圆柱的底面半径为 2 cm，体积为 20 πcm^3.

(1)求圆柱的高.(5 分)

(2)求圆柱的全面积.(5 分)

21.(本小题满分 10 分)

如图所示，在三棱柱 $ABC-A_1B_1C_1$ 中，$AA_1\perp$底面 ABC，$AA_1=\sqrt{3}$，$AB=AC=1$，$AB\perp AC$.

(1)证明：$BA\perp$平面 ACC_1A_1.(5 分)

(2)求直线 B_1C 与平面 ACC_1A_1 所成的角的正弦值.(5 分)

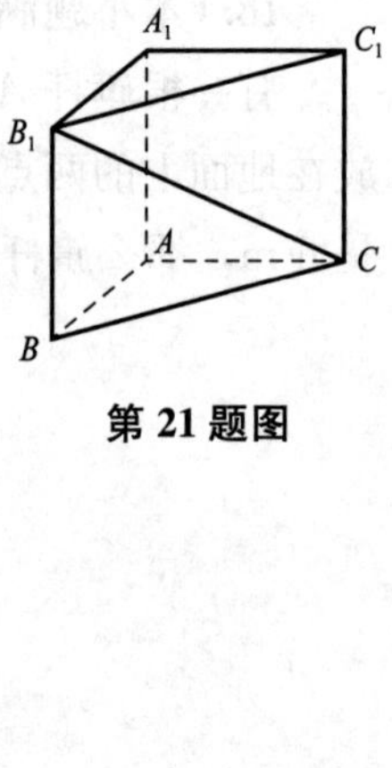

第 21 题图

第 10 章　概率与统计初步单元检测试卷

总分：120 分　　　　时量：90 分钟

一、选择题(本大题共 10 小题，每小题 4 分，共 40 分. 在每小题给出的四个选项中，只有一项是符合题目要求的.)

1. 某班有男生 20 人，女生 25 人，从中任选 1 人担任信息委员，共有多少种不同的选法(　　)

A. 20　　B. 25　　C. 45　　D. 500

2. 两个袋中分别有形状和大小一致的 5 个红球和 3 个蓝球，若要从中取出 1 个红球和 1 个蓝球，共有几种不同的取法(　　)

A. 15　　B. 8　　C. 5　　D. 3

3. 安排 5 名同学去听取同时进行的 4 个科技知识讲座，每名同学可任意安排，则不同的安排种数为(　　)

A. 5^4　　B. 4^5　　C. 20　　D. 9

4. 某种商品共有 50 个，其中有 2 个次品，现从中随机抽取一个，抽到次品的概率是(　　)

A. $\frac{24}{25}$　　B. $\frac{12}{25}$　　C. $\frac{1}{50}$　　D. $\frac{1}{25}$

5. 下列命题正确的是(　　)

A. 总体是样本的集合　　B. 个体是总体的元素

C. 样本是总体的元素　　D. 全部个体组成样本

6. 某村有 300 户家庭，其中高收入家庭 50 户，中等收入家庭 240 户，低收入家庭 10 户，为了调查该村农户的购买力，要从中抽取一个容量为 60 户的样本，适宜采用的抽样方法是(　　)

A. 随机抽样　　B. 系统抽样　　C. 分层抽样　　D. 无法确定

7. 频率分布直方图中小矩形的高是(　　)

A. 组距　　B. 频率　　C. 频数　　D. $\frac{频率}{组距}$

8. 已知某样本的频数为 10，频率为 0.2，则该样本的容量为(　　)

A. 50　　B. 25　　C. 20　　D. 2

9. 已知样本数据 x_1，x_2，x_3，x_4，x_5，其中 x_1，x_2，x_3 的平均数为 a，x_4，x_5 的平均数为 b，则样本数据的平均数为(　　)

A. $\frac{a+b}{2}$　　B. $\frac{a+b}{5}$　　C. $\frac{2a+3b}{5}$　　D. $\frac{3a+2b}{5}$

10. 若一个线性回归方程为 $\hat{y}=4-3x$，变量 x 增加一个单位时，则 y 平均(　　)

A. 增加 4 个单位　　B. 减少 4 个单位

C. 增加 3 个单位　　D. 减少 3 个单位

二、填空题(本大题共 5 小题，每小题 4 分，共 20 分.)

11. 由数字 0，1，2，3 可以组成________个无重复数字的四位数.

12. 在 10 000 张奖券中，有 200 张中奖券，从中任取一张，中奖的概率为________.

13. 利用简单随机抽样从含有 10 个个体的总体中抽取一个容量为 4 的样本，则每个个体被抽到的概率是________.

14. 书包内有语文书、数学书、英语书、政治书和计算机各两本书，从中任取一本，则取出的书是数学书的概率为________.

15. 已知一组数据 1，2，3，4，x 的均值是 4，则该组数据的标准差是________.

三、解答题(本大题共 6 小题，每小题 10 分，共 60 分. 解答应写出文字说明或演算步骤.)

16.(本小题满分 10 分)

某学校一年级数学课外活动小组共有成员 30 人，其中来自财会专业的有 12 人，来自旅游专业的有 10 人，来自计算机专业的有 8 人.

(1)从每个专业中任选取一名同学担任课外活动小组的专业联络员，有多少种不同的选法？(5 分)

(2)任选来自不同专业的两个人介绍学习经验，有多少种不同的选法？(5 分)

17.(本小题满分 10 分)

某人才招聘面试考场设有 20 张考签，编号分别为 1，2，3，…，20. 面试时，考生任意抽取一张考签答题.

(1)求考生抽到 3 号考签的概率. (5 分)

(2)求考生抽到前 3 号考签的概率. (5 分)

18.(本小题满分 10 分)

从 1，2，3，4，5 这五个数中任选两个数.

(1)求两个数都是偶数的概率. (5 分)

(2)求两个数都是奇数的概率. (5 分)

19.（本小题满分 10 分）

为了从甲、乙两名射击学员中选拔一人参加射击比赛，对他们的射击水平进行了测验，两人在相同的条件下各打靶五次，所中环数如下：

甲：8，9，10，5，8.

乙：6，9，8，8，9.

应该选谁参加比赛，为什么？

20.（本小题满分 10 分）

甲、乙两人参加某项知识抢答竞赛，共有 10 道不同的题目，其中选择题 4 道，填空题 6 道，甲、乙两人依次各抽一道题抢答.

(1)甲抽到选择题、乙抽到填空题的概率是多少？（5 分）

(2)甲、乙两人至少有一个人抽到选择题的概率是多少？（5 分）

21.（本小题满分 10 分）

如图所示是某市居民的月收入情况样本频率分布直方图. 已知图中第一组的频数为 800.

(1)求样本容量 n 的值.（5 分）

(2)求样本中月收入在[2 500，3 000)内的人数.（5 分）

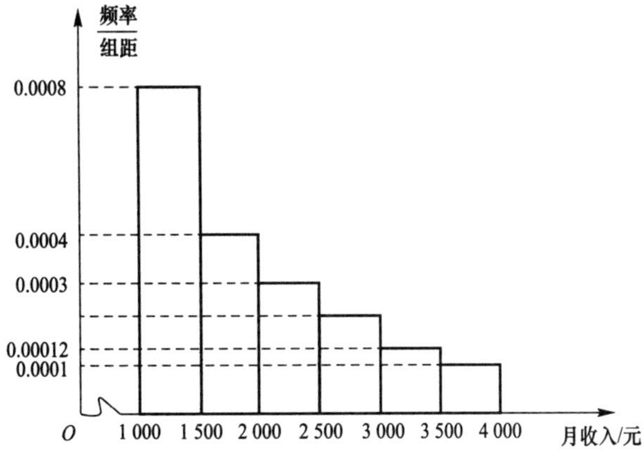

期中考试试卷

总分：120 分　　　　时量：90 分钟

一、选择题(本大题共 10 小题，每小题 4 分，共 40 分. 在每小题给出的四个选项中，只有一项是符合题目要求的.)

1. 数列$\frac{1}{2}$，$\frac{1}{3}$，$\frac{1}{4}$，…的一个通项公式是(　　)

A. $a_n=\frac{1}{n}$　　B. $a_n=\frac{1}{n+1}$

C. $a_n=\frac{1}{n-1}$　　D. $a_n=\frac{1}{2n-1}$

2. 等差数列 2，4，6，8，…的公差 $d=$(　　)

A. -2　　B. $\frac{1}{2}$　　C. 2　　D. 4

3. 在等差数列$\{a_n\}$中，$a_1=-3$，公差 $d=-2$，则它的前 10 项和是(　　)

A. -210　　B. -120　　C. 120　　D. 210

4. 在等比数列$\{a_n\}$中，$a_1=1$，公比 $q=-2$，则 $a_n=$(　　)

A. $(-2)^{n+1}$　　B. $(-2)^n$　　C. $(-2)^{n-1}$　　D. $(-2)^{n-2}$

5. 已知两点 $A(-2, 4)$，$B(1, -1)$，则向量$\overrightarrow{AB}=$(　　)

A. $(-3, 5)$　　B. $(-1, 3)$　　C. $(-2, -4)$　　D. $(3, -5)$

6. 已知向量$\overrightarrow{OA}=(3, -4)$，$\overrightarrow{OB}=(-3, 4)$，则(　　)

A. $\overrightarrow{OA}\perp\overrightarrow{OB}$　　B. $\overrightarrow{OA}=\overrightarrow{OB}$

C. $\overrightarrow{OA}=-\overrightarrow{OB}$　　D. $\overrightarrow{OA}-\overrightarrow{OB}=(0, 0)$

7. 已知 $|\boldsymbol{a}|=3$，$|\boldsymbol{b}|=6$，$\langle\boldsymbol{a}, \boldsymbol{b}\rangle=60°$，则 $\boldsymbol{a}\cdot\boldsymbol{b}=$(　　)

A. $-9\sqrt{3}$　　B. -9　　C. 9　　D. $9\sqrt{3}$

8. 直线 l 经过两点 $P_1(-2, 3)$，$P_2(4, 6)$，则直线 l 的斜率 $k=$(　　)

A. -2　　B. 2　　C. $-\frac{1}{2}$　　D. $\frac{1}{2}$

9. 圆$(x-2)^2+(y+1)^2=4$ 的圆心坐标是(　　)

A. $(2, -1)$　　B. $(-2, 1)$　　C. $(2, 1)$　　D. $(-2, -1)$

10. 点 $P(1, 1)$到直线 $3x+4y-1=0$ 的距离是(　　)

A. $\frac{6}{5}$　　B. $\frac{9}{5}$　　C. 2　　D. 10

二、填空题(本大题共 5 小题，每小题 4 分，共 20 分)

11. 在等差数列$\{a_n\}$中，若 $a_1=-1$，公差 $d=3$，则 $a_n=$________.

12. 在等比数列$\frac{1}{3}$，$\frac{1}{9}$，$\frac{1}{27}$，…中，公比 $q=$________.

13. 若向量 $\boldsymbol{a}=(-2，3)$与 $\boldsymbol{b}=(3，m)$平行，则 $m=$________.

14. 已知两点 $P(-3，1)$，$Q(-5，3)$，则直线 PQ 的倾斜角 $\alpha=$________.

15. 若直线 $y=kx$ 与直线 $3x+4y-2=0$ 垂直，则 $k=$________.

三、解答题(本大题共 6 小题，每小题 10 分，共 60 分. 解答应写出文字说明或演算步骤.)

16.(本小题满分 10 分)

在等差数列$\{a_n\}$中，$a_{100}=36$，公差 $d=\frac{1}{3}$.

(1)求 a_1 的值；(5 分)

(2)求数列$\{a_n\}$的前 100 项和 S_{100}.(5 分)

17.(本小题满分 10 分)

在等比数列$\{a_n\}$中，$a_1=-1$，$a_4=-8$.

(1)求公比 q 的值；(5 分)

(2)求前 5 项的和 S_5.(5 分)

18.(本小题满分 10 分)

已知向量 $\boldsymbol{a}=(2，-1)$，$\boldsymbol{b}=(-3，2)$.

(1)求 $2\boldsymbol{a}-\boldsymbol{b}$；(5 分)

(2)若 $\boldsymbol{a}\cdot\boldsymbol{b}$.(5 分)

19.(本小题满分 10 分)

已知向量 $|\boldsymbol{a}|=|\boldsymbol{b}|=\sqrt{2}$.

(1)若 $\boldsymbol{a}\cdot\boldsymbol{b}=-\sqrt{2}$，求 $\langle\boldsymbol{a},\boldsymbol{b}\rangle$ 的大小；(5 分)

(2)若 $\boldsymbol{a}$ 和 $\boldsymbol{b}$ 的夹角为$60°$，求 $\boldsymbol{a}\cdot\boldsymbol{b}$ 的值.(5 分)

20.(本小题满分 10 分)

已知直线 l 的倾斜角 $\alpha=45°$，且直线 l 经过点 $P(2,0)$.

(1)求直线 l 的方程.(4 分)

(2)若直线 l 与直线 $4x-my+1=0$ 平行，求 m 的值.(6 分)

21.(本小题满分 10 分)

直线 l 经过点 $M(2,-1)$，且垂直于直线 $y=-2x+1$.

(1)求直线 l 的方程；(5 分)

(2)若直线 l 与圆 C：$x^2+y^2=a^2(a>0)$ 相切，求 a 的值.(5 分)

期末考试试卷

总分：120 分　　　时量：90 分钟

一、选择题(本大题共 10 小题，每小题 4 分，共 40 分. 在每小题给出的四个选项中，只有一项是符合题目要求的.)

1. 在等差数列$\{a_n\}$中，$a_1=-4$，$a_5=8$，则公差 $d=$(　　)

A. -3　　B. -2　　C. 2　　D. 3

2. 已知 $\boldsymbol{a}=(1, 2)$，$\boldsymbol{b}=(-3, m)$，且 $\boldsymbol{a}/\!/\boldsymbol{b}$，则 $m=$(　　)

A. $-\frac{1}{6}$　　B. -6　　C. $\frac{1}{6}$　　D. 6

3. 在等比数列$\{a_n\}$中，$a_2=3$，$a_4=6$，则 $a_6=$(　　)

A. 9　　B. 12　　C. 16　　D. 36

4. 过点$(2, -1)$且与直线 $2x-3y+5=0$ 垂直的直线方程是(　　)

A. $3x+2y-4=0$　　B. $3x+2y+4=0$

C. $3x-2y-4=0$　　D. $2x-3y-4=0$

5. 若直线 $x-y+m=0$ 把圆 $x^2+y^2+4x-2y-14=0$ 平分，则 $m=$(　　)

A. -3　　B. -1　　C. 1　　D. 3

6. 如果两条直线 a 和 b 没有公共点，那么 a 和 b(　　)

A. 平行　　B. 异面　　C. 共面　　D. 平行或异面

7. 如果平面的一条斜线段的长度是它在这个平面内的射影的长度的$\sqrt{3}$倍，那么斜线段与平面所成角的正弦值是(　　)

A. $\frac{\sqrt{3}}{3}$　　B. $\frac{\sqrt{6}}{3}$　　C. $\frac{\sqrt{2}}{2}$　　D. $\frac{\sqrt{6}}{2}$

8. 抛掷两颗均匀的骰子，出现的点数之和为 3 的概率是(　　)

A. $\frac{1}{36}$　　B. $\frac{1}{18}$　　C. $\frac{1}{12}$　　D. $\frac{1}{9}$

9. 为了检查期末考试试卷分数统计的工作质量，将考生考号尾数是 5 的全部抽取出来复查，这种抽样方法是(　　)

A. 简单随机抽样　　B. 系统抽样

C. 分层抽样　　D. 间断抽样

10. 已知圆锥的底面积是 9π，母线与底面所成的角为 $30°$，则圆锥的体积是(　　)

A. $3\sqrt{3}\pi$　　B. $6\sqrt{3}\pi$　　C. $9\sqrt{3}\pi$　　D. 无法确定

二、填空题(本大题共 5 小题，每小题 4 分，共 20 分.)

11. 在等差数列$\{a_n\}$中，若 $a_1=2$，公差 $d=-2$，则它的前 5 项和 $S_5=$________.

12. 某校有中专生 3 000 人，大专生 1 000 人. 为了解学生的学习成绩，用分层抽样的方法从该校学生中抽取一个容量为 n 的样本，已知从中专生中抽取 75 人，则 $n=$________.

13. 已知 $\boldsymbol{a}=(-2,4)$，则 $|\boldsymbol{a}|=$________.

14. 斜率为 -4，在 y 轴上的截距为 -2 的直线的一般式方程是________.

15. 已知点 $A(-1,-1)$ 和点 $B(2,3)$，则线段 AB 的长 $|AB|=$________.

三、解答题(本大题共 6 小题，每小题 10 分，共 60 分. 解答应写出文字说明或演算步骤.)

16.(本小题满分 10 分)

已知数列 $\{a_n\}$ 为等比数列，且 $a_1=2$，$a_4=16$.

(1)求数列 $\{a_n\}$ 的通项公式；(5 分)

(2)求数列 $\{a_n\}$ 的前 n 项和 S_n.(5 分)

17.(本小题满分 10 分)

已知四个数分别是 1，2，3，4.

(1)从中任取两个数相加，求"和为 5"发生的概率；(5 分)

(2)用这四个数字可以组成多少个既是偶数又是四位数(即四位偶数)的数？(5 分)

18.(本小题满分 10 分)

如图所示，在长方体 $ABCD-A_1B_1C_1D_1$ 中，$AB=AD=8$，$AA_1=6$.

(1)证明：$B_1C\,/\!/$平面 A_1BD；(5 分)

(2)求三棱锥 A_1-BCD 的体积.(5 分)

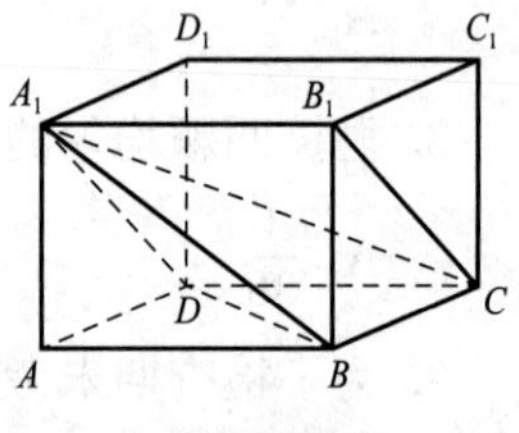

第 18 题图

19.(本小题满分 10 分)

从某职业学校的全部学生中随机抽取了 100 名学生，并且统计了这 100 名学生一周的课外阅读时间(单位：h)的数据，整理得到频数分布表和频率分布直方图如下：

组号	分组	频数
1	[0, 2)	6
2	[2, 4)	8
3	[4, 6)	17
4	[6, 8)	22
5	[8, 10)	25
6	[10, 12)	12
7	[12, 14)	6
8	[14, 16)	2
9	[16, 18]	2
合计		100

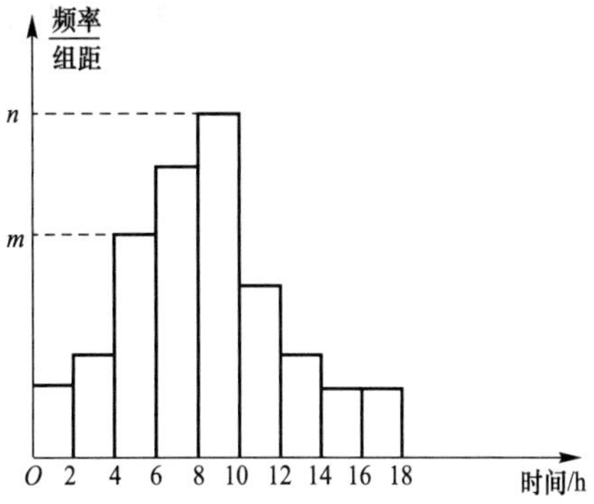

第 19 题图

(1)从该校的全部学生中随机选取 1 名学生，估计这名学生一周内课外阅读时间少于 12 h 的概率是多少？(5 分)

(2)频率分布直方图中，m 和 n 的值分别是多少？(5 分)

20.(本小题满分 10 分)

如图所示，四边形 $ABCD$ 是正方形，点 P 是平面 $ABCD$ 外一点，$PA=PC$，$PB=PD$，且点 O 是 AC 与 BD 的交点.

(1)证明：$PO\perp$平面 AC；(5 分)

(2)若 $PA=\sqrt{5}$，$AB=2$，求四棱锥 $P-ABCD$ 的全面积.(5 分)

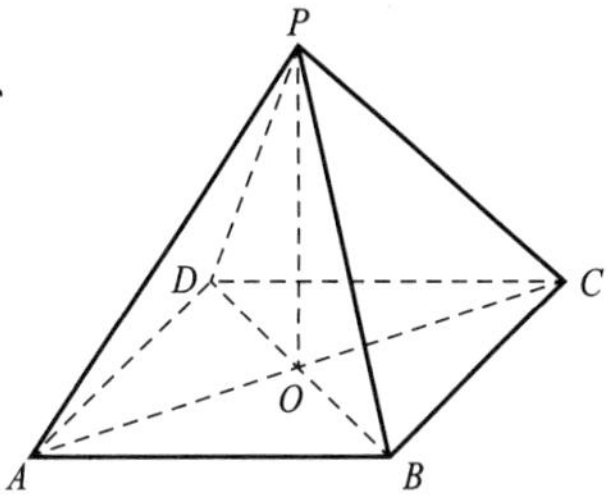

第 20 题图

21.(本小题满分 10 分)

直线 l_1：$x+y-1=0$ 与 l_2：$3x+2y-4=0$ 的交点为 M，圆 M(以点 M 为圆心的一个圆)的半径等于 5.

(1)求点 M 的坐标；(5 分)

(2)判断直线 l：$3x+4y+18=0$ 与圆 M 的位置关系.(5 分)

基础模块检测试卷

总分：120 分　　　　时量：90 分钟

一、选择题(本大题共 10 小题，每小题 4 分，共 40 分. 在每小题给出的四个选项中，只有一项是符合题目要求的.)

1. 已知集合 $A=\{0, 2, 4\}$，$B=\{1, 2, 3, 4\}$，则 $A\cap B=$(　　)

A. $\{0, 2, 4\}$　　B. $\{1, 2, 3, 4\}$

C. $\{0, 1, 2, 3, 4\}$　　D. $\{2, 4\}$

2. "$x^2=1$"是"$x=1$"的(　　)

A. 充分不必要条件　　B. 必要不充分条件

C. 充分必要条件　　D. 既不充分也不必要条件

3. 不等式 $x^2-5x-24\geqslant 0$ 的解集是(　　)

A. $[8, +\infty)$　　B. $[-3, 8]$

C. $(-\infty, -3]$　　D. $(-\infty, -3]\cup[8, +\infty)$

4. 若不等式 $|mx+1|<3$ 的解集为 $\{x|-2<x<1\}$，则实数 m 的值为(　　)

A. -4　　B. -2　　C. 2　　D. 4

5. 已知直线 $y=2x+m$ 把圆 $x^2+y^2+2x-4y-1=0$ 平分，则 $m=$(　　)

A. -4　　B. 0　　C. 2　　D. 4

6. 已知等差数列 $\{a_n\}$ 的前 3 项和 $S_3=9$，$a_3=4$，则首项 $a_1=$(　　)

A. 1　　B. $\frac{5}{3}$　　C. 2　　D. 3

7. 已知等比数列 $\{a_n\}$ 的前 n 项和 $S_n=2^n-1$，则 $a_3=$(　　)

A. -1　　B. 2　　C. 4　　D. 8

8. 已知点 $P(4, -3)$ 是角 α 的终边上一点，则 $\sin\alpha=$(　　)

A. $-\frac{4}{5}$　　B. $-\frac{3}{5}$　　C. $\frac{3}{5}$　　D. $\frac{4}{5}$

9. 已知 $\overrightarrow{AB}=(-2, 1)$ 和点 $B(1, -3)$，则点 A 的坐标是(　　)

A. $(3, 4)$　　B. $(-4, 3)$　　C. $(3, -4)$　　D. $(-3, 4)$

10. 已知一个圆柱的底面半径是 2，侧面展开图是正方形，则该圆柱的表面积是(　　)

A. $16\pi^2+8\pi$　　B. $8\pi^2+16\pi$　　C. $16\pi^2+4\pi$　　D. 8π

二、填空题(本大题共 5 小题，每小题 4 分，共 20 分.)

11. 设 $\lg 2=a$，$\lg 3=b$，则 $\lg\sqrt{72}=$________(用 a 和 b 表示).

12. $\left(\frac{81}{16}\right)^{-\frac{3}{4}}=$________.

13. 由数字 0，1，2，3 组成的无重复数字的四位数是偶数的概率为________.

14. 已知向量 $\mathbf{a}=(-1,2)$，$\mathbf{b}=(m,3)$. 若 $2\mathbf{a}$ 与 $\mathbf{b}$ 垂直，则 $m=$________.

15. 在等比数列 $\{a_n\}$ 中，若 $a_5=-1$，$a_8=8$，则公比 $q=$________.

三、解答题(本大题共 6 小题，每小题 10 分，共 60 分. 解答应写出文字说明或演算步骤.)

16.(本小题满分 10 分)

已知点 $A(2,4)$ 是函数 $f(x)=a^x(a>0,a\neq1)$ 的图像上一点.

(1)求 $f(x)$ 的解析式；(5 分)

(2)当 $x\in[-1,2]$ 时，求函数 $f(x)$ 的取值范围. (5 分)

17.(本小题满分 10 分)

已知 $\sin\alpha+\cos\alpha=\frac{2}{3}$，$\alpha\in\left(\frac{\pi}{2},\pi\right)$.

(1)求 $\sin\alpha\cos\alpha$ 的值. (5 分)

(2)求 $\sin\alpha-\cos\alpha$ 的值. (5 分)

18.(本小题满分 10 分)

已知 $\overrightarrow{OA}=\boldsymbol{a}$，$\overrightarrow{OB}=\boldsymbol{b}$，且 $|\boldsymbol{a}|=|\boldsymbol{b}|=2$，$\angle AOB=120°$.

(1)求 $|\boldsymbol{a}+\boldsymbol{b}|$ 的值. (5 分)

(2)求 $|\boldsymbol{a}-\boldsymbol{b}|$ 的值. (5 分)

19.(本小题满分 10 分)

已知直线 PA 垂直矩形 $ABCD$ 所在平面，且 $AB=8$，$BC=6$，$PC=15$.

(1)求线段 PA 的长.(5 分)

(2)求棱锥 $P-ABCD$ 的体积.(5 分)

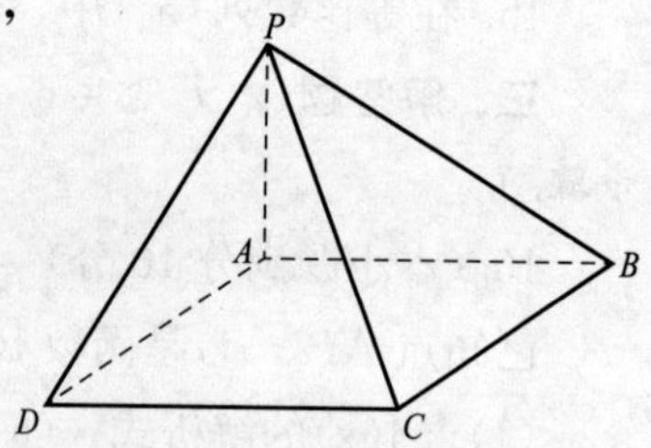

20.(本小题满分 10 分)

已知点 $M(0,-1)$，且点 N 在直线 $x-y+1=0$ 上，直线 MN 与直线 $x+2y-3=0$ 垂直.

(1)求点 N 的坐标.(5 分)

(2)求线段 MN 的长.(5 分)

21.(本小题满分 10 分)

在农业综合开发项目建设中，某市有 400 万亩土地需要平整.

(1)若计划 2017 年完成土地平整面积 60 万亩，以后每年土地平整面积递增 10%，从 2017 年起，该市几年内能完成土地平整任务?(5 分)

(2)若计划 2017 年完成土地平整面积 60 万亩，以后每年土地平整面积比前一年多 10 万亩，从 2017 年起，该市哪一年可以完成土地平整任务.(5 分)

参考答案

第6章　数　列

§6.1　数列的概念

1. D　**解析**：数列中的数可以重复出现；如果组成两个数列的数完全相同，但顺序不完全相同，则它们是不相同的数列；数列的通项公式并不一定唯一；数列的首项是指数列的第1项，它是唯一的，故选D.

2. C　**解析**：方法一：原数列可改写为2×1，2×2，2×3，2×4，$2\times n$，…，所以它的第10项是$2\times10=20$. 方法二：数列的通项公式是$a_n=2n$，所以第10项是$a_{10}=2\times10=20$，故选C.

3. A　**解析**：因为$a_n=n^2-2n$，所以$a_5=5^2-2\times5=15$，故选A.

4. B　**解析**：数列4，8，16，32，…可改写为2^{1+1}，2^{2+1}，2^{3+1}，2^{4+1}，…，所以其通项公式为$a_n=2^{n+1}$，故选B.

5. -4　**解析**：因为$a_n=\frac{3n+1}{2n-3}$，所以$a_1=\frac{3\times1+1}{2\times1-3}=\frac{4}{-1}=-4$.

6. 6，13　**解析**：数列-2，3，8，13，18，23共有6项，第1项(即首项)是-2，第4项是13.

7. 有穷数列，无穷数列　**解析**：数列1，2，3，…，10 000共有10 000项，是有穷数列．数列1，2，3，…有无穷多项，是无穷数列.

8. $-\frac{5}{7}$　**解析**：因为数列$\left\{(-1)^n\frac{2n-1}{2n+1}\right\}$的通项公式是$a_n=(-1)^n\frac{2n-1}{2n+1}$，所以该数列的第3项$a_3=(-1)\times\frac{2\times3-1}{2\times3+1}=-\frac{5}{7}$.

9. 因为$a_n=(-1)^n\times\frac{1}{2n-1}$，所以$a_1=(-1)^1\times\frac{1}{2\times1-1}=-1$，$a_5=(-1)^5\times\frac{1}{2\times5-1}=-\frac{1}{9}$，$a_6=(-1)^6\times\frac{1}{2\times6-1}=\frac{1}{11}$，$a_{2n+1}=(-1)^{2n+1}\times\frac{1}{2(2n+1)-1}=-\frac{1}{4n+1}$.

10. (1)因为$a_n=\frac{n^2-1}{n^2+1}$，所以第5项$a_5=\frac{5^2-1}{5^2+1}=\frac{24}{26}=\frac{12}{13}$.

(2)令$a_n=\frac{99}{101}$，即$\frac{n^2-1}{n^2+1}=\frac{99}{101}$，整理得$n^2=100$，解之得$n=-10$(舍去)或$n=10$，

因此$\frac{99}{101}$是这个数列中的项，且是第 10 项.

§6.2 等差数列

1. A **解析**：A 中的数列是公差为 0 的等差数列，即常数列，故选 A.

2. B **解析**：因为 $a_{n+1}-a_n=-3$，所以数列$\{a_n\}$是公差为-3的等差数列，故选 B.

3. B **解析**：因为等差数列-1，1，3，5，…的首项为-1，公差为 2，由 $a_n=a_1+(n-1)d$ 得$-1+2(n-1)=121$，所以 $n=62$，故选 B.

4. A **解析**：在等差数列$\{a_n\}$中，由 $a_n=a_1+(n-1)d$ 得公差 $d=\frac{a_n-a_1}{n-1}=\frac{a_4-a_1}{4-1}=\frac{10-(-2)}{3}=4$. 因此，$S_{10}=10a_1+\frac{10\times(10-1)}{2}\times4=10\times(-2)+180=160$ 故选 A.

5. $\sqrt{3}$ **解析**：因为 a 与 b 的等差中项为$\frac{a+b}{2}$，所以$\sqrt{3}+1$与$\sqrt{3}-1$的等差中项为$\frac{(\sqrt{3}+1)+(\sqrt{3}-1)}{2}=\sqrt{3}$.

6. 11 **解析**：因为当 $n\geqslant2$ 时，$a_n=S_n-S_{n-1}$，所以 $a_5=S_5-S_4=(5^2+2\times5)-(4^2+2\times4)=11$.

7. $-\frac{400}{9}$，$-\frac{400}{9}$ **解析**：由 $S_n=\frac{n(a_1+a_n)}{2}$ 得$\frac{9\times(a_1+a_9)}{2}=-200$，故 $a_1+a_9=-\frac{400}{9}$. 等差数列的性质：在等差数列$\{a_n\}$中，若 $m+n=p+q$，则 $a_m+a_n=a_p+a_q$. 由此可知 $a_3+a_7=a_1+a_9=-\frac{400}{9}$.

8. 100 **解析**：因为在等差数列$\{a_n\}$中，$a_1+a_{20}=a_5+a_{16}$，$S_n=\frac{n(a_1+a_n)}{2}$，所以 $S_{20}=\frac{20\times(a_1+a_{20})}{2}=\frac{20\times10}{2}=100$.

9. (1)设等差数列$\{a_n\}$的公差为 d，则$\begin{cases}a_{10}=a_1+9d=30,\\a_{20}=a_1+19d=50,\end{cases}$解之得$\begin{cases}a_1=12,\\d=2,\end{cases}$故通项 $a_n=a_1+(n-1)d=2n+10$.

(2)由 $S_n=na_1+\frac{n(n-1)}{2}d$ 以及 $a_1=12$，$d=2$，$S_n=180$ 得 $12n+\frac{n(n-1)}{2}\times2=180$，即 $n^2+11n-180=0$，解之得 $n=-20$(舍去)或 $n=9$.

10. 因为 $a_5+a_5=a_2+a_8$，所以 $a_5=\frac{a_2+a_8}{2}=10$，而 $a_5=a_2+3d$，所以 $d=\frac{7}{3}$. 由 $a_5=a_1+4d$ 即 $10=a_1+\frac{28}{3}$ 得 $a_1=\frac{2}{3}$. 因此，$S_5=\frac{\left(\frac{2}{3}+10\right)\times5}{2}=\frac{80}{3}$.

§6.3(1) 等比数列(1)

1. B **解析**：在B中，$-1\times9\neq3^2$，即第2项不是第1项和第3项的等比中项，所以该数列不是等比数列，故选B.

2. D **解析**：由等比数列的性质可知，因为$2+3=1+4$，所以$a_1\cdot a_4=a_2\cdot a_3=20$，故选D.

3. A **解析**：等差数列-1，-3，-5，-7，-9，…的第n项是$1-2n$，等比数列2，4，8，16，32，…的第n项是2^n，所以数列$\{a_n\}$的通项公式是$a_n=\frac{1-2n}{2^n}$，故选A.

4. C **解析**：因为同号两数a和b的等比中项有两个，即$\pm\sqrt{ab}$，所以9和4的等比中项是$\pm\sqrt{9\times4}=\pm6$，故选C.

5. ±2 **解析**：因为$a_4=a_2q^2$，所以$q^2=\frac{a_4}{a_2}=\frac{32}{8}=4$，$q=\pm2$.

6. $\frac{255}{256}$ **解析**：因为$a_1=\frac{1}{2}$，$q=\frac{1}{2}$，所以$S_8=\frac{a_1(1-q^8)}{1-q}=\frac{\frac{1}{2}\times\left[1-\left(\frac{1}{2}\right)^8\right]}{1-\frac{1}{2}}=\frac{255}{256}$.

7. $\frac{3}{4}$ **解析**：因为公比$q=-\frac{1}{3}$，前4项的和$S_4=\frac{5}{9}$，所以$\frac{a_1(1-q^4)}{1-q}=\frac{5}{9}$，即$\frac{a_1\times\left[1-\left(-\frac{1}{3}\right)^4\right]}{1-\left(-\frac{1}{3}\right)}=\frac{5}{9}$，解之得$a_1=\frac{3}{4}$.

8. 40 **解析**：设等比数列$\{a_n\}$的公比为q，则有$a_{10}=a_5q^5$，$q^5=\frac{a_{10}}{a_5}=\frac{160}{5}=32$，$q=2$，于是$a_8=a_5q^3=5\times2^3=40$.

9. 设等比数列$\{a_n\}$的公比为q，则$a_4=a_1q^3$，即$6\times q^3=-\frac{3}{4}$，$q=-\frac{1}{2}$. 由等比数列前n项和公式可知$\frac{6\times\left[1-\left(-\frac{1}{2}\right)^n\right]}{1-\left(-\frac{1}{2}\right)}=\frac{129}{32}$，解之得$n=7$，故数列$\{a_n\}$的前7项和为$\frac{129}{32}$.

10. 因为a，b，c，d是公比为3的等比数列，所以$b=3a$，$c=9a$，$d=27a$，故$\frac{a+2b}{3c+d}=\frac{a+2\times3a}{3\times9a+27a}=\frac{7}{54}$.

§6.3(2) 等比数列(2)

1. C **解析**：因为$a_8=a_1+7d=6$，$S_{10}=10a_1+\frac{10\times(10-1)}{2}\times d=100$，所以$a_1=\frac{86}{5}$，$d=-\frac{8}{5}$，故选C.

2. B　**解析**：由$(a-2)+(2a+4)=2(a+1)$得$a=0$，所以等差数列$\{a_n\}$的首项是-2，公差$d=3$，通项公式是$a_n=-2+3(n-1)=3n-5$，故选 B.

3. A　**解析**：因为a^2和a_3是方程$3x^2-4x-3=0$的两根，所以$a_2\cdot a_3=\frac{-3}{3}=-1$. 又因为在等比数列$\{a_n\}$中，$a_1\cdot a_4=a_2\cdot a_3$所以$a_1\cdot a_4=-1$，故选 A.

4. A　**解析**：$a_{100}=S_{100}-S_{99}=3\times100^2-3\times99^2=3\times(100^2-99^2)=3\times(100-99)\times(100+99)=597$，故选 A.

5. 5　**解析**：在等差数列$\{a_n\}$中，$a_3+a_{15}=a_9+a_9$，而$a_3+a_{15}=10$，所以$a_9=5$.

6. 3　**解析**：在等比数列$\{a_n\}$中，$a_8=a_5q^3$，而$a_8-27a_5=0$，所以$a_5q^3-27a_5=0$，$q^3=27$，于是$q=3$.

7. 52　**解析**：在数列$\{a_n\}$中，因为$a_{n+1}-a_n=\frac{1}{2}$，$a_1=2$，所以数列$\{a_n\}$是首项为 2，公差$d=\frac{1}{2}$的等差数列，于是$a_n=2+\frac{1}{2}(n-1)$，即$a_n=\frac{n+3}{2}$，故$a_{101}=\frac{101+3}{2}=52$.

8. 8　**解析**：设等比数列$\{a_n\}$的公比为q，则$a_6=a_1q^5$，即有$6\times q^5=-\frac{3}{16}$，$q=-\frac{1}{2}$.

由$S_n=\frac{255}{64}$得$\frac{6\times\left[1-\left(-\frac{1}{2}\right)^n\right]}{1-\left(-\frac{1}{2}\right)}=\frac{255}{64}$，所以$n=8$.

9. 设每年存入银行x元，则一年后的本利和为$x(1+5\%)$，两年后的本利和为$x(1+5\%)+x(1+5\%)^2$，…，5 年后的本利和为$x(1+5\%)+x(1+5\%)^2+\cdots+x(1+5\%)^5$. 根据题意列方程得$x(1+5\%)+x(1+5\%)^2+\cdots+x(1+5\%)^5=100\ 000$，即$1.05x\cdot\frac{1-1.05^5}{1-1.05}=100\ 000$，解之得$x\approx17\ 236$(元).

10. (1)10 年内实际偿还银行贷款总金额为$8\times(1+4\%)^{10}\approx11.842$(万元).

(2)设每年应偿还银行贷款x万元，根据题意得$x(1+4\%)^9+x(1+4\%)^8+\cdots+x(1+4\%)+x=11.842$，即$x\cdot\frac{1-1.04^{10}}{1-1.04}=11.842$，解之得$x=\frac{1-1.04}{1-1.04^{10}}\times11.842\approx0.987$(万元).

本章小结

1. C　**解析**：由等差数列的定义可知$a_{n+1}-a_n=$常数$\Leftrightarrow$数列$\{a_n\}$为等差数列，故选 C.

2. C　**解析**：由等比数列的定义可知$\frac{a_{n+1}}{a_n}=$常数$\Leftrightarrow$数列$\{a_n\}$为等比数列，故选 C.

3. A　**解析**：公差$d=a_3-a_2=7-4=3$，故选 A.

4. B　**解析**：因为$a_{n+1}=2a_n$，所以公比$q=\frac{a_{n+1}}{a_n}=2$. 故选 B.

5. D　**解析**：由$S_4=\frac{a_1\left[1-\left(\frac{2}{3}\right)^4\right]}{1-\frac{2}{3}}=65$得$a_1=\frac{65\times\frac{1}{3}}{1-\left(\frac{2}{3}\right)^4}=\frac{\frac{65}{3}}{\frac{65}{81}}=27$. 故选 D.

6. C　**解析：** 等差数列$\{a_n\}$的公差$d=\frac{a_5-a_1}{5-1}=\frac{9-1}{4}=2$，又因为$a_1=1$，$S_n=100$，所以由$S_n=na_1+\frac{n(n-1)}{2}d$得$n\times1+\frac{n(n-1)}{2}\times2=100$，化简可得$n^2=100$，而$n>0$，所以$n=10$，故选C.

7. C　**解析：** 因为当$n\geqslant2$时，$a_n=S_n-S_{n-1}$，所以$a_5=S_5-S_4=(2^5-1)-(2^4-1)=16$，故选C.

8. C　**解析：** 在自然数从小到大排成的数列中，前n个奇数依次是1，3，5，…，$2n-1$. 它们依次组成了一个等差数列，首项是1，第n项是$2n-1$，公差是2，这n项的和为$\frac{[1+(2n-1)]\times n}{2}=n^2$，故选C.

9. 12　**解析：** 由等差数列的性质可知，$a_3+a_8=a_4+a_7=a_5+a_6$，而$a_3+a_4+a_7+a_8=2(a_5+a_6)=24$，所以$a_5+a_6=12$.

10. 8　**解析：** 由等比数列性质可知$a_4\cdot a_6=a_3\cdot a_7=8$

11. 130　**解析：** 前13项的和$S_{13}=\frac{(a_1+a_{13})\times13}{2}=\frac{(a_7+a_7)\times13}{2}=\frac{(10+10)\times13}{2}=130$.

12. 5　**解析：** 由a与4的等比中项是$2\sqrt{3}$可得$4a=(2\sqrt{3})^2$，$a=3$，所以a与7的等差中项是$\frac{3+7}{2}=5$.

13. 在等差数列$\{a_n\}$因为$a_1=-2$，$a_8=12$，所以公差$d=\frac{a_8-a_1}{8-1}=\frac{12-(-2)}{7}=2$，于是$S_8=8a_1+\frac{8\times(8-1)}{2}\times d=8\times(-2)+28\times2=40$，$a_n=a_1+(n-1)d=-2+2(n-1)=2n-4$. 因此，$S_8=40$，$a_n=2n-4$.

14. 在等比数列$\{a_n\}$中，因为公比$q=3$，$S_4=120$，所以$\frac{a_1(1-3^4)}{1-3}=120$，解之得$a_1=3$，于是由等比数列的通项公式$a_n=a_1q^{n-1}$得$a_4=3\times3^{4-1}=81$.

15. 由于所求三个数成等差数列，所以不妨设这三个数依次为$a-d$，a，$a+d$，则由题意可得$\begin{cases}(a-d)+a+(a+d)=6,\\(a-d)(a+d+1)=a^2,\end{cases}$解之得$\begin{cases}a=2,\\d=1,\end{cases}$或$\begin{cases}a=2,\\d=-2.\end{cases}$故所求的三个数分别是1，2，3，或4，2，0.

16. 不妨以a_1，a_2，…a_n，…分别表示2016年，2017年，…退耕还林的坡地面积，则a_1，a_2，…a_n，…组成一个等比数列$\{a_n\}$，且公比$q=1+10\%=1.1$，前n项和$S_n=480$. 根据题意有$\frac{80\times(1-1.1^n)}{1-1.1}=480$，于是$1.1^n=1.6$，两边取对数得$n\lg1.1=\lg1.6$，$n=\frac{\lg1.6}{\lg1.1}\approx5$（年）. 因此，从2016年起，该地区大约5年内能全部完成退耕还林任务.

第7章　平面向量

§7.1(1)　平面向量的概念及线性运算(1)

1. D　**解析**：单位向量的模等于1，不同的单位向量其方向不同；相反向量是指方向相反、模相等的向量；相等向量不仅方向相同而且模相等；零向量的方向是任意的，其模等于零，故选D.

2. C　**解析**：在平行四边形 $ABCD$ 中，$\overrightarrow{AB}$与$\overrightarrow{DC}$不但方向相同而且大小相等，所以$\overrightarrow{AB}=\overrightarrow{DC}$，故选C.

3. B　**解析**：若 $|\boldsymbol{a}|=|\boldsymbol{b}|$，且 $\boldsymbol{a}$ 的方向与 $\boldsymbol{b}$ 的方向相同，则 $\boldsymbol{a}=\boldsymbol{b}$，反之，若 $\boldsymbol{a}=\boldsymbol{b}$，则 $|\boldsymbol{a}|=|\boldsymbol{b}|$，或 $\boldsymbol{a}$ 的方向与 $\boldsymbol{b}$ 的方向相同；单位向量的模等于1；零向量不是没有方向，而是方向任意．故选B.

4. A　**解析**：由于质量只有大小没有方向，所以质量不是向量，故选A.

5. 平行　**解析**：由于在四边形 $ABCD$ 中，$\overrightarrow{AB}=\overrightarrow{DC}$，所以 $|\overrightarrow{AB}|=|\overrightarrow{DC}|$，且 $AB/\!/DC$，因此，四边形 $ABCD$ 是平行四边形.

6. 大小，方向　**解析**：向量是既有大小又有方向的量，因此，它的两个要素是大小和方向.

7. 相同或相反　**解析**：若两个非零向量共线，则它们的方向不相同就相反，两者必居其一.

8. $\overrightarrow{BA}$　**解析**：在矩形 $ABCD$ 中，与$\overrightarrow{CD}$大小相等且方向相同的向量是$\overrightarrow{BA}$，故与$\overrightarrow{CD}$相等的向量是$\overrightarrow{BA}$.

9. 因为 M，N 分别是平行四边形 $ABCD$ 的边 AD，BC 的中点，所以 $AM=MD=BN=NC$，且 $AD\neq BC$. 因此，与$\overrightarrow{AM}$相等的向量有$\overrightarrow{MD}$，$\overrightarrow{BN}$和$\overrightarrow{NC}$.

10. (1)如图所示，李萍相对于王涛的位置向量是向量$\overrightarrow{CB}$.

(2)如图，李萍向东走 1 km，位移向量就是$\overrightarrow{AB}$，王涛向南走 1 km，位移向量就是$\overrightarrow{AC}$. 在 Rt$\triangle ABC$ 中，$|\overrightarrow{CB}|=\sqrt{|\overrightarrow{AB}|^2+|\overrightarrow{AC}|^2}=\sqrt{1^2+1^2}=\sqrt{2}$，又 $\angle ACB=45°$，因此，李萍相对于王涛的位置向量是$\overrightarrow{CB}$，其方向是东北方向，其大小是$\sqrt{2}$ km.

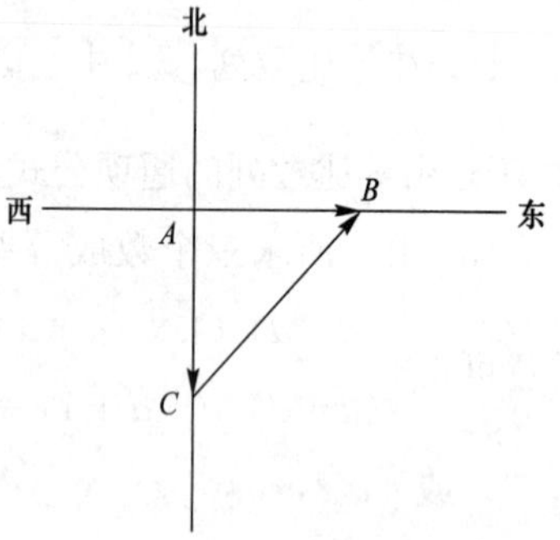

第10题图

§7.1(2)　平面向量的概念及线性运算(2)

1. B　**解析**：$\overrightarrow{AB}+\overrightarrow{BA}=\overrightarrow{AB}+(-\overrightarrow{AB})=\mathbf{0}$，故选B.

2. C　**解析**：$\overrightarrow{AB}+(\overrightarrow{CA}+\overrightarrow{BC})=(\overrightarrow{AB}+\overrightarrow{BC})+\overrightarrow{CA}=\overrightarrow{AC}+\overrightarrow{CA}=\overrightarrow{AC}-\overrightarrow{AC}=\mathbf{0}$，故选C.

3. A　**解析**：$\overrightarrow{BC}-\overrightarrow{BA}=\overrightarrow{AC}$，故选A.

4. D　**解析**：$|\lambda\boldsymbol{a}|=|\lambda|\,|\boldsymbol{a}|$；$2\boldsymbol{a}+\lambda\boldsymbol{a}=(2+\lambda)\boldsymbol{a}\neq 2\lambda\boldsymbol{a}$；若 $\boldsymbol{a}=\mathbf{0}$，则 $\lambda\boldsymbol{a}=0$. 故

选 D.

5. $\overrightarrow{AE}$ **解析：** $\overrightarrow{AB}+\overrightarrow{BC}+\overrightarrow{CD}+\overrightarrow{DE}=\overrightarrow{AC}+\overrightarrow{CD}+\overrightarrow{DE}=\overrightarrow{AD}+\overrightarrow{DE}=\overrightarrow{AE}$.

6. $\mathbf{0}$ **解析：** $\overrightarrow{AB}-\overrightarrow{AD}+\overrightarrow{CD}-\overrightarrow{CB}=(\overrightarrow{AB}-\overrightarrow{AD})+(\overrightarrow{CD}-\overrightarrow{CB})=\overrightarrow{DB}+\overrightarrow{BD}=\mathbf{0}$.

7. $-\frac{1}{2}$ **解析：** 因为 $\boldsymbol{a}/\!/\boldsymbol{b}$，$\boldsymbol{a}$ 与 $\boldsymbol{b}$ 的方向相反，$|\boldsymbol{a}|=\frac{1}{2}|\boldsymbol{b}|$，所以 $\boldsymbol{a}=-\frac{1}{2}\boldsymbol{b}$.

8. 共线 **解析：** 由 $\begin{cases}\boldsymbol{a}-\boldsymbol{b}=2\boldsymbol{e},\\ \boldsymbol{a}+\boldsymbol{b}=4\boldsymbol{e},\end{cases}$ 得 $\begin{cases}\boldsymbol{a}=3\boldsymbol{e},\\ \boldsymbol{b}=\boldsymbol{e}.\end{cases}$ 于是 $\boldsymbol{b}=\frac{1}{3}\boldsymbol{a}$，故 $\boldsymbol{a}/\!/\boldsymbol{b}$，即 $\boldsymbol{a}$ 与 $\boldsymbol{b}$ 共线.

9. 由 $3(\boldsymbol{x}+\boldsymbol{a})-4(\boldsymbol{x}-\boldsymbol{b})=0$ 得 $3\boldsymbol{x}+3\boldsymbol{a}-4\boldsymbol{x}+4\boldsymbol{b}=0$，即 $-\boldsymbol{x}+3\boldsymbol{a}+4\boldsymbol{b}=0$，所以 $\boldsymbol{x}=3\boldsymbol{a}+4\boldsymbol{b}$.

10. 在 $\triangle ABC$ 中，$\overrightarrow{AM}=\frac{1}{2}\overrightarrow{AB}=\frac{1}{2}\boldsymbol{a}$，$\overrightarrow{AN}=\frac{1}{2}\overrightarrow{AC}=\frac{1}{2}\boldsymbol{b}$. 由向量减法的三角形法则得 $\overrightarrow{MN}=\overrightarrow{AN}-\overrightarrow{AM}=\frac{1}{2}\boldsymbol{b}-\frac{1}{2}\boldsymbol{a}=\frac{1}{2}(\boldsymbol{b}-\boldsymbol{a})$.

§7.2 平面向量的坐标表示

1. B **解析：** 因为 $A(-3,4)$，$B(2,3)$，则 $\overrightarrow{AB}=(2+3,3-4)=(5,-1)$，故选 B.

2. D **解析：** 因为 $\boldsymbol{a}/\!/\boldsymbol{b}$，所以 $2m-(-6)\times 2=0$，解之得 $m=-9$，故选 D.

3. A **解析：** 两个向量相等，则它们的坐标是相同的，但是其起点和终点的坐标是不一定相同的. 例如 $A(2,3)$，$B(5,6)$，$C(-1,1)$，$D(2,4)$，则 $\overrightarrow{AB}=(3,3)$，$\overrightarrow{CD}=(3,3)$，显然 $\overrightarrow{AB}=\overrightarrow{CD}$，但 A，B，C，D 各点的坐标却不相同；由于 $(-4,2)=-2(2,-1)$，所以 $(-4,2)$ 与 $(2,-1)$ 共线，且方向相反；两个向量的和或差仍然是向量.

4. C **解析：** 因为 $\overrightarrow{AB}=(-8,1)$，$\boldsymbol{a}=(k-3,k^2+4k-4)$，而 $\boldsymbol{a}=\overrightarrow{AB}$，所以 $(k-3,k^2+4k-4)=(-8,1)$，于是有 $\begin{cases}k-3=-8,\\ k^2+4k-4=1,\end{cases}$ 解之得 $\begin{cases}k=-5,\\ k=1\text{ 或 }-5,\end{cases}$ 因此 $k=-5$，故选 C.

5. $\mathbf{0}$ **解析：** $\boldsymbol{a}-\boldsymbol{a}=\mathbf{0}$，本题易错认为 $\boldsymbol{a}-\boldsymbol{a}=0$. 事实上，两个向量的和或差仍是一个向量.

6. $\left(-\frac{3}{2},5\right)$ **解析：** 设点 $C(x,y)$，则 $\overrightarrow{AC}=(x+2,y-4)$，$\overrightarrow{AB}=(-1,-2)$. 因为 $\overrightarrow{AC}=-\frac{1}{2}\overrightarrow{AB}$，即有 $(x+2,y-4)=\left(\frac{1}{2},1\right)$，所以 $\begin{cases}x+2=\frac{1}{2},\\ y-4=1,\end{cases}$ 解之得 $\begin{cases}x=-\frac{3}{2},\\ y=5.\end{cases}$ 因此点 C 的坐标是 $\left(-\frac{3}{2},5\right)$.

7. -11 **解析：** 因为 $A(3,-6)$，$B(-5,2)$，$C(8,m)$ 三点共线，所以 $\overrightarrow{AB}/\!/\overrightarrow{AC}$. 而 $\overrightarrow{AB}=(-5-3,2+6)=(-8,8)$，$\overrightarrow{AC}=(8-3,m+6)=(5,m+6)$，于是有 $-8\times(m+6)-5\times 8=0$，解之得 $m=-11$.

8. $(x_1+x_2,\ y_1+y_2)$ **解析**：设点 $Q(x,\ y)$. 因为 $P(x_1,\ y_1)$，$\overrightarrow{PQ}=(x_2,\ y_2)$，所以 $(x-x_1,\ y-y_1)=(x_2,\ y_2)$，于是有 $\begin{cases}x-x_1=x_2,\\ y-y_1=y_2,\end{cases}$ 解之得 $\begin{cases}x=x_1+x_2,\\ y=y_1+y_2,\end{cases}$ 因此，点 Q 的坐标为 $(x_1+x_2,\ y_1+y_2)$.

9. 因为 $\begin{cases}\boldsymbol{a}+\boldsymbol{b}=(4,\ -15),\\ \boldsymbol{a}-\boldsymbol{b}=(-10,\ 5),\end{cases}$ 所以，两式相加，得 $2\boldsymbol{a}=(-6,\ -10)$，$\boldsymbol{a}=(-3,\ -5)$. 两式相减得 $2\boldsymbol{b}=(14,\ -20)$，$\boldsymbol{b}=(7,\ -10)$. 因此，$\boldsymbol{a}=(-3,\ -5)$，$\boldsymbol{b}=(7,\ -10)$.

10. 由 $\boldsymbol{a}=(1,\ -2)$，$\boldsymbol{b}=(-1,\ 4)$，$\boldsymbol{c}=(-3,\ 6)$，且 $\boldsymbol{c}=x\boldsymbol{a}+y\boldsymbol{b}$ 得 $x(1,\ -2)+y(-1,\ 4)=(-3,\ 6)$，即 $(x-y,\ -2x+4y)=(-3,\ 6)$，所以 $\begin{cases}x-y=-3,\\ -2x+4y=6,\end{cases}$ 解之得 $x=-3$，$y=0$.

§7.3 平面向量的内积

1. B **解析**：$\boldsymbol{a}\cdot\boldsymbol{b}=|\boldsymbol{a}|\times|\boldsymbol{b}|\times\cos\langle\boldsymbol{a},\ \boldsymbol{b}\rangle=4\times3\times\cos30^\circ=6\sqrt{3}$，故选 B.

2. C **解析**：因为 $\boldsymbol{a}\perp\boldsymbol{b}$，所以 $\boldsymbol{a}\cdot\boldsymbol{b}=0$. 又 $\boldsymbol{a}=(-2,\ 7)$，$\boldsymbol{b}=(x,\ -3)$，所以 $-2x+7\times(-3)=0$，解之得 $x=-\dfrac{21}{2}$，故选 C.

3. D **解析**：因为 $\boldsymbol{a}\cdot\boldsymbol{b}<0$，而 $\boldsymbol{a}\cdot\boldsymbol{b}=|\boldsymbol{a}||\boldsymbol{b}|\cos\theta$，所以 $\cos\theta<0$，而两向量夹角的取值范围是 $[0^\circ,\ 180^\circ]$，所以 θ 的取值范围是 $(90^\circ,\ 180^\circ]$，故选 D.

4. A **解析**：因为 $\cos\langle\boldsymbol{a},\ \boldsymbol{b}\rangle=\dfrac{\boldsymbol{a}\cdot\boldsymbol{b}}{|\boldsymbol{a}||\boldsymbol{b}|}=\dfrac{-3\times5+5\times3}{|\boldsymbol{a}||\boldsymbol{b}|}=0$，而 $0\leqslant\langle\boldsymbol{a},\ \boldsymbol{b}\rangle\leqslant\pi$，所以 $\langle\boldsymbol{a},\ \boldsymbol{b}\rangle=\dfrac{\pi}{2}$，故选 A.

5. $-\dfrac{1}{2}$ **解析**：因为 $\overrightarrow{AB}$ 和 $\overrightarrow{BC}$ 没有公共的起点，将 $\overrightarrow{AB}$ 平移并使 $\overrightarrow{AB}=\overrightarrow{BD}$，如图所示，则 $\angle CBD=120^\circ$ 为 $\overrightarrow{AB}$ 与 $\overrightarrow{BC}$ 的夹角，所以 $\overrightarrow{AB}\cdot\overrightarrow{BC}=|\overrightarrow{AB}|\times|\overrightarrow{BC}|\times\cos120^\circ=1\times1\times\left(-\dfrac{1}{2}\right)=-\dfrac{1}{2}$. 注意：本题中 $\angle ABC$ 不是 $\overrightarrow{AB}$ 与 $\overrightarrow{BC}$ 的夹角，正确的找出 $\overrightarrow{AB}$ 与 $\overrightarrow{BC}$ 的夹角是成功解答本题的关键.

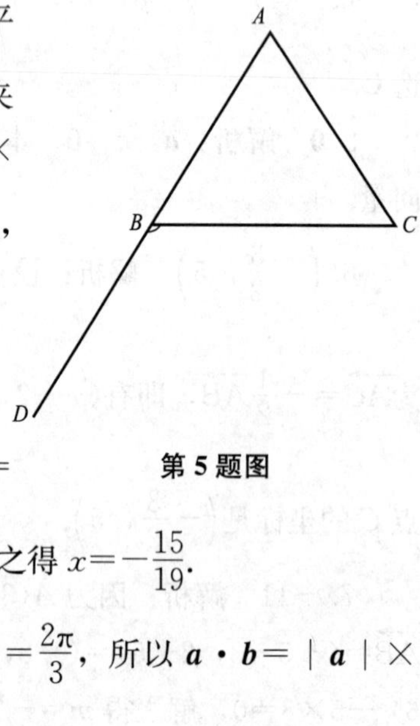

第 5 题图

6. $\dfrac{1}{3}$ **解析**：$\cos\langle\boldsymbol{a},\ \boldsymbol{b}\rangle=\dfrac{\boldsymbol{a}\cdot\boldsymbol{b}}{|\boldsymbol{a}||\boldsymbol{b}|}=\dfrac{3}{9}=\dfrac{1}{3}$.

7. $-\dfrac{15}{19}$ **解析**：因为 $2\boldsymbol{a}\cdot\boldsymbol{b}=30$，所以 $\boldsymbol{a}\cdot\boldsymbol{b}=15$，而 $\boldsymbol{a}=(-3,\ 8)$，$\boldsymbol{b}=(x,\ -2x)$，所以 $-3x+8\times(-2x)=15$，解之得 $x=-\dfrac{15}{19}$.

8. $\sqrt{61}$ **解析**：因为 $|\boldsymbol{a}|=4$，$|\boldsymbol{b}|=9$，且 $\langle\boldsymbol{a},\ \boldsymbol{b}\rangle=\dfrac{2\pi}{3}$，所以 $\boldsymbol{a}\cdot\boldsymbol{b}=|\boldsymbol{a}|\times$

$|\boldsymbol{b}|\cos\dfrac{2\pi}{3}=4\times9\times\cos\dfrac{2\pi}{3}=36\times\left(-\cos\dfrac{\pi}{3}\right)=36\times\left(-\dfrac{1}{2}\right)=-18$，于是 $|\boldsymbol{a}+\boldsymbol{b}|=\sqrt{(\boldsymbol{a}+\boldsymbol{b})\cdot(\boldsymbol{a}+\boldsymbol{b})}=\sqrt{|\boldsymbol{a}|^2+2\boldsymbol{a}\cdot\boldsymbol{b}+|\boldsymbol{b}|^2}=\sqrt{4^2+2\times(-18)+9^2}=\sqrt{61}$.

9. 因为 $\boldsymbol{a}/\!/\boldsymbol{b}$，所以 $\boldsymbol{a}$ 与 $\boldsymbol{b}$ 的方向相同或相反．若 $\boldsymbol{a}/\!/\boldsymbol{b}$，且 $\boldsymbol{a}$ 与 $\boldsymbol{b}$ 同向，则 $\langle\boldsymbol{a},\boldsymbol{b}\rangle=0°$，所以 $\boldsymbol{a}\cdot\boldsymbol{b}=|\boldsymbol{a}|\,|\boldsymbol{b}|\cos\langle\boldsymbol{a},\boldsymbol{b}\rangle=2\times5\times\cos0°=10$，$\boldsymbol{a}-\boldsymbol{b}=\sqrt{(\boldsymbol{a}-\boldsymbol{b})\cdot(\boldsymbol{a}-\boldsymbol{b})}=\sqrt{|\boldsymbol{a}|^2-2\boldsymbol{a}\cdot\boldsymbol{b}+|\boldsymbol{b}|^2}=\sqrt{2^2-2\times10+5^2}=3$. 若 $\boldsymbol{a}/\!/\boldsymbol{b}$，且 $\boldsymbol{a}$ 与 $\boldsymbol{b}$ 的方向相反，则 $\langle\boldsymbol{a},\boldsymbol{b}\rangle=180°$，所以 $\boldsymbol{a}\cdot\boldsymbol{b}=|\boldsymbol{a}|\,|\boldsymbol{b}|\cos\langle\boldsymbol{a},\boldsymbol{b}\rangle=2\times5\times\cos0°=-10$，$|\boldsymbol{a}-\boldsymbol{b}|=\sqrt{(\boldsymbol{a}-\boldsymbol{b})\cdot(\boldsymbol{a}-\boldsymbol{b})}=\sqrt{|\boldsymbol{a}|^2-2\boldsymbol{a}\cdot\boldsymbol{b}+|\boldsymbol{b}|^2}=\sqrt{2^2-2\times(-10)+5^2}=7$.

10. 因为 $\boldsymbol{a}=(m,3)$，$\boldsymbol{b}=(-2,-3)$，所以 $\boldsymbol{a}\cdot\boldsymbol{b}=-2m-3\times(-3)=-2m-9$，又 $\boldsymbol{a}$ 与 $\boldsymbol{b}$ 的夹角为钝角，所以 $\boldsymbol{a}\cdot\boldsymbol{b}<0$，即有 $-2m-9<0$，解之得 $m>-\dfrac{9}{2}$. 当 $\boldsymbol{a}$ 与 $\boldsymbol{b}$ 共线时，$-3m-(-2)\times3=0$，$m=2$，所以 $m\neq2$. 故实数 m 的取值范围是 $\left(-\dfrac{9}{2},2\right)\cup(2,+\infty)$. 值得注意的是，在本题中，若 $m=2$，则 $\boldsymbol{a}$ 与 $\boldsymbol{b}$ 共线，此时 $\boldsymbol{a}$ 与 $\boldsymbol{b}$ 的夹角就不是钝角了，因此实数 m 不能等于 2.

本章小结

1. D **解析：** 实数 λ 与向量 $\boldsymbol{a}$ 的积仍是一个向量，向量与向量的和也是一个向量，所以 $\boldsymbol{0}\cdot\boldsymbol{a}=0$，$\boldsymbol{a}+\boldsymbol{0}=\boldsymbol{a}$；两向量的数量积等于一个数量，而不是一个向量，所以 $\boldsymbol{0}\cdot\boldsymbol{a}=0$，故选 D.

2. B **解析：** 因为 $A(-4,5)$，$B(6,8)$，所以 $\overrightarrow{AB}=(6+4,8-5)=(10,3)$，故选 B.

3. A **解析：** $\overrightarrow{AB}-\overrightarrow{AC}+\overrightarrow{BQ}+\overrightarrow{QP}=(\overrightarrow{AB}-\overrightarrow{AC})+\overrightarrow{BQ}+\overrightarrow{QP}=(\overrightarrow{CB}+\overrightarrow{BQ})+\overrightarrow{QP}=\overrightarrow{CQ}+\overrightarrow{QP}=\overrightarrow{CP}$，故选 A.

4. A **解析：** 因为 $\boldsymbol{a}/\!/\boldsymbol{b}$，且 $\boldsymbol{a}=(x,-3)$，$\boldsymbol{b}=(4,-2)$，所以 $-2x-4\times(-3)=0$，解之得 $x=6$，故选 A.

5. C **解析：** 因为 $\boldsymbol{a}=(-1,-2)$，$\boldsymbol{b}=(3,-8)$，所以 $\boldsymbol{a}\cdot\boldsymbol{b}=-1\times3+(-2)\times(-8)=13$，故选 C.

6. D **解析：** 题中只知 $\boldsymbol{a}$ 和 $\boldsymbol{b}$ 是单位向量，即只知道 $|\boldsymbol{a}|=|\boldsymbol{b}|=1$，并不知道 $\boldsymbol{a}$，$\boldsymbol{b}$ 方向和 $\boldsymbol{a}$ 与 $\boldsymbol{b}$ 与的夹角，所以选项 A，B，C 均不正确，而 $\boldsymbol{a}\cdot\boldsymbol{a}=|\boldsymbol{a}|^2=1$，$\boldsymbol{b}\cdot\boldsymbol{b}=|\boldsymbol{b}|^2$，所以 $\boldsymbol{a}\cdot\boldsymbol{a}=\boldsymbol{b}\cdot\boldsymbol{b}$，故选 D.

7. C **解析：** $\boldsymbol{b}$ 在 $\boldsymbol{a}$ 上的投影为 $|\boldsymbol{b}|\cos\langle\boldsymbol{a},\boldsymbol{b}\rangle$，因为 $\boldsymbol{a}=(-4,7)$，$\boldsymbol{b}=(2,3)$所以 $|\boldsymbol{b}|=\sqrt{2^2+3^2}=\sqrt{13}$，$\cos\langle\boldsymbol{a},\boldsymbol{b}\rangle=\dfrac{\boldsymbol{a}\cdot\boldsymbol{b}}{|\boldsymbol{a}|\,|\boldsymbol{b}|}=\dfrac{-4\times2+7\times3}{\sqrt{(-4)^2+7^2}\times\sqrt{2^2+3^2}}=\dfrac{\sqrt{5}}{5}$，于是 $\boldsymbol{b}$ 在 $\boldsymbol{a}$ 上的投影 $|\boldsymbol{b}|\cos\langle\boldsymbol{a},\boldsymbol{b}\rangle=\sqrt{13}\times\dfrac{\sqrt{5}}{5}=\dfrac{\sqrt{65}}{5}$，故选 C.

8. A　**解析**：因为 $\boldsymbol{a}=(2,\ 2\sqrt{3})$，$\boldsymbol{b}=(2\sqrt{3},\ 2)$，所以 $\cos\theta=\cos\langle\boldsymbol{a},\ \boldsymbol{b}\rangle=\dfrac{\boldsymbol{a}\cdot\boldsymbol{b}}{|\boldsymbol{a}|\ |\boldsymbol{b}|}$

$=\dfrac{2\times2\sqrt{3}+2\sqrt{3}\times2}{\sqrt{2^2+(2\sqrt{3})^2}\times\sqrt{(2\sqrt{3})^2+2^2}}=\dfrac{\sqrt{3}}{2}$，而 $0\leqslant\theta\leqslant\pi$，所以 $\theta=\dfrac{\pi}{6}$，故选 A.

9. $(0,\ 1)$，$(-4,\ 7)$　**解析**：因为 $\boldsymbol{a}=(-2,\ 4)$，$\boldsymbol{b}=(2,\ -3)$，所以 $\boldsymbol{a}+\boldsymbol{b}=(-2+2,\ 4-3)=(0,\ 1)$，$\boldsymbol{a}-\boldsymbol{b}=(-2-2,\ 4+3)=(-4,\ 7)$.

10. $\dfrac{3}{7}\boldsymbol{a}+\dfrac{4}{7}\boldsymbol{b}$　**解析**：由 $3(\boldsymbol{a}-\boldsymbol{x})=4(\boldsymbol{x}-\boldsymbol{b})$ 得 $3\boldsymbol{a}-3\boldsymbol{x}=4\boldsymbol{x}-4\boldsymbol{b}$，即有 $7\boldsymbol{x}=3\boldsymbol{a}+4\boldsymbol{b}$，所以 $\boldsymbol{x}=\dfrac{3}{7}\boldsymbol{a}+\dfrac{4}{7}\boldsymbol{b}$.

11. 7，5　**解析**：行驶的路程为 $4+3=7$ km，其位移的大小为 $\sqrt{4^2+3^2}=5$ km.

12. -2　**解析**：因为 $\overrightarrow{AB}$ 与 $\overrightarrow{BC}$ 的夹角不是 60° 而是 120°，所以 $\overrightarrow{AB}\cdot\overrightarrow{BC}=|\overrightarrow{AB}|\ |\overrightarrow{BC}|\times\cos120°=2\times2\times\left(-\dfrac{1}{2}\right)=-2$.

13. 设 $D(x,\ y)$，则 $\overrightarrow{AB}=(-4,\ -2)$，$\overrightarrow{DC}=(-2-x,\ -1-y)$. 在平行四边形 $ABCD$ 中，由于，$AB=CD$，所以 $\overrightarrow{AB}=\overrightarrow{DC}$，即 $(-4,\ -2)=(-2-x,\ -1-y)$，于是有 $\begin{cases}-2-x=-4,\\-1-y=-2,\end{cases}$ 解之得 $\begin{cases}x=2,\\y=1,\end{cases}$ 故点 D 的坐标为 $(2,\ 1)$. 注意：在本题中利用 $\overrightarrow{AD}=\overrightarrow{BC}$ 也可求出点 D 的坐标.

14. 因为 $(3\boldsymbol{a}+m\boldsymbol{b})\perp(3\boldsymbol{a}-m\boldsymbol{b})$，所以 $(3\boldsymbol{a}+m\boldsymbol{b})\cdot(3\boldsymbol{a}-m\boldsymbol{b})=9|\boldsymbol{a}|^2-m^2|\boldsymbol{b}|^2=0$，而 $|\boldsymbol{a}|=3$，$|\boldsymbol{b}|=5$，所以 $9\times3^2-m^2\times5^2=0$，解之得 $m=-\dfrac{9}{5}$ 或 $\dfrac{9}{5}$.

15. 因为 $A(-7,\ 3)$，$B(5,\ m)$，$|AB|=15$，所以 $|AB|=\sqrt{(5+7)^2+(m-3)^2}=15$，即有 $144+(m-3)^2=225$，解之得 $m=-6$ 或 12.

16. 设向量 $\boldsymbol{a}$ 的终点坐标为 $(x,\ y)$，则 $\boldsymbol{a}=(x-3,\ y+1)$. 因为 $\boldsymbol{a}$ 是单位向量，所以 $(x-3)^2+(y+1)^2=1$. 又因为 $\boldsymbol{a}\perp\boldsymbol{b}$，且 $\boldsymbol{b}=(-3,\ 4)$，所以 $-3(x-3)+4(y+1)=0$. 由 $\begin{cases}(x-3)2+(y+1)2=1,\\-3(x-3)+4(y+1)=0,\end{cases}$ 解得 $\begin{cases}x=\dfrac{11}{5},\\y=-\dfrac{8}{5}\end{cases}$ 或 $\begin{cases}x=\dfrac{19}{5},\\y=-\dfrac{2}{5}.\end{cases}$ 因此，$\boldsymbol{a}$ 的终点坐标为 $\left(\dfrac{11}{5},\ -\dfrac{8}{5}\right)$ 或 $\left(\dfrac{19}{5},\ -\dfrac{2}{5}\right)$.

第 8 章　直线和圆的方程

§8.1　两点间的距离与线段的中点坐标

1. C　**解析**：由于点 $P(-5,\ 0)$ 和原点 $(0,\ 0)$ 都在 x 轴上，所以 $|PO|=|-5-0|=5$. 故选 C. 注意：使用两点间的距离公式也可求得 $|PO|=\sqrt{(0+5)^2+(0-0)^2}=5$.

2. D **解析**：点 $P(x, y)$关于 x 轴的对称点是$(x, -y)$，关于 y 轴的对称点是$(-x, y)$，关于坐标原点的对称点是$(-x, -y)$.

3. B **解析**：因为 $A(-3, 4)$，$B(2, 3)$，所以线段 AB 的中点是$\left(\frac{-3+2}{2}, \frac{4+3}{2}\right)$，即$\left(-\frac{1}{2}, \frac{7}{2}\right)$，故选 B.

4. A **解析**：因为 $A(-2, 5)$，$B(2, 3)$，所以由两点间的距离公式可得 $|AB|=\sqrt{(2+2)^2+(3-5)^2}=2\sqrt{5}$，故选 A.

5. -2 或 6 **解析**：因为 $A(2, 3)$，$B(m, 0)$，且 $|AB|=5$，所以 $|AB|=\sqrt{(m-2)^2+(0-3)^2}=5$，解之得 $m=-2$ 或 6.

6. $\left(\frac{5}{2}, -\frac{9}{2}\right)$ **解析**：由于 $A(3, -4)$，$B(2, -5)$，所以由中点公式可求得线段 AB 的中点是$\left(\frac{3+2}{2}, \frac{-4-5}{2}\right)$，即$\left(\frac{5}{2}, -\frac{9}{2}\right)$.

7. $(1, 0)$ **解析**：设点 $A(-3, 2)$关于点 $M(-1, 1)$的对称点的坐标为(x, y)，则由中点公式可得$\frac{-3+x}{2}=-1$，$\frac{2+y}{2}=1$，解之得 $x=1$，$y=0$，故所求对称点为$(1, 0)$.

8. -4 或 8 **解析**：因为 $|AB|=10$，且 $A(a, -5)$，$B(2, 3)$，所以由两点间的距离公式可得$\sqrt{(2-a)^2+(3+5)^2}=10$，解之得 $a=-4$ 或 8.

9. 设点 D 的坐标为(x, y)，因为平行四边形的两条对角线的中点相同，所以它们的坐标也相同，于是由线段的中点公式有$\begin{cases}\frac{2+x}{2}=\frac{1+5}{2},\\ \frac{-5+y}{2}=\frac{0+2}{2},\end{cases}$解之得$\begin{cases}x=4,\\ y=7.\end{cases}$因此，顶点 D 的坐标是$(4, 7)$.

10. 由于点 P 在 y 轴上，所以可设点 P 的坐标为$(0, y)$. 又因为 $|PA|=10$，$A(-4, 3)$，所以$\sqrt{(-4-0)^2+(3-y)^2}=10$，即有$(y-3)^2=84$，解之得 $y=3\pm2\sqrt{21}$，故点 P 的坐标为$(0, 3+2\sqrt{21})$或$(0, 3-2\sqrt{21})$.

§8.2(1) 直线的方程(1)

1. C **解析**：若直线 l 的斜率不存在，则直线必与 x 轴垂直，其倾斜角为$\frac{\pi}{2}$，故选 C.

2. D **解析**：$k=\tan150°=\tan(180°-30°)=-\tan30°=-\frac{\sqrt{3}}{3}$，故选 D.

3. A **解析**：$k=\frac{4-3}{x-(-2)}=-3$，解之得 $x=-\frac{7}{3}$，故选 A.

4. A **解析**：任何一条直线都有倾斜角，但倾斜角为 $90°$的直线没有斜率，与 y 轴垂直的直线的倾斜角为 $0°$，由于倾斜角 α 的取值范围是$[0°, 180°)$，所以 $\sin\alpha\geqslant0$，当 $\alpha=0°$

时，$\sin\alpha=0$，故选 A.

5. $\frac{\pi}{6}$ **解析**：因为直线 AB 经过点 $A(0,1)$ 和点 $B(\sqrt{3},2)$，所以直线 AB 的斜率 $k_{AB}=\frac{2-1}{\sqrt{3}-0}=\frac{\sqrt{3}}{3}$，又因为 $0\leqslant\alpha\leqslant\pi$，所以 $\alpha=\frac{\pi}{6}$.

6. $135°$ **解析**：因为 $k=\tan\alpha=-1$，而 $0°\leqslant\alpha°$，所以 $\alpha=180°-45°=135°$.

7. $\frac{4}{5}$ **解析**：因为 $A(3,3)$，$B(-2,-1)$，所以直线 AB 的斜率是 $k_{AB}=\frac{-1-3}{-2-3}=\frac{4}{5}$.

8. $0°$ **解析**：因为直线 l 与 x 轴平行，所以直线 l 的倾斜角 $\alpha=0°$.

9. 因为直线 l 的倾斜角为 $135°$，所以它的斜率 $k=\tan 135°=-1$. 又因为直线 l 经过点 $A(4,3)$ 和点 $B(2,a)$，所以由斜率公式有 $\frac{a-3}{2-4}=-1$，解之得 $a=5$.

10. 由题意可设 A，B 两点的坐标分别是 $A(x,0)$，$B(O,y)$. 因为点 $P(-1,-1)$ 是线段 AB 的中点，由中点公式有 $\frac{x+0}{2}=-1$，$\frac{0+y}{2}=-1$，解之得 $x=-2$，$y=-2$. 又因为 A，B，P 这三点均在直线 l 上，所以直线 l 的斜率 $k=\frac{-2-0}{0-(-2)}=-1$，由 $k=\tan\alpha=-1$ 及 $0°\leqslant\alpha°$ 可知直线 l 的倾斜角 α 为 $135°$.

§8.2(2) 直线的方程(2)

1. B **解析**：将 $x=0$，$y=1$ 代入 $3x-2y+2=0$ 等式中等式成立，故选 B.

2. D **解析**：因为直线与 x 轴平行，且过点$(-3,4)$，所以其方程为 $y=4$，即 $y-4=0$，故选 D.

3. A **解析**：因为在直线 $y=kx+b$ 中，斜率为 k，纵截距(即直线在 y 轴上的截距)为 b，所以直线 $y=3x-5$ 在 y 轴上的截距是 -5，故选 A.

4. C **解析**：将直线方程 $x+y-3=0$ 化为斜截式得 $y=-x+3$，可知，直线的斜率 $k=-1$. 由 $k=\tan\alpha$ 有 $\tan\alpha=-1$，而倾斜角 α 的取值范围是$[0°,180°)$，所以 $\alpha=135°$，故选 C.

5. $\sqrt{3}x-3y+2\sqrt{3}+12=0$ **解析**：因为直线经过点$(-2,4)$，斜率为 $\tan 30°=\frac{\sqrt{3}}{3}$，由点斜式可写出直线的方程为 $y-4=\frac{\sqrt{3}}{3}(x+2)$，即 $\sqrt{3}x-3y+2\sqrt{3}+12=0$.

6. $y=\frac{2}{3}x-3$ **解析**：因为直线经过点$(0,-3)$，所以直线的纵截距为 -3，又因为斜率是 $\frac{2}{3}$，故其斜截式方程是 $y=\frac{2}{3}x-3$.

7. $x=0$，$y=0$ **解析**：因为 y 轴经过坐标原点$(0,0)$，且与 x 轴垂直，所以其方程为 $x=0$. 因为 x 轴经过坐标原点$(0,0)$且与 y 轴垂直，所以其方程为 $y=0$.

8. -3 或 3 **解析**：y 轴的方程为 $x=0$，直线 $x=0$ 与直线 $x=m$ 的距离为 $|m-0|=$

3，故 $m=\pm 3$.

9. 因为 $\cos\alpha=-\frac{3}{5}$ 而 $0\leqslant\alpha<\pi$，所以 $\sin\alpha=\sqrt{1-\cos^2\alpha}=\sqrt{1-\left(-\frac{3}{5}\right)^2}=\frac{4}{5}$，于是直线 l 的斜率 $k=\tan\alpha=\frac{\sin\alpha}{\cos\alpha}=-\frac{4}{3}$，又因为直线 l 经过点 $P(-4,2)$，所以直线 l 的方程为 $y-2=-\frac{4}{3}(x+4)$，即 $4x+3y+10=0$.

10. 由题意可知直线 l 的斜率存在，不妨设为 k，则其方程为 $y+1=k(x-2)$. 当 $x=0$ 时，$y=-2k-1$；当 $y=0$ 时，$x=\frac{2k+1}{k}$. 于是有 $\frac{1}{2}\times|-2k-1|\times\left|\frac{2k+1}{k}\right|=4$，即 $(2k+1)^2=8|k|$. 当 $k>0$ 时，$(2k-1)^2=0$，$k=\frac{1}{2}$；$4k^2+12k+1=0$，解之得 $k=\frac{-3\pm2\sqrt{2}}{2}$. 因此，直线 l 的方程为 $x-2y-4=0$ 或 $(3-2\sqrt{2})x+2y-4+4\sqrt{2}=0$ 或 $(3+2\sqrt{2})x+2y-4-4\sqrt{2}=0$.

§8.3(1)　两条直线的位置关系(1)

1. A　**解析：** 斜率存在的两条直线平行时，其斜率相等，即 $l/\!/l_2\Rightarrow k_1=k_2$，故选 A.

2. B　**解析：** 因为直线 l 与直线 $y=\frac{\sqrt{3}}{3}x+1$ 平行，所以 l 的斜率为 $\frac{\sqrt{3}}{3}$，于是 $\tan\alpha=\frac{\sqrt{3}}{3}$，而 $0\leqslant\alpha<\pi$，所以直线 l 的倾斜角 $\alpha=\frac{\pi}{6}$，故选 B.

3. D　**解析：** 直线 $y=3x-2$ 的斜率为 3，设直线 l 的斜率为 k，由于直线 l 与直线 $y=3x-2$ 垂直，所以 $3k=-1$，$k=-\frac{1}{3}$，故选 D.

4. D　**解析：** (1)当 $m\neq0$ 时，直线 $3x+my+5=0$ 的斜率为 $-\frac{3}{m}$，当 $m\neq\frac{1}{2}$ 时，直线 $mx+(1-2m)y-3=0$ 的斜率为 $\frac{m}{2m-1}$. 由两直线垂直可得 $-\frac{3}{m}\times\frac{m}{2m-1}=-1$，所以 $m=2$.

(2)当 $m=0$ 时，两直线分别为 $3x+5=0$ 和 $y-3=0$，它们互相垂直，当 $m=\frac{1}{2}$ 时，两直线分别为 $3x+\frac{1}{2}y+5=0$ 和 $\frac{1}{2}x-3=0$，显然它们不垂直. 综合(1)和(2)可知，$m=2$ 或 0，故选 D.

5. 平行　**解析：** 因为直线 $2x-81=0$ 与直线 $x+5=0$ 均与 x 轴垂直，所以它们平行.

6. -2　**解析：** 由题意可知，直线 AB 的斜率 $k_{AB}=-3$，所以 $k_{AB}=\frac{-5-a}{a-(-3)}=-3$，解之得 $a=-2$.

7. $\frac{7}{3}$　**解析：** 直线 l 的斜率 $k_{PQ}=\frac{m-2}{3-m}$，根据直线 l 与一条斜率为 -2 的直线垂直可

得$-2\times\frac{m-2}{3-m}=-1$，所以$m=\frac{7}{3}$.

8. $2x-5y+16=0$　**解析：**因为所求直线 l 与直线 $2x-5y+7=0$ 平行，所以可设其方程为 $2x-5y+C=0$，又因为该直线经过点$(-3, 2)$，所以有 $2\times(-3)-5\times2+C=0$，解之得 $C=16$. 故所求直线 l 的方程为 $2x-5y+16=0$.

9. 因为直线 l_1 与 l_2 没有公共点，所以 $l_1 /\!/ l_2$. 而直线 l_1 的斜率 $k_{AB}=\frac{1-(-1)}{-\frac{4}{a}-0}=-\frac{a}{2}$，直线 l_2 的斜率是 $k_{MN}=\frac{-2-1}{0-1}=3$，所以$-\frac{a}{2}=3$，故 $a=-6$.

10. (1)因为直线 AB 的倾斜角为 $135°$，所以直线 AB 的斜率 $k_{AB}=\tan135°$，即有$\frac{(a-2)-1}{(2a^2+1)-1}=-1$，解之得 $a=-\frac{3}{2}$或 1.

(2)经过两点$(0, -7)$，$(3, 2)$的直线的斜率为$\frac{2-(-7)}{3-0}=3$，由于该直线与直线 AB 垂直，所以$\frac{(a-2)-1}{(2a^2+1)-1}\times3=-2$，解之得 $a=\frac{3}{2}$或-3.

(3)经过两点$(-4, 9)$，$(2, -3)$的直线的斜率为$\frac{-3-9}{2-(-4)}=-2$，由于该直线与直线 AB 平行，所以$\frac{(a-2)-1}{(2a^2+1)-1}=-2$，解之得 $a=\frac{3}{4}$或-1.

§8.3(2)　两条直线的位置关系(2)

1. B　**解析：**因为直线 $3x+2y+1-m=0$ 经过坐标原点$(0, 0)$，所以当 $x=0$ 时，$y=0$. 即有 $3\times0+2\times0+1-m=0$，解之得 $m=1$，故选 B.

2. C　**解析：**由$\begin{cases}x=-2\\y=3\end{cases}$得交点坐标为$(-2, 3)$，故选 C.

3. D　**解析：**直线 $3x+y-8=0$ 和直线 $x-3y+4=0$ 的斜率分别是 $k_1=-3$，$k_2=-\frac{1}{3}$，即有 $k_1\neq k_2$，且 $k_1k_2\neq-1$，所以两直线相交但不垂直，故选 D.

4. C　**解析：**设两直线在 y 轴上的交点为$(0, m)$，则$\begin{cases}3m-k=0,\\-km+12=0,\end{cases}$解之得$\begin{cases}m=-2,\\k=-6\end{cases}$或$\begin{cases}m=2,\\k=6,\end{cases}$故选 C.

5. $\left(-\frac{3}{5}, \frac{7}{5}\right)$　**解析：**解方程组$\begin{cases}x+y=-2,\\2x-3y=3\end{cases}$得$\begin{cases}x=-\frac{3}{5},\\y=\frac{7}{5},\end{cases}$故直线 $x+y=-2$ 与直线 $2x-3y=3$ 的交点坐标为$\left(-\frac{3}{5}, \frac{7}{5}\right)$.

6. -5，-14　**解析：**由题意可知，点$(1, 2)$是直线 $mx+4y-3=0$ 与直线 $4x+5y+n=0$ 的交点，所以$\begin{cases}1\times m+4\times 2-3=0,\\4\times 1+5\times 2+n=0,\end{cases}$解之得 $m=-5$，$n=-14$.

7. 1　**解析：**在 $3x+2y-8=0$ 和 $x+2=0$ 中，当 $x=-2$ 时，$3\times(-2)+2y-8=0$，$y=7$，故直线 $3x+2y-8=0$ 与直线 $x+2=0$ 的交点个数为 1，且交点坐标为$(-2, 7)$.

8. $\sqrt{10}$　**解析：**直线 $x+y-4=0$ 与 $2x-y+1=0$ 的交点是$(1, 3)$，它到坐标原点的距离为$\sqrt{(0-1)^2+(0-3)^2}=\sqrt{10}$.

9. 由$\begin{cases}2x-y+1=0,\\x-y+5=0\end{cases}$得$\begin{cases}x=4,\\y=9,\end{cases}$所以直线 $2x-y+1=0$ 与直线 $x-y+5=0$ 的交点为$(4, 9)$. 又因为直线 $y=kx-2$ 经过这个交点$(4, 9)$，所以 $4k-2=9$，$k=\frac{11}{4}$.

10. 解方程组$\begin{cases}mx-y+2m+1=0,\\x+2y-4=0\end{cases}$得两直线的交点坐标为$\left(\frac{2-4m}{1+2m}, \frac{6m+1}{1+2m}\right)$. 又因为这个交点在第四象限，所以$\begin{cases}\frac{2-4m}{1+2m}>0,\\\frac{6m+1}{1+2m}<0,\end{cases}$解之得$-\frac{1}{2}<m<-\frac{1}{6}$，故实数 m 的取值范围是$\left(-\frac{1}{2}, -\frac{1}{6}\right)$.

§8.3(3)　两条直线的位置关系(3)

1. A　**解析：**点 $P(-1, 2)$到直线 $3x+2y=5$ 即 $3x+2y-5=0$ 的距离 $d=\frac{|3\times(-1)+2\times 2-5|}{\sqrt{3^2+2^2}}=\frac{4\sqrt{13}}{13}$，故选 A.

2. C　**解析：**直线 $y-4=0$ 即 $y=4$ 平行于 x 轴，所以点$(-2, -5)$到它的距离是$|-5-4|=9$，故选 C.

3. D　**解析：**到 x 轴的距离等于 1 的直线为 $y=-1$ 或 $y=1$，由于 y 轴上的点的横坐标为 0，因而到 x 轴的距离等于 1 的 y 轴上的点的坐标为$(0, -1)$或$(0, 1)$，故选 D.

4. B　**解析：**因为直线 $4x-3y+2=0$ 与直线 $4x-3y-3=0$ 平行，所以它们之间的距离为$\frac{|2-(-3)|}{\sqrt{4^2+(-3)^2}}=1$，故选 B.

5. $\frac{3\sqrt{2}}{2}$　**解析：**坐标原点$(0, 0)$到直线 $y=x-3$ 即 $x-y-3=0$ 的距离是$\frac{|1\times 0-1\times 0-3|}{\sqrt{1^2+(-1)^2}}=\frac{3}{\sqrt{2}}=\frac{3\sqrt{2}}{2}$.

6. -4 或 4　**解析：**因为点$(0, m)$到直线 $x-y=0$ 的距离为 $2\sqrt{2}$，所以由点到直线的

距离公式$\frac{|0-m|}{\sqrt{1^2+(-1)^2}}=2\sqrt{2}$，解之得$m=-4$或4.

7. -28或-48　**解析**：因为点$(4, -3)$到直线$6x-8y-1-k=0$的距离为2，所以由点到直线的距离公式有$\frac{|6\times4-8\times(-3)+k|}{\sqrt{6^2+(-8)^2}}=2$，即$\frac{|k+48|}{10}=2$，解之得$k=-28$或$-48$.

8. -16或10　**解析**：由于直线$5x+12y-3=0$与直线$5x+12y+m=0$平行，且其距离为1，所以由两条平行直线间的距离公式有$\frac{|-3-m|}{\sqrt{5^2+12^2}}=1$，即$|m+3|=13$，$m+3=\pm13$，$m=-3\pm13$，故$m=-16$或10.

9. 因为AB边所在直线(即直线AB)的斜率$k_{AB}=\frac{4-2}{3-1}=1$，所以直线AB的方程为$y-4=1\times(x-3)$，即$x-y+1=0$. 设点P的坐标为$(a, 0)$，则点P到直线AB的距离即$\triangle ABP$中AB边上的高$d=\frac{|a-0+1|}{\sqrt{1^2+(-1)^2}}=\frac{|a+1|}{\sqrt{2}}$，而$|AB|=\sqrt{(3-1)^2+(4-2)^2}=2\sqrt{2}$，所以$\triangle ABP$的面积$S_{\triangle ABP}=\frac{1}{2}|AB|d=\frac{1}{2}\times2\sqrt{2}\times\frac{|a+1|}{\sqrt{2}}=10$. 所以$|a+1|=10$，解之得$a=-11$或$a=9$，故点$P$的坐标为$(-11, 0)$或$(9, 0)$.

10. 将直线方程$3x-4y=2$化为一般式是$3x-4y-2=0$，则点$P(m, 6)$到直线$3x-4y=2$即$3x-4y-2=0$的距离$d=\frac{|3m-4\times6-2|}{\sqrt{3^2+(-4)^2}}=\frac{|3m-26|}{5}$. (1)由$d=4$得$\frac{|3m-26|}{5}=4$，解之得$a=2$或$a=\frac{46}{3}$. (2)由$d>4$得$\frac{|3m-26|}{5}>4$，即$|3m-26|>20$，所以$3m-26<-20$或$3m-26>20$. 解之得$m<2$或$m>\frac{46}{3}$，故$m$的取值范围是$(-\infty, 2)\cup\left(\frac{46}{3}, +\infty\right)$.

§8.4(1)　圆(1)

1. B　**解析**：圆心为(a, b)，半径为r的圆的标准方程为$(x-a)^2+(y-b)^2=r^2$，故选B.

2. A　**解析**：$x^2+y^2-3x+4y-5=0$的圆心为$\left(-\frac{-3}{2}, -\frac{4}{2}\right)$，即$\left(\frac{3}{2}, -2\right)$，故选A.

3. C　**解析**：圆心为$\left(-\frac{D}{2}, -\frac{E}{2}\right)$，半径为$\frac{1}{2}\sqrt{D^2+E^2-4F}$的圆的标准方程为$\left(x+\frac{D}{2}\right)^2+\left(y+\frac{E}{2}\right)^2=\frac{D^2+E^2-4F}{4}$，化简即得圆的一般方程$x^2+y^2+Dx+Ey+F=0$，故选C.

4. A　**解析**：圆$x^2+y^2-2x+4y-11=0$的半径$r=\frac{1}{2}\sqrt{(-2)^2+4^2-4\times(-11)}=4$，

其圆心(1，-2)到直线 $y=x+1$ 即 $x-y+1=0$ 的距离 $d=\frac{|1-(-2)+1|}{\sqrt{1^1+(-1)^2}}=2\sqrt{2}$. 由于 $d<r$，所以直线 $y=x+1$ 与圆 $x^2+y^2-2x+4y-11=0$ 相交，故选 A.

5. $(x+5)^2+(y-2)^2=4$ **解析：**圆心为(-5，2)，且与 x 轴相切的圆的半径 $r=2$，故该圆的标准方程为 $(x+5)^2+(y-2)^2=4$.

6. 13 **解析：**因为圆 $x^2+y^2-m=0$ 经过点(5，-12)，即点(5，-12)在圆上，所以 $5^2+(-12)^2-m=0$，$m=169$，故圆的半径为 $\sqrt{169}=13$.

7. $(x-3)^2+(y+1)^2=17$ **解析：**所求圆的半径等于圆上一点(2，3)到圆心(3，1)的距离 $\sqrt{(3-2)^2+(-1-3)^2}=\sqrt{17}$，故所求圆的标准方程为 $(x-3)^2+(y+1)^2=17$.

8. $(x+3)^2+(y-2)^2=2$ **解析：**以线段 AB 为直径的圆的圆心为线段 AB 的中点 $\left(\frac{-2-4}{2}, \frac{3+1}{2}\right)$，即($-3$，2). 半径为 $\frac{1}{2}|AB|=\frac{1}{2}\sqrt{(-4+2)^2+(1+3)^2}=\sqrt{2}$，故其方程为 $(x+3)^2+(y-2)^2=2$.

9. 圆心为 $A(-2, 3)$，且与 y 轴相切的圆的半径 $r=|-2|=2$，所以其方程为 $(x+2)^2+(y-3)^2=4$. 当 $x=-2$，$y=1$ 时，$(x+2)^2+(y-3)^2=(-2+2)^2+(1-3)^2=4$，故点 $B(-2, 1)$ 在圆 $(x+2)^2+(y-3)^2=4$ 上. 当 $x=1$，$y=3$ 时，$(x+2)^2+(y-3)^2=(1+2)^2+(3-3)^2=9>4$，故点 $C(1, 3)$ 在圆 $(x+2)^2+(y-3)^2=4$ 外.

10. 因为圆 C：$(x-1)^2+(y-1)^2=2$ 的圆心为点(1，1)，半径为 $\sqrt{2}$，而圆心 $C(1, 1)$ 到直线 l：$x-y+4=0$ 的距离 $d=\frac{|1-1+4|}{\sqrt{1^2+(-1)^2}}=2\sqrt{2}$，所以圆 C 上的点到直线 l 的最短距离为 $d-r=2\sqrt{2}-\sqrt{2}=\sqrt{2}$.

§8.4(2) 圆(2)

1. B **解析：**因为圆 $(x-a)^2+(y-b)^2=r^2(r>0)$ 的半径为 r，所以圆 $(x-1)^2+y^2=64$ 的半径为 $\sqrt{64}=8$，故选 B.

2. A **解析：**因为圆 $(x+3)^2+y^2=9$ 的半径为 3，圆心为(-3，0)，所以圆心(-3，0)到直线 $y=m$ 的距离为 $|m|$. 又因为直线 $y=m$ 与圆 $(x+3)^2+y^2=9$ 相交，所以 $|m|<3$，解之得 $-3<m<3$，故选 A.

3. A **解析：**因为点 $A(3, 2)$，点 $B(-1, 3)$，所以 $|AB|=\sqrt{(-1-3)^2+(3-2)^2}=\sqrt{17}$，故选 A.

4. C **解析：**由题意可知，入射光线所在直线过原点，其倾斜角为 $180°-60°=120°$，所以它的方程为 $y-0=\tan120°(x-0)$，即 $y=-\sqrt{3}x$，故选 C.

5. $(x-160)^2+(y-180)^2=3\ 600$ **解析：**圆 G 的圆心 G 的坐标是(160，180)，半径 $R=60$，所以圆 G 的方程为 $(x-160)^2+(y-180)^2=3\ 600$.

6. $\sqrt{3}$ **解析：**反射光线所在直线的方程为 $y-0=\tan60°(x-0)$，即 $\sqrt{3}x-y=0$，故点

$P(2,\ 0)$到反射光线的距离为$\dfrac{|\sqrt{3}\times 2-0|}{(\sqrt{3})^2+(-1)^2}=\sqrt{3}$.

7. $x-160=0$ **解析：** 因为直线 BG 与 x 轴垂直，且点 B 的坐标是$(160,\ 0)$，所以直线 BG 的方程为 $x-160=0$.

8. $\{m \mid m<-2\sqrt{2}$ 或 $m>2\sqrt{2}\}$ **解析：** 由 $x+y=m$ 得 $y=m-x$，将 $y=m-x$ 代入 $x^2+y^2=4$ 中得 $2x^2-2mx+m^2-4=0$. 因为直线 $x+y=m$ 与圆 $x^2+y^2=4$ 相离，所以 $\Delta=(-2m)^2-4\times 2\times(m^2-4)<0$，即 $-4m^2+32<0$，解之得 $m<-2\sqrt{2}$ 或 $m>2\sqrt{2}$. 故 m 的取值范围为$\{m \mid m<-2\sqrt{2}$ 或 $m>2\sqrt{2}\}$.

9. 建立如图所示的直角坐标系，则点 $A(-10,\ 0)$，$B(10,\ 0)$，$M(0,\ 4)$. 设圆的方程为 $x^2+(y-b)^2=r^2$，则 $x^2+(y-b)^2=(4-b)^2$. 将点 A 的坐标代入上式，得 $b=-\dfrac{21}{2}$，于是 $r=\dfrac{29}{2}$，所以圆的方程为 $x^2+\left(y+\dfrac{21}{2}\right)^2=\left(\dfrac{29}{2}\right)^2$. 将 $x=5$ 代入上式，得 $25+\left(y+\dfrac{21}{2}\right)^2=\left(\dfrac{29}{2}\right)^2$，由于 $x=5$ 时，$y>0$，所以 $y=\dfrac{\sqrt{741}-21}{2}$，$y-3=\dfrac{\sqrt{741}-27}{2}-3=\dfrac{\sqrt{741}-27}{2}=\dfrac{\sqrt{741}-\sqrt{729}}{2}>0$，于是 $y>3$，故这条船能从桥下通过.

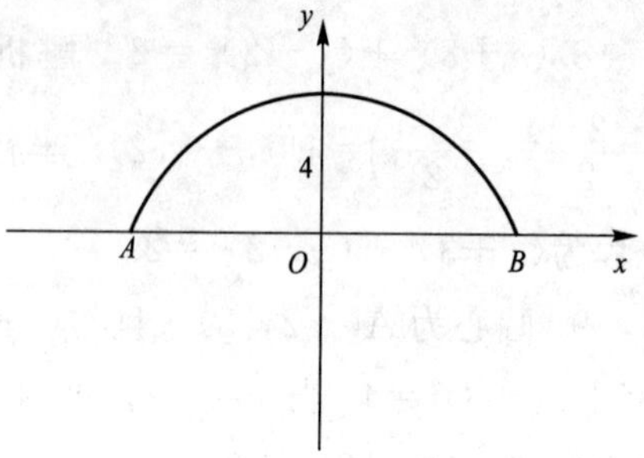

第 9 题图

10. (1)建立如图所示的直角坐标系，则圆心 D 的坐标是$(30,\ 10)$，圆的半径是 $R=10$，所以圆 D 的方程是$(x-30)^2+(y-10)^2=100$.

(2)因为点 $C(0,\ 20)$，$D(30,\ 10)$，所以点 C 到点 D 的距离 $|CD|=\sqrt{(30-0)^2+(10-20)^2}=10\sqrt{10}$.

(3)因为直线 CD 的斜率 $k_{CD}=\dfrac{10-20}{30-0}=-\dfrac{1}{3}$，

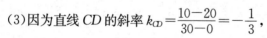

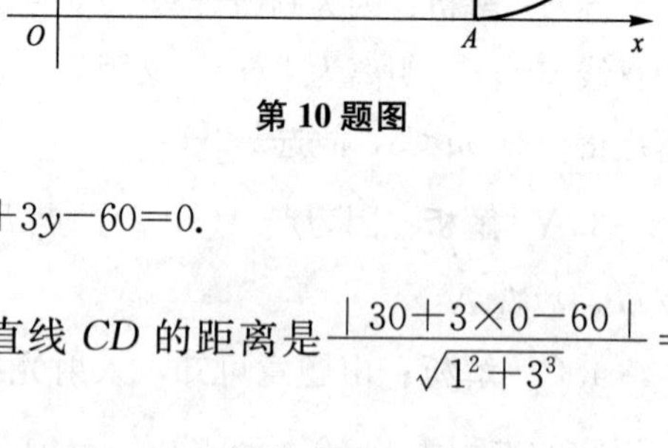

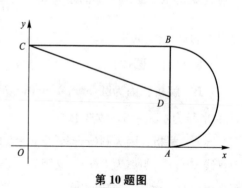

第 10 题图

所以直线 CD 的方程是 $y-10=-\dfrac{1}{3}(x-30)$，即 $x+3y-60=0$.

由点到直线的距离公式可得点 $A(30,\ 0)$到直线 CD 的距离是$\dfrac{|30+3\times 0-60|}{\sqrt{1^2+3^3}}=3\sqrt{10}$.

本章小结

1. B **解析：** 由 $2x+3y-1=0$ 得 $y=-\dfrac{2}{3}x+\dfrac{1}{3}$，所以直线 $2x+3y-1=0$ 的斜率为

$-\frac{2}{3}$，故选 B.

2. C　**解析：** 因为 $M(3, -4)$，$N(5, -2)$，所以线段心的中点坐标是 $\left(\frac{3+5}{2}, \frac{-4-2}{2}\right)$，即$(4, -3)$，故选 C.

3. A　**解析：** 设直线 l 的倾斜角为 α，则 $\tan\alpha=\frac{1-0}{-1-0}=-1$，而 $0\leqslant\alpha<\pi$，所以 $\alpha=\pi-\frac{\pi}{4}=\frac{3\pi}{4}$，故选 A.

4. C　**解析：** 所求直线的斜率 $k_{MN}=\frac{1-3}{0-(-2)}=-1$，其方程为 $y-3=-1\times(x+2)$，即 $x+y-1=0$，故选 C.

5. D　**解析：** 因为直线 $ax+by+c=0$ 的倾斜角为$\frac{3\pi}{4}$，所以其斜率 $k=\tan\frac{3\pi}{4}=-\frac{a}{b}$，即有$-\frac{a}{b}=-1$，$a-b=0$，故选 D.

6. D　**解析：** 圆 $x^2+y^2=1$ 的圆心为$(0, 0)$，它到直线 $x+2y-5=0$ 的距离为 $\frac{|1\times0+2\times0-5|}{\sqrt{1^2+2^2}}=\frac{|-5|}{\sqrt{5}}=\sqrt{5}$，故选 D.

7. D　**解析：** 根据方程 $x^2+y^2+Dx+Ey+F=0$ 表示圆的条件是 $D^2+E^2-4F>0$. 可得：$(2m)^2+4^2-4(3m+8)>0$，即 $m^2-3m-4>0$，解之得 $m<-1$ 或 $m>4$，故选 D.

8. A　**解析：** 圆心$(1, 2)$到切线 $5x-12y+7=0$ 的距离 d 等于圆的半径 r，而 $d=\frac{|5\times1-12\times2-7|}{\sqrt{5^2+(-12)^2}}=\frac{26}{13}=2$，即圆的半径 $r=2$，所以圆的方程为$(x-1)^2+(y-2)^2=4$，故选 A.

9. $\sqrt{5}$　**解析：** 圆 $x^2+y^2-2x-4y-1=0$ 的圆心为$(1, 2)$，两直线 $x-y+4=0$ 和 $3x+y=0$的交点为$(-1, 3)$，故圆心到交点的距离为$\sqrt{(1+1)^2+(2-3)^2}=\sqrt{5}$.

10. $3x+2y+6=0$　**解析：** 线段 AB 的中点为$(-4, 3)$，设所求直线为$-3x-2y+m=0$，又因为该直线经过点$(-4, 3)$，所以$-3\times(-4)-2\times3+m=0$，$m=-6$，故所求直线为 $3x+2y+6=0$.

11. $-\frac{3}{2}$　**解析：** 直线 AB 的斜率 $k=\frac{2-\frac{1}{2}}{-2-(-1)}=-\frac{3}{2}$.

12. $\frac{14}{5}$　**解析：** 由两平行直线间的距离公式有$\frac{|-9-5|}{\sqrt{4^2+(-3)^2}}=\frac{14}{5}$，故所求距离为$\frac{14}{5}$.

13. 设点 $C(a, 4-a)$，因为点 $A(-3, 4)$和 $B(2, 1)$，所以直线 AB 的斜率 $k_{AB}=\frac{1-4}{2-(-3)}=-\frac{3}{5}$，其方程为 $y-1=-\frac{3}{5}(x-2)$，即 $3x+5y-11=0$，而点 $C(a, 4-a)$到

直线 AB 的距离 $d=\frac{|3a+5(4-a)-11|}{\sqrt{3^2+5^2}}=\frac{|9-2a|}{\sqrt{34}}$，线段 AB 的长 $|AB|=\sqrt{(2+3)^2+(1-4)^2}=\sqrt{34}$，由 $\triangle ABC$ 的面积为 $4\sqrt{2}$ 有 $\frac{1}{2}\times\frac{|9-2a|}{\sqrt{34}}\times\sqrt{34}=4$，即 $|2a-9|=8$，解之得 $a=\frac{1}{2}$ 或 $a=\frac{17}{2}$，故点 C 的坐标为 $\left(\frac{1}{2},\frac{17}{2}\right)$ 或 $\left(\frac{17}{2},-\frac{9}{2}\right)$.

14. 圆 $x^2+y^2-2x-4y+1=0$ 的圆心为 $(1,2)$，半径 $r=\frac{1}{2}\sqrt{(-2)^2+(-4)^2-4\times1}=2$，圆心 $(1,2)$，到直线 $ax-y+3=0$ 的距离 $d=\frac{|a-2+3|}{\sqrt{a^2+(-1)^2}}=\frac{a+1}{\sqrt{a^2+1}}$，所以 $\left(\frac{2\sqrt{3}}{2}\right)^2+\left(\frac{a+1}{\sqrt{a^2+1}}\right)^2=2^2$，即 $(a+1)^2=a^2+1$，解之得 $a=0$.

15. 因为 $\sin\theta=\frac{4}{5}$，所以 $\cos\theta=\pm\sqrt{1-\sin^2\theta}=\pm\sqrt{1-\left(\frac{4}{5}\right)^2}=\pm\frac{3}{5}$，$\tan\theta=\frac{\sin\theta}{\cos\theta}=\pm\frac{4}{3}$. 于是直线 l 的斜率为 $\frac{4}{3}$ 或 $-\frac{4}{3}$. 又因为直线 l 经过点 $P(2,-1)$，所以直线 l 的方程为 $y-(-1)=\frac{4}{3}(x-2)$ 或 $y-(-1)=-\frac{4}{3}(x-2)$，即 $4x-3y-11=0$ 或 $4x+3y-5=0$.

16. 由题意可知直线 l 的斜率存在，不妨设为 k，则直线 l 的方程为 $kx-y+2k+2=0$. 令 $x=0$，得纵截距为 $2k+2$，令 $y=0$，得横截距 $-\frac{2k+2}{k}$，于是有 $\frac{1}{2}\times|2k+2|\times\left|-\frac{2k+2}{k}\right|=1$，即有 $2k^2+4k-|k|+2=0$. 当 $k\geqslant0$ 时，$2k^2+3k+2=0$，因为 $\Delta=3^2-4\times2\times2<0$. 所以该方程无实数根；当 $k<0$ 时，$2k^2+4k+k+2=0$，解之得 $k=-2$ 或 $k=-\frac{1}{2}$. 因此，直线 l 的方程为 $y-2=-2(x+2)$ 或 $y-2=-\frac{1}{2}(x+2)$，即 $2x+y+2=0$ 或 $x+2y-2=0$.

第 9 章　立体几何

§9.1　平面的基本性质

1.(1)不正确.　**解析：** 因为平面是无限延展的，而一张白纸的大小是有限的，是不能无限延展的.

(2)不正确.　**解析：** 因为平面没有边界，也无所谓面积.

(3)不正确.　**解析：** 因为平面没有厚薄之分.

(4)不正确.　**解析：** 平行四边形可以用来表示平面，但平面的形状不是平行四边形.

(5)不正确 .　**解析：** 三点共线时两平面就不重合.

2. D　**解析：** 四点共面与四点不共面两种情况.

3. C　**解析：** 由性质 3 的推论可推知 .

4. C

5. D

6. A　**解析：**由平面的基本性质 1 可知.

7. D　**解析：**由平面的基本性质 2 可知.

8. (1)$a\cap\alpha=A$

(2) $\alpha\cap\beta=a$

(3) $a\cap b=\varnothing$

(4) $l\subseteq\gamma$，$A\in\gamma$，$A\notin l$

(5) $a\nsubseteq M$

9. 无穷多个　**解析：**如果两个平面有一个公共点，那么它们一定还有其他公共点，并且所有公共点的集合是过该点的一条直线.

10. 4　**解析：**由平面的基本性质 3，即不共线的三点可以确定一个平面可知.

11. 4　**解析：**由平面的基本性质 3 可知.

12. 1 或 3　**解析：**如果这三条两两相交的直线共面，则只能确定一个平面；如果这三条两两相交的直线不共面，则由两条相交直线可以确定一个平面可知这三条直线可以确定三个平面.

13. 因为 $b/\!/c\Rightarrow b$，c 可确定平面 α，因为 $a\cap b\neq\varnothing$，设 $a\cap b=A$；$a\cap c\neq\varnothing$，设 $a\cap c=B$，所以 $A\in b$，$B\in c$，又 b，$c\subseteq\alpha$，所以 $A\in\alpha$，$B\in\alpha$，所以 $a\subseteq\alpha$，b，$c\subseteq\alpha$，即 a，b，c 在同一平面内.

§9.2　直线与直线、直线与平面、平面与平面平行的判定与性质

1. D　**解析：**取平面 β 使 $a\subseteq\beta$ 且 $\alpha/\!/\beta$. (1)若 $b\subseteq\beta$ 则 $b/\!/\alpha$，可知 a 与 b 可能平行，也可能相交. (2)若 $b\nsubseteq\beta$ 则由已知 $b/\!/\alpha$，可知 a 与 b 异面；故应选择 D.

2. C　**解析：**一条直线和一个平面平行，则这条直线是和过这条直线的所有平面与已知平面的交线平行，而这些交线是互相平行的.

3. C　**解析：**A 中 a 有可能与 α 相交；B 中 a 有可能在 α 内；D 中 a 与 α 关系不确定.

4. D　**解析：**b 可能与 α 平行，相交或在平面 α 内.

5. D　**解析：**a 与 b 分别在两个平行平面内，它们不可能相交，但有可能平行或异面.

6. D　**解析：**在 A，B，C 条件下都可能有 $a\subseteq\alpha$，故选 D.

7. B　**解析：**平行于同一平面的两条直线可能相交、异面，所以 A 错误；若 $m\subseteq\alpha$，$n\subseteq\alpha$，m，n 异面，则 n 与 α 可能平行，也可能相交，所以 C，D 错误.

8. AD 和面 BC'、面 $A'C'$ 都平行.　**解析：**因为 $AD/\!/BC$，$BC\subseteq$ 面 BC'，$AD\nsubseteq$ 面 BC'，所以 $AD/\!/$ 面 BC'；因为 $BC/\!/$ 面 $A'C'$，$BC\subseteq$ 面 $B'C$，面 $B'C\cap$ 面 $A'C'=B'C'$，所以 $BC/\!/B'C'$，又因为 $AD/\!/BC$，所以 $AD/\!/B'C'$，同理可证 AD 和面 $A'C'$ 平行.

9. 因为 $\alpha/\!/\beta$，面 $PAA_1\cap\alpha=AA_1$，平面 $PAA_1\cap\beta=BB_1$，所以 $AA_1/\!/BB_1$，$\dfrac{PA}{PB}=$

$\frac{AA_1}{BB_1}=\frac{2}{3}$，解得 $AA_1=\frac{50}{3}$cm.

10. 连结 BD 交 AC 于点 O，连结 MO，因为四边形 $ABCD$ 为平行四边形，所以 O 为 BD 的中点，又 M 为 PD 的中点，所以 MO 为△PBD 的中位线，所以 $MO/\!/PB$，又因为 $MO\subseteq$面 MAC，$PB\not\subseteq$面 MAD，所以 $PB/\!/$平面 MAC.

§9.3 直线与直线、直线与平面、平面与平面所成的角

1. D **解析：** A 中一条直线和两条平行直线中的一条相交，此直线和另一条可能相交，也可能异面，B，C 中错误显然.

2. A

3. 错误，这两条直线可能异面.

4. $\left(0,\ \frac{\pi}{2}\right]$

5. 异面

6. (1)由等角定理可知 b 与 c 所成的角为 θ.

(2) 不一定，它们可能相交.

7. C **解析：** 若甲成立，则 α 与 β 有公共点，所以 α 与 β 相交，即甲⇒乙；若乙成立，设 $\alpha\cap\beta=a$，则 l，m 不可能都平行 a，从而 l 或 m 与 β 相交，所以乙⇒甲，故选 C.

8. 在面 A_1C_1 内过点 P 作 EF 平行于 C_1D_1，因为 $C_1D_1/\!/CD$，所以由平行直线的性质可知 $EF/\!/CD$.

9. 证明：在长方体中，A_1ADD_1 是平行四边形，所以 $AE/\!/A_1E_1$，又因为 $AE=A_1E_1$，所以 A_1AEE_1 是平行四边形，所以 $AA_1/\!/EE_1$，且 $AA_1=EE_1$，同理可证 $AA_1/\!/FF_1$，且 $AA_1=FF_1$，由平行直线的性质可得 $FF_1/\!/EE_1$，且 $FF_1=EE_1$，所以 E_1EFF_1 是平行四边形，所以 $EF/\!/E_1F_1$.

10. (1)连结 AC，因为 $AC/\!/A_1C_1$，所以 $\angle ACB_1$ 为异面直线 A_1C_1 与 B_1C 所成的角，连结 AB_1，三角形 AB_1C 为等边三角形，所以 $\angle ACB_1=60°$，即异面直线 A_1C_1 与 B_1C 所成的角为 $60°$.

(2)因为 $BC/\!/B_1C_1$，所以 $\angle C_1B_1D_1$ 为异面直线 BC 与 B_1D_1 所成的角，三角形 $D_1B_1C_1$ 为等腰直角三角形，所以 $\angle C_1B_1D_1=45°$，即异面直线 BC 与 B_1D_1 所成的角为 $45°$.

(3)连结 BD，因为 $BD/\!/B_1D_1$，所以 AC 与 BD 的夹角就是异面直线 AC 与 B_1D_1 所成的角，所以异面直线 AC 与 B_1D_1 所成的角为 $90°$.

§9.4 直线与直线、直线与平面、平面与平面垂直的判定与性质

1. C **解析：** (1)中 a 可能与 b 平行，相交或异面；(2)中 a 可能与 α 平行或在 α 内；(4)有无数条；(5)若直线垂直于平面内无数条平行直线，则直线与平面不一定垂直，故选 C.

2. D　**解析：** 因为 $A_1B_1 // AB$，$CD // AB$，所以 $A_1B_1 // CD$，又因为 $AA_1 \perp$ 平面 $ABCD$，所以 AA_1 与 CD 所在的直线是异面直线；易知 $A_1D_1 // B_1C_1$，又 B_1C_1 与 B_1C 的夹角是 $45°$，所以 C 也是正确的；点 B_1 在平面 $ABCD$ 的射影是点 B，所以 B_1C 与平面 $ABCD$ 所成的角是 $45°$，故选 D.

3. C　**解析：** A 中两个平面可以相交，已知直线只需平行于交线即可；B 中两直线还可能异面；D 中显然该直线与平面内的直线可能平行，也可能异面.

4. B　**解析：** (1)中的三点可能在同一直线上，那么有无数平面经过三点；(4)中两条直线还可能是异面直线，所以正确的是(2)(3).

5. D　**解析：** 三角形的两边是相交直线，所以由判定定理可知三个命题都是正确的.

6. B　**解析：** 若 $a \subseteq \alpha$，则 $a \perp b$；若 $a \subseteq \alpha$，则 a 与 b 不一定垂直，但不平行，可能相交，也可能异面.

7. B

8. 因为 $\alpha \perp \beta$，$\alpha \cap \beta = AB$，$AC \subseteq \alpha$，$AC \perp AB$，所以 $AC \perp \beta$，连结 AD，则 $AC \perp AD$；因为在 $\mathrm{Rt}\triangle ABD$ 中，$AD^2 = AB^2 + BD^2 = 640$，所以在 $\mathrm{Rt}\triangle CAD$ 中，$CD = \sqrt{AC^2 + AD^2} = 26$.

9. 连结 AC，AB，BC，有已知可知$\angle DCA = 30°$，$\angle DBA = 30°$，在直角三角形 DAB 中，$DA = a$，解得 $DB = 2a$，同理 $DC = 2a$，在直角三角形 DBC 中，$DB = DC = 2a$，$\angle BDC = 90°$，所以 $BC = 2\sqrt{2}a$.

§9.5　柱、锥、球及其简单组合体

1. (1)错误，正棱柱底面是正多边形的直棱柱.

(2)错误，底面也可能是平行四边形.

(3)错误，直棱柱的侧面都要是矩形.

(4)正确.

(5)正确.

(6)错误，正棱锥的顶点在底面的射影是底面的中心.

(7)错误，侧面是等腰三角形，不一定是正三角形.

(8)错误，以直角三角形的斜边为轴旋转一周所得到的旋转体就不是圆锥.

(9)错误，圆柱的母线应垂直于底面.

(10)正确.

2. C　**解析：** ${r_1}^2 : {r_2}^2 : {r_3}^2 = 2 : 3 : 4 \Rightarrow r_1 : r_2 : r_3 = \sqrt{2} : \sqrt{3} : \sqrt{4}$，$V_1 : V_2 : V_3 = {r_1}^3 : {r_2}^3 : {r_3}^3 = 2\sqrt{2} : 3\sqrt{3} : 8$，故选 C.

3. B

4. C　**解析：** 设球的半径为 r，正方体棱长为 a，则 $4\pi r^2 = 6a^2 \Rightarrow \frac{r}{a} = \sqrt{\frac{6}{4\pi}}$，$\frac{V_1}{V_2} = \frac{\frac{4}{3}\pi r^3}{a^3} = \frac{4}{3}\pi\left(\frac{r}{a}\right)^3 = \sqrt{\frac{6}{\pi}}$，故选 C.

5. 64 **解析:** 半径增为原来的 4 倍，所以体积增为原来的 64 倍.

6. 由已知有 $PA^2+PB^2=16$，$PA=PB\Rightarrow PA=2\sqrt{2}$，$S_{侧}=3\times\frac{1}{2}\times2\sqrt{2}\times2\sqrt{2}=12$，$V_{P-ABC}=V_{C-PAB}=\frac{1}{3}\times\frac{1}{2}\times(2\sqrt{2})^3=\frac{8\sqrt{2}}{3}$(等体积法)

7. 设长、宽、高分别为 a，b，c，由已知有 $\begin{cases}ab=12,\\ac=15,\\bc=20,\end{cases}$ 解之得 $\begin{cases}a=3,\\b=4,\\c=5.\end{cases}$ 对角线 $l=\sqrt{a^2+b^2+c^2}=5\sqrt{2}$.

8. 设圆柱的底面半径为 r，由已知知母线 $l=2r$. 因为 $2r\cdot2r=Q$，所以 $r=\sqrt{\frac{Q}{4}}=\frac{\sqrt{Q}}{2}$，$l=\sqrt{Q}$，$S_{侧}=2\pi rl=2\pi\times\frac{\sqrt{Q}}{2}\times\sqrt{Q}=\pi Q$，$V=S_{底}\ h=\pi r^2\times2r=\frac{\pi Q^{\frac{3}{2}}}{4}$.

9. 设圆锥的底面半径为 r，母线为 l，则由已知有 $r=2$，$l=4$，$S_{表}=\pi rl+\pi r^2=12\pi$，$h=\sqrt{4^2-2^2}=2\sqrt{3}$，$V=\frac{1}{3}S_{底}\ h=\frac{1}{3}\times\pi\times4\times2\sqrt{3}=\frac{8\sqrt{3}\pi}{3}$.

10. 以 OA 为轴旋转一周，由直角三角形 AOB 得到一个圆锥，弧 AB 得到一个半球 . 设圆锥的体积为 V_1，半球减去圆锥得到的几何体体积为 V_2，则 $V_1=\frac{1}{3}\pi R^3$，$V_2=\frac{1}{2}\times\frac{4}{3}\pi R^3-\frac{1}{3}\pi R^3=\frac{1}{3}\pi R^3$，所以 $V_1:V_2=\frac{1}{3}\pi R^3:\frac{1}{3}\pi R^3=1:1$. 即两部分几何体体积之比为 1∶1.

本章小结

1. B **解析:** A、C 中三条直线可能确定三个平面；D 中直线可能与平面 α 相交.

2. D

3. A **解析:** $a/\!/\alpha$，则 a 平行于平面内的某些直线，又 $a/\!/b$，由公理 4 和直线与平面平行的判定可知 $b/\!/\alpha$，但 $b/\!/\alpha$ 不一定要求 $a/\!/b$.

4. C **解析:** A 中直线 l 与平面 α 平行，只能说明 l 与平面 α 内的某些直线平行；B 中直线 l 与平面 α 可能相交；D 中，这条直线可能在平面内.

5. C **解析:** 射影长为 $\frac{4}{\tan30^\circ}=4\sqrt{3}$.

6. D **解析:** A_1D 与平面 $ABCD$ 所成的角为 45°.

7. C **解析:** 设圆锥的母线长为 l，则底面周长为 πl，底面半径为 $\frac{l}{2}$，所以圆锥的母线与底面所成的角为 60°.

8. D **解析:** $V=\frac{1}{3}\times\frac{1}{2}a\times a\times a=\frac{a^3}{6}$.

9. $4\sqrt{5}$　**解析：**取 BC 的中点 D，连结 PD，则 $PD\perp BC$，PD 的长就是 P 到 BC 的距离，在直角三角形 ADB 中，$AD=4$；在直角三角形 PAD 中，$PD=\sqrt{PA^2+AD^2}=\sqrt{64+16}=4\sqrt{5}$.

10. 一个或三个.

11. 8

12. 设长方体的长、宽、高分别为 a，b，c，由已知有 $2(ab+ac+bc)=28$，$a+b+c=8$，$a^2+b^2+c^2=(a+b+c)^2-2(ab+ac+bc)=36$，故对角线的长为 $\sqrt{a^2+b^2+c^2}=6$.

13. (1) AB 和 CD、CE 和 CD 所成的角都是 90°. 因为 $AC\perp CD$，$BC\perp CD$，$AC\cap BC=C$，所以 $CD\perp$ 平面 ABC. 因为 $AB\subseteq$ 平面 ABC，$CE\subseteq$ 平面 ABC，所以 $AB\perp CD$，$CE\perp CD$，所以 AB 和 $CDCE$ 和 CD 所成的角都是 90°.

(2) 在直角三角形 DCE 中，$DE=\sqrt{DC^2+CE^2}=10$ cm.

14. (1) 证明：因为平面 $ADE\perp$ 平面 $ABCD$，平面 $ADE\cap$ 平面 $ABCD=AD$，又因为 $ABCD$ 是矩形，所以 $CD\perp AD$，因为 $CD\subseteq$ 平面 $ABCD$，所以 $CD\perp$ 平面 ADE，因为 $AE\subseteq$ 平面 ADE，所以 $AE\perp CD$.

(2) 取 AD 的中点 F，连结 EF，FC，因为 $\triangle ADE$ 是等边三角形，所以 $EF\perp AD$，又因为平面 $ADE\perp$ 平面 $ABCD$，平面 $ADE\cap$ 平面 $ABCD=AD$，所以 $EF\perp$ 平面 $ABCD$，从而 $\angle EFC$ 是 EC 与平面 $ABCD$ 所成的角.

在直角三角形 EFD 中，$ED=1$，$DF=\frac{\sqrt{2}}{2}$，所以 $EF=\sqrt{ED^2-DF^2}=\frac{\sqrt{2}}{2}$.

在直角三角形 FDC 中，$DC=\sqrt{2}$，$DF=\frac{\sqrt{2}}{2}$，所以 $FC=\sqrt{FD^2+DC^2}=\frac{\sqrt{6}}{2}$.

在直角三角形 EFC 中，$EF=\frac{\sqrt{2}}{2}$，$FC=\frac{\sqrt{6}}{2}$，$\tan\angle ECF=\frac{EF}{FC}=\frac{\sqrt{3}}{3}$，所以 $\angle ECF=30°$，即 EC 与平面 $ABCD$ 所成的角为 30°.

15. 因为菱形的对角线互相垂直，所以底面边长 $AB=\sqrt{3^2+4^2}=5$，侧面积 $S=4\times5\times10=200$，体积 $V=\frac{1}{2}\times6\times8\times10=240$.

第 10 章　概率与统计初步

§10.1　计数原理

1. C　**解析：**可分三类：第一类，借 1 本书，有 3 种借法；第二类，借 2 本书，有 3 种借法；第三类，借 3 本书，有 1 种借法. 所以，由分类计数原理，共有 $3+3+1=7$ 种不同的借法，故选 C.

2. D　**解析：**需要分两步，即选 1 名女生，再选 1 名男生，由分步计数原理，共有 $5\times4=20$种不同的组队方法，故选 D.

3. A　**解析**：分四步：第一步，确定千位上的数字，有 4 种方法；第二步，确定百位上的数字，有 3 种方法；第三步，确定十位上的数字，有 2 种方法；第四步，确定个位上的数字，有 1 种方法．根据分步计数原理，共有 $4\times3\times2\times1=24$ 个没有重复数字的四位数，故选 A.

4. B　**解析**：由分步计数原理，分两步，第一步选上衣有 4 种选法，第二步选裤子有 3 种选法，故共有 $4\times3=12$ 种不同的配法，故选 B.

5. 64　**解析**：每封信有 4 种不同的投法．分 3 步，由分步计数原理可知，共有 $4\times4\times4=64$ 种不同的投法.

6. 10 000 000　**解析**：分七步，每一步均有 10 种不同的方法．由分步计数原理，所求电话号码的个数为 $10^7=10\ 000\ 000$.

7. 12　**解析**：分两步，所得的积共有 $4\times3=12$ 个.

8. 24　**解析**：分两类：第一类是首位为 5 的三位数，有 $3\times2=6$ 个．第二类是四位数，有 $3\times3\times2=18$ 个．由分类计数原理可知，共有 $3\times2+3\times3\times2=24$ 个.

9. 可分为三类：语文书和英语书、语文书和数学书、英语书和数学书，而每一类又都可以分两步来取，故共有 $5\times7+5\times9+7\times9=143$ 种不同的取法.

10. 分三步确定百位(即首位)、十位和个位．第一步，确定首位，有 $8-1=7$ 种不同的方法；第二步，确定十位，有 6 种不同的方法；第三步，确定个位，有 4 种不同的方法．由分步计数原理可知，共有 $7\times6\times4=168$ 个不同的三位数.

§10.2(1)　概率(1)

1. C　**解析**："某汽车司机驾车通过几个交通路口都将遇到绿灯"这一事件有可能发生，也有可能不发生，因而是一个随机事件，故选 C.

2. B　**解析**：不可能事件是指在一定条件下不可能发生的事件，但改变条件后有可能发生，故选 B.

3. D　**解析**：复合事件是指含有两个或两个以上样本点的事件，只含有一个样本点的事件称为基本事件，故选 D.

4. D　**解析**：基本事件是只含有一个样本点的事件；必然事件常用 U 或 Ω 表示，不可能事件常用 $\varnothing$ 表示；在标准大气压下水加热到 50 ℃，是不可能沸腾的，故选 D.

5. 样本点　**解析**：样本点是随机试验中每一种可能发生的结果.

6. 复合事件　**解析**：做抛掷一枚骰子的试验，"出现的点数为偶数"这一事件包含的样本点有 2 点，4 点和 6 点，因而是复合事件.

7. 4　**解析**：因为样本空间 $U=\{$(正，正)，(正，反)，(反，正)，(反，反)$\}$，所以样本空间所包含的样本点的个数是 4.

8. {正，反}　**解析**：抛掷一枚硬币，只可能出现正面朝上或反面朝上.

9. $U=\{ab, ac, ad, bc, bd, cd\}$.

10. (1) $U=\{12, 13, 21, 23, 31, 32\}$.

(2) $U=\{11, 12, 13, 21, 22, 23, 31, 32, 33\}$.

(3) $\{23, 32\}$.

§ 10.2(2)　概率(2)

1. C　**解析：**小于10的自然数为0，1，2，…，9，共10个，其中有5个是偶数，所以在小于10的自然数中任取一个数它是偶数的概率为$\frac{5}{10}=\frac{1}{2}$，故选C.

2. A　**解析：**样本点的总个数为45，“选到女生”这一事件包含的样本点的个数为30，所求概率为$\frac{30}{45}=\frac{2}{3}$，故选A.

3. C　**解析：**掷一枚骰子，出现的点数有1点，2点，3点，4点，5点，6点共6种可能情况，其中点数为奇数的有三种，所以所求概率为$\frac{3}{6}=\frac{1}{2}$，故选C.

4. B　**解析：**将一枚均匀的硬币抛掷两次，其基本事件为4个：(正，正)，(正，反)，(反，正)，(反，反)，而得到“两次正面向上”这一事件包含1个基本事件：(正，正). 因此，所求概率为$\frac{1}{4}$，故选B.

5. 0.6　**解析：**因书架上共有10本书，其中外文书(这里包括英文书和法文书)6本，所以抽到外文书的概率是$\frac{6}{10}=0.6$.

6. 0.9　**解析：**因为100件产品中有90件正品，所以选出正品的概率是$\frac{90}{100}=0.9$.

7. $\frac{2}{25}$　**解析：**在1～100的整数中，12的倍数有12×1，12×2，12×3，…，12×8共8个，故所求概率为$\frac{8}{100}=\frac{2}{25}$.

8. $\frac{1}{5}$　**解析：**在1，2，3，…，40中，5的倍数的数有5×1，5×2，…，5×8，共8个，故所求概率$P=\frac{8}{40}=\frac{1}{5}$.

9. 在不包括大小王的一副52张的扑克牌中，红色牌(包括红桃和方片)共有$13\times2=26$张，故取到红色牌的概率$P=\frac{13\times2}{52}=\frac{1}{2}$.

10. 在点(x, y)中，$x\in A$，$y\in A$，且$x\neq y$，所以x的取法有10种可能，y有9种可能，试验的所有结果有$10\times9=90$种可能.

(1)设事件$A=\{$点(x, y)不在x轴上$\}$，则$y\neq0$，y有9种可能，x有9种可能，所以事件包含的样本点的个数为$9\times9=81$种. 故所求事件A的概率为$P(A)=\frac{9\times9}{10\times9}=\frac{9}{10}=0.9$.

(2)设事件$B=\{$点(x, y)正好在第二象限$\}$，则$x<0$，$y>0$，x的取值有5种可能，y的取值有4种可能，于是事件B包含的样本点的个数为$5\times4=20$种. 故事件B的概率为$P(B)=\frac{5\times4}{10\times9}=\frac{2}{9}$.

§10.2(3) 概率(3)

1.D **解析**：对立事件是指在试验中，不可能同时发生，但又有且只有1个发生的事件，故选D.

2.B **解析**：事件AB，即$A\cap B$，表示事件A和事件B都发生(同时发生)，故选B.

3.A **解析**：“至少有两件”的反面是“至多有一件”，故选A.

4.C **解析**：利用对立事件的概率计算公式可得正好是正品的概率为$1-(0.04+0.03)=0.93$，故选C.

5.$(A+B)\overline{C}$ **解析**：事件A，B至少有一个发生可表示为$A+B$，事件C不发生可表示为$\overline{C}$，故事件A，B至少有一个发生，而事件C不发生可表示为$(A+B)\overline{C}$.

6.$\frac{1}{2}$ **解析**：设$A=${任取一张得到红桃}，$B=${任取一张得到梅花}，则$A+B=${任取一张得到红桃或梅花}．由于A与B互斥，所以$P(A+B)=P(A)+P(B)=\frac{13}{52}+\frac{13}{52}=\frac{1}{2}$.

7.$\frac{1}{3}$ **解析**：记$A=${抛掷一枚骰子得到1点}，$B=${抛掷一枚骰子得到2点}，则$A+B=${抛掷一枚骰子得到的点数不大于2}，而$P(A)=\frac{1}{6}$，$P(B)=\frac{1}{6}$，且A与B互斥，故$P(A+B)=P(A)+P(B)=\frac{1}{6}+\frac{1}{6}=\frac{1}{3}$.

8.0.63 **解析**：因为事件A与B互斥，$P(A)=0.2$，$P(A+B)=0.83$，而$P(A+B)=P(A)+P(B)$，所以$0.2+P(B)=0.83$，故$P(B)=0.83-0.2=0.63$.

9.设事件$A=${乘轮船}，$B=${乘汽车}，$C=${乘火车}，$D=${乘飞机}．由于这四个事件中任何两个事件都不可能同时发生，所以它们彼此互斥.

(1)$B+D=${乘汽车或飞机}，$P(B+D)=P(B)+P(D)=0.4+0.1=0.5$.

(2)由题意可知，$\overline{C}=${不乘火车}，所以$P(\overline{C})=1-P(C)=1-0.3=0.7$.

10.设事件$A=${取出1只红球}，$B=${取出1只白球}，$C=${取出1只黄球}．由题意可知事件A，B，C中的任何两个事件都不可能同时发生，所以它们彼此互斥，且$P(A)=\frac{4}{10}=\frac{2}{5}$，$P(B)=\frac{3}{10}$，$P(C)=\frac{3}{10}$.

(1)$A+B=${取出1只红球或白球}，$P(A+B)=P(A)+P(B)=\frac{2}{5}+\frac{3}{10}=\frac{7}{10}$.

(2)$\overline{B}=${取出的一球不是白球}，$P(\overline{B})=1-P(B)=1-\frac{3}{10}=\frac{7}{10}$.

§10.3 总体、样本与抽样方法

1.D **解析**：100名学生的身高是从全校1 200名学生的身高中抽取的，因而这100名学生的身高是总体的一个样本，故选D.

2.B **解析**：A.D中个体的数目较大，不适宜用抽签法；C中甲、乙两厂生产的两件产品性质可能差别较大，因此未达到搅拌均匀的条件，也不适宜用抽签法；B中个体数和样本容量均较小．且同厂生产的两件产品，性质差别不大，可以看做是搅拌均匀了，因而可用抽签法，故选 B.

3. D **解析：**在简单随机抽样中，各个个体被抽到的可能性相等，故选 D.

4. A **解析：**系统抽样又叫等距抽样或机械抽样，故选 A.

5. 36 **解析：**由系统抽样的定义可知，2，m，18，n，34 成等差数列，所以 $m=\frac{2+18}{2}=10$，$n=\frac{18+34}{2}=26$，故 $m+n=36$.

6. 240 **解析：**因为样本容量与总体中的个体数目之比为 $250:5\ 000=\frac{1}{20}$，所以应从 4 800 个优等品中抽取 $4\ 800\times\frac{1}{20}=240$ 个优等品.

7. 系统抽样 **解析：**后两位是 79 的相邻号码的间隔都是 100.

8. 34 **解析：**$\frac{N}{n}=\frac{680}{20}=34$.

9. 采用系统抽样法．(1)将 903 辆汽车随机编号 001，002，…，903.(2)从总体中用抽签法剔除 3 辆，将余下的 900 辆车重新编号 001，002，…，900，并分成 90 段．(3)在第 1 段 001，002，…，010 这 10 个号码中用简单随机抽样抽出一个作为起始号码(如 008).(4)将编号为 008，018，028，…，898 的个体抽出即可.

10. 采用分层抽样的方法．因为 $\frac{10}{100}=\frac{1}{10}$，所以应抽取青年职工 $40\times\frac{1}{10}=4$(人)，中年职工 $40\times\frac{1}{10}=4$(人)，老年职工 $20\times\frac{1}{10}=2$(人)，随后采用抽签法分别抽取青年职工 4 人，中年职工 4 人，老年职工 2 人即可.

§ 10.4(1)　用样本估计总体(1)

1. C **解析：**在频率分布直方图中，每一个小矩形都是等宽的，即等于组距，其面积表示数据的取值落在相应区间上的频率，因而每一个小矩形的高表示该组上的个体在样本中出现的频率与组距的比值，故选 C.

2. B **解析：**因为频率 $=\frac{\text{频数}}{\text{样本容量}}$，所以样本在[10，50)内的频率为 $\frac{2+3+4+5}{20}=0.7$，故选 B. 本题还可以这样来求频率：$1-\frac{4+2}{20}=1-0.3=0.7$.

3. C **解析：**小于 40 的数据共有 $2+3+4=9$ 个，又因为样本容量为 20，所以小于 40 的数据所对应的频率为 $\frac{9}{20}=0.45=45\%$，于是可以估计小于 40 的数据约为总体的 45%，故选 C.

4. B **解析：**因为频率 $=\frac{\text{频数}}{\text{样本容量}}$，所以所求频数为 $0.12\times50=6$，故选 B.

5. 40 **解析：**由于样本容量 $=\frac{\text{频数}}{\text{频率}}$，所以 $n=\frac{6}{0.15}=40$.

6. 8，0.08　**解析**：根据频数的概念可知，频数为 8，频率为$\frac{8}{100}=0.08$.

7. 频率　**解析**：因为在频率分布直方图中，各个小长方形的长和宽分别是$\frac{频数}{频率}$和组距，所以这两者之积即小长方形的面积为相应各组的频率.

8. 76　**解析**：由频率分布直方图可得时速不低于 60 km/h 的车辆数为$(0.028\times10+0.010\times10)\times200=76$ 辆.

9. 因为$(0.05+0.10+0.15+0.40)\times1=0.70$，故样本落在[4，5)上的数据的频率为$1-0.70=0.30$，所以容量为 100 的样本落在[4，5)内的频数为$100\times0.30=30$.

10. (1)这组数据的最大值为 135，最小值为 80，极差为 55，可将其分为 11 组，组距为 5，频率分布表如表所示 .

第 10 题表　频率分布表

分组	频数累计	频　数	频　率	累积频率
[80，85)	1	1	0.01	0.01
[85，90)	3	2	0.02	0.03
[90，95)	7	4	0.04	0.07
[95，100)	21	14	0.14	0.21
[100，105)	45	24	0.24	0.45
[105，110)	60	15	0.15	0.60
[110，115)	72	12	0.12	0.72
[115，120)	81	9	0.09	0.81
[120，125)	92	11	0.11	0.92
[125，130)	98	6	0.06	0.98
[130，135]	100	2	0.02	1
合计		100	1	

(2)频率分布直方图如图所示.

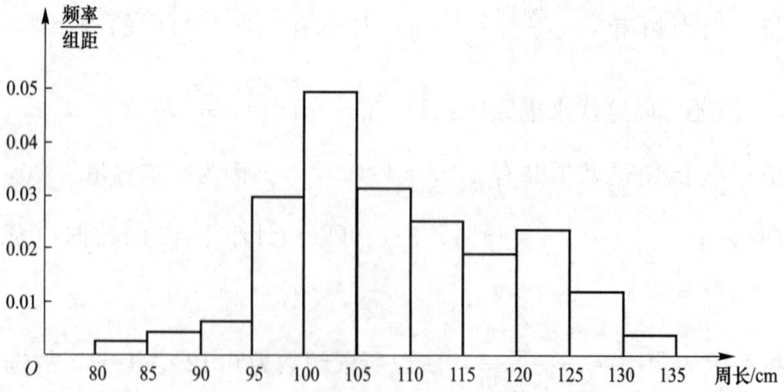

第 10 题图

(3)从频率分布表可知，样本中小于 100 的数据的频率为 0.01+0.02+0.04+0.14=0.21. 样本中不小于 120 的数据的频率为 0.11+0.06+0.02=0.19，因此，估计该片经济林中底部周长小于 100 cm 的树木约占 21%，周长不小于 120 cm 的树木约占 19%.

§ 10.4(2)　用样本估计总体(2)

1. C　**解析**：样本方差是描述样本和总体稳定性的统计量，故选 C.

2. B　**解析**：因为 $\overline{x}=\frac{1}{5}\times(295+310+315+308+317)=309$，所以样本方差 $s^2=\frac{1}{5-1}\times[(295-309)^2+(310-309)^2+(315-309)^2+(308-309)^2+(317-309)^2]\approx74.5$，故选 B.

3. D　**解析**：因为 $\overline{x}=\frac{1}{5}\times(101+98+102+100+99)=100$，所以方差 $s^2=\frac{1}{5-1}\times[(101-100)^2+(98-100)^2+(102-100)^2+(100-100)^2+(99-100)^2]=\frac{5}{2}$，标准差为 $\sqrt{s^2}=\sqrt{\frac{5}{2}}=\frac{\sqrt{10}}{2}$，故选 D.

4. A　**解析**：由均值和方差的定义可知，如果给定数组中每一个数都减去同一个非零常数，则数据的均值改变，方差不变，故选 A.

5. $2\sqrt{2}$　**解析**：设 x, x_2，…，x_6 的均值为 $\overline{x}$，设 $y_i=2x_i(i=1,2,3,4,5,6)$，且 $2x_1$，$2x_2$，…，$2x_6$ 的均值为 $\overline{y}$，方差为 s_y^2，则 $s_y^2=\frac{1}{5}\times[(y_1-\overline{y})^2+(y_2-\overline{y})^2+(y_3-\overline{y})^2+(y_4-\overline{y})^2+(y_5-\overline{y})^2+(y_6-\overline{y})^2]=\frac{1}{5}\times[(2x_1-2\overline{x})^2+(2x_2-2\overline{x})^2+(2x_3-2\overline{x})^2+(2x_4-2\overline{x})^2+(2x_5-2\overline{x})^2+(2x_6-2\overline{x})^2]=4\times\frac{1}{5}[(x_1-\overline{x})^2+(x_2-\overline{x})^2+(x_3-\overline{x})^2+(x_4-\overline{x})^2+(x_5-\overline{x})^2+(x_6-\overline{x})^2]=4\times2=8$. 标准差 $s_y=\sqrt{8}=2\sqrt{2}$.

6. 98　**解析**：因为$\frac{99+100+103+x}{4}=100$，所以 $x=98$.

7. a　**解析**：因为样本方差为 0，所以这组数据中的每一个数都相等，即为 a，于是这组数据(假定有 n 个)的均值 $\overline{x}=\frac{n\times a}{a}=a$.

8. 样本均值　**解析**：样本方差是描述样本中的所有数据围绕样本均值波动程度的大小的统计量.

9. 因为$\overline{x}_{甲}=10.1$，$\overline{x}_{乙}=10.5$，$s_{甲}^2\approx0.54$，$s_{乙}^2\approx6.72$，即$\overline{x}_{甲}<\overline{x}_{乙}$，$s_{甲}^2<s_{乙}^2$，所以从交货天数的均值来看，甲供货商的供货天数短一些. 从方差来看，甲供货商的交货天数较稳定，因此甲供货商是较具一致性与可靠性的厂商.

10. (1)$\overline{x}_{甲}=100$，$\overline{x}_{乙}=100$，$s_{甲}^2\approx2.8$，$s_{乙}^2\approx1.2$. (2) 因为 $S_{甲}^2>S_{乙}^2$，所以乙机床加工的零件更稳定.

§10.5 一元线性回归

1. C **解析**：长方形的面积 S 一定时，长 x 和宽 y 有关系式 $y=\frac{S}{x}$，故选 C.

2. D **解析**：用计算器可求得回归直线方程为 $\hat{y}=5.75+1.75x$，故选 D.

3. C **解析**：在 $\hat{y}=\hat{a}+\hat{b}x$ 中，令 $x=0$ 得 $\hat{y}=\hat{a}$，又由 $\hat{a}=\overline{y}-\hat{b}\,\overline{x}$ 可得 $\hat{a}=\overline{y}$，故选 C.

4. D **解析**：人的年龄与身高之间不具备函数关系所要求的确定性，它们的联系带有随机性，所以不是函数关系，故选 D.

5. 11.69 **解析**：在 $\hat{y}=0.50x-0.81$ 中，令 $x=25$ 可得 $\hat{y}=11.69$，即 y 的估计值为 11.69.

6. 相关关系 **解析**：由相关关系的含义可知.

7. $\hat{y}=0.003\ 585x+0.118\ 1$ **解析**：用计算器可以求出.

8. $\hat{y}=1.96x+183.77$ **解析**：用计算器可以求出.

9. 用计算器可以求出线性回归方程 $\hat{y}=5.344+0.304x$.

10. (1) $\hat{a}=0.08$，$\hat{b}=1.23$.

(2) 线性回归方程是 $\hat{y}=1.23x+0.08$. 当 $x=10$ 时，$\hat{y}=1.23\times10+0.08=12.38$. 由此可以估计使用 10 年时的维修费用为 12.38 万元.

本章小结

1. A **解析**：需分 4 步来完成投完 4 封信这件事，由于有 3 个邮筒，所以每封信有 3 种投法，4 封信共有 $3\times3\times3\times3=81$ 种不同投法，故选 A.

2. B **解析**：某人射击 10 次，有可能中靶 10 次，也有可能中靶的次数不是 10 次，故选 B.

3. C **解析**：从袋子中摸出一球有 10 种方法，摸到红球有 6 种方法，所以摸到红球的概率为 $\frac{6}{10}=\frac{3}{5}$，故选 C.

4. A **解析**：因为 $AB=\varnothing$，所以事件 A 与事件 B 不可能同时发生，彼此互斥，故选 A.

5. B **解析**：不管用 3 种抽样方法中的哪一种，每名学生被抽中的概率都相等. 因此，所求概率为 $\frac{5}{43}$，故选 B.

6. D **解析**：都不是一等品的概率为 $\frac{1}{10}$；恰好有一件一等品的概率为 $\frac{3\times2}{10}=\frac{3}{5}$；至少有一件一等品的概率为 $1-\frac{1}{10}=\frac{9}{10}$；至多有一件一等品的概率为 $\frac{1}{10}+\frac{3}{5}=\frac{7}{10}$. 故选 D.

7. C **解析**：从 4 张卡片中任取 2 张，可能的结果有 6 种，即有 6 个基本事件(1，2)，(1，3)，(1，4)，(2，3)，(2，4)，(3，4)，其和为奇数包含的基本事件有 4 个，因此，所求概率为 $\frac{4}{6}=\frac{2}{3}$，故选 C.

8. C　**解析：** 由简单随机抽样、系统抽样、分层抽样的定义可知，它们均为不放回抽样，故选 C.

9. 72　**解析：** 因为 $\frac{x_1+x_2+x_3+x_4}{4}=36$，所以 $x_1+x_2+x_3+x_4=4\times36=144$，故 $\frac{2x_1+2x_2+2x_3+2x_4}{4}=\frac{2(x_1+x_2+x_3+x_4)}{4}=\frac{2\times144}{4}=72$，即所求均值为 72.

10. 0　**解析：** 每个数据都相等的样本的标准差和方差都为 0.

11. 1 500 名新生的视力，150　**解析：** 由于是从 1 500 名新生中抽取 150 名学生进行视力测量．所以总体是 1 500 名新生的视力，样本容量是 150.

12. 分层抽样　**解析：** 题中的抽样是按男生、女生分层，按比例来抽样的，因此是分层抽样.

13. (1) $\overline{x}_{甲}=\frac{1}{5}\times(92+93+96+94+85)=92$，$\overline{x}_{乙}=\frac{1}{5}\times(91+94+83+98+94)=92$.

(2) $s_{甲}\approx4.18$，$s_{乙}\approx5.61$.

(3) 因为 $\overline{x}_{甲}=\overline{x}_{乙}$，且 $s_{甲}<s_{乙}$，所以甲的成绩比乙优秀.

14. 记 $A=\{击中 10 环\}$，$B=\{击中 9 环\}$，$C=\{击中 8 环\}$.

(1) $A+B=\{击中 10 环或 9 环\}$，由于 A 与 B 互斥，所以 $P(A+B)=P(A)+P(B)=0.25+0.31=0.56$.

(2) $A+B+C=\{至少击中 8 环\}$，由于 A，B，C 互斥，所以 $P(A+B+C)=P(A)+P(B)+P(C)=0.25+0.31+0.33=0.89$.

(3) "最多击中 8 环"与"击中 9 环或 10 环"互为对立事件，所以最多击中 8 环的概率为 $1-P(A+B)=1-0.56=0.44$.

15. 所求线性回归方程为 $\hat{y}=-0.25+0.8x$.

16. (1) 样本频率分布表：

分组	频数	频率	累积频率
[122，126)	5	0.04	0.04
[126，130)	8	0.07	0.11
[130，134)	10	0.08	0.19
[134，138)	22	0.18	0.37
[138，142)	33	0.28	0.65
[142，146)	20	0.17	0.82
[146，150)	11	0.09	0.91
[150，154)	6	0.05	0.96
[154，158]	5	0.04	1
合计	120	1	

(2) 频率分布直方图：

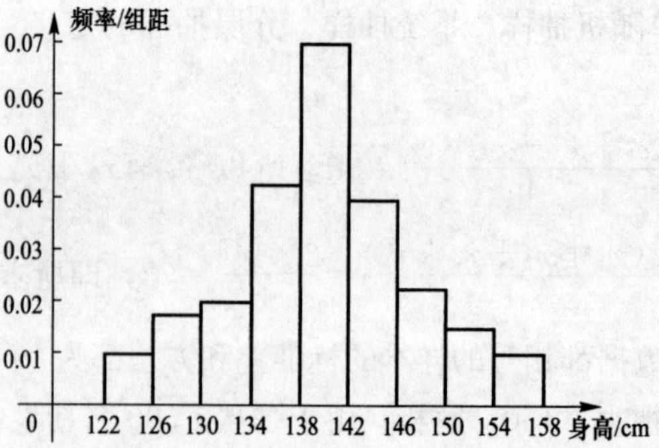

(3)由样本频率分布表可知身高小于 134 cm 的男孩出现的频率为 0.04+0.07+0.08=0.19，所以估计身高小于 134 cm 的人数占总人数的 19%.

单元检测

第 6 章　数列单元检测试卷

1. C　2. B　3. C　4. A　5. D　6. A　7. B　8. A　9. D　10. B

11. 13　12. 90　13. 7　14. 2　15. 84

16. (1)由 $a_n=a_1+(n-1)d$ 得 $-\frac{5}{2}+(4-1)d=-1$，解之得 $d=\frac{1}{2}$.

(2)前 10 项和 $S_{10}=-\frac{5}{2}\times10+\frac{10\times(10-1)}{2}\times\frac{1}{2}=-\frac{5}{2}$.

17. (1)因为 $a_n=a_1+(n-1)d$，所以 $-1-2(n-1)=-119$，解之得 $n=60$.

(2)由 $S_m=ma_1+\frac{m(m-1)}{2}d$ 得 $-m+\frac{m(m-1)}{2}\times(-2)=-100$，即 $m^2=100$. 又因为 $m>0$，所以 $m=10$.

18. (1)因为 $a_6=a_1q^5$，所以 $2\times q^5=\frac{243}{16}$，故 $q=\frac{3}{2}$，$a_5=a_1q^4=\frac{81}{8}$.

(2)由 $S_5=\frac{a_1(1-q^5)}{1-q}$ 得 $\frac{a_1\left[1-\left(\frac{3}{2}\right)^5\right]}{1-\frac{3}{2}}=\frac{211}{8}$，即有 $\frac{211a_1}{16}=\frac{211}{8}$，故 $a_1=2$.

19. 由 $S_5=\frac{a_1-a_5q}{1-q}$ 得 $\frac{a_1-16q}{1-q}=16$，解之得 $a_1=16$. 由 $a_5=a_1q^4$ 得 $16\times q^4=16$，即有 $q^4=1$，$q=\pm1$. 又因为 $a_5=16$，$S_5=16$，所以 $q<0$，故 $q=-1$.

20. (1)从第一排起，各排座位数依次构成一个等差数列，不妨设为 $\{a_n\}$，则 $a_{35}=122$，公差 $d=3$，因此 $a_1+(35-1)\times3=122$，解之得 $a_1=20$，即第一排有 20 个座位.

(2)演播厅共有 $S_{35}=\frac{35(a_1+a_{35})}{2}=\frac{35\times(20+122)}{2}=2485$ 个座位.

21. (1)由 $\begin{cases}a_5=a_1+4d=17,\\ S_{10}=10a_1+\frac{10\times(10-1)}{2}d=185\end{cases}$ 得 $\begin{cases}a_1=5,\\ d=3.\end{cases}$ 因此数列 $\{a_n\}$ 的通项公式为 $a_n=$

$5+3(n-1)$，即 $a_n=3n+2$.

(2)由 $a_n=\log_2 b_n$ 得 $b_n=2^{a_n}=2^{3n+2}$，所以 $\frac{b_{n+1}}{b_n}=\frac{2^{3(n+1)+2}}{2^{3n+2}}=2^3=8$，故数列 $\{b_n\}$ 是公比为 8 的等比数列. 又因为 $b_1=32$，所以数列 $\{b_n\}$ 的前 n 项和 $T_n=\frac{32(1-8^n)}{1-8}=\frac{32(8^n-1)}{7}$.

第 7 章　平面向量单元检测试卷

1. C　2. C　3. B　4. A　5. D　6. D　7. C　8. A　9. C　10. A

11. $\boldsymbol{a}+\boldsymbol{b}$，$\boldsymbol{b}-\boldsymbol{a}$　12. 5　13. $(10, -17)$　14. $\sqrt{13}$

15. $90°$　**解析：**因为 $\boldsymbol{a}\cdot\boldsymbol{b}=1\times2\times\cos120°=-1$，$\boldsymbol{c}=-\boldsymbol{a}-\boldsymbol{b}$，所以 $\boldsymbol{a}\cdot\boldsymbol{c}=\boldsymbol{a}\cdot(-\boldsymbol{a}-\boldsymbol{b})=-\boldsymbol{a}\cdot\boldsymbol{a}-\boldsymbol{a}\cdot\boldsymbol{b}=-1-(-1)=0$，既有 $\boldsymbol{a}\perp\boldsymbol{c}$. 因此 $\langle\boldsymbol{a}, \boldsymbol{c}\rangle=90°$.

16. (1) $3\boldsymbol{a}-2\boldsymbol{b}=3(-3, 2)-2(2, 2)=(-9, 6)-(4, 4)=(-13, 2)$.

(2)因为 $2\boldsymbol{a}+\boldsymbol{b}=(-6, 4)+(2, 2)=(-4, 6)$，所以 $|2\boldsymbol{a}+\boldsymbol{b}|=\sqrt{(-4)^2+6^2}=2\sqrt{13}$.

17. 因为 $2\boldsymbol{a}-3\boldsymbol{b}=(2-3x, -1)$，$\boldsymbol{a}+2\boldsymbol{b}=(2x+1, -4)$，所以 $-4(2-3x)-(2x+1)\times(-1)=0$，即有 $14x-7=0$，$x=\frac{1}{2}$.

18. 因为 $\boldsymbol{a}\cdot\boldsymbol{b}=|\boldsymbol{a}||\boldsymbol{b}|\cos120°=3\times8\times\left(-\frac{1}{2}\right)=-12$，所以 $(k\boldsymbol{a}+\boldsymbol{b})\cdot(\boldsymbol{a}-2\boldsymbol{b})=k|\boldsymbol{a}|^2+(-2k+1)\boldsymbol{a}\cdot\boldsymbol{b}-2|\boldsymbol{b}|^2=9k-12(-2k+1)-128=0$，即有 $33k-140=0$，$k=\frac{140}{33}$.

19. 因为 $\boldsymbol{a}\cdot\boldsymbol{b}=-1\times3+(-2)\times1=-5$，$|\boldsymbol{a}|=\sqrt{(-1)^2+(-2)^2}=\sqrt{5}$，而 $|\boldsymbol{b}|=\sqrt{3^2+1^2}=\sqrt{10}$，$\cos\langle\boldsymbol{a}, \boldsymbol{b}\rangle=\frac{\boldsymbol{a}\cdot\boldsymbol{b}}{|\boldsymbol{a}||\boldsymbol{b}|}=\frac{-5}{\sqrt{5}\times\sqrt{10}}=-\frac{\sqrt{2}}{2}$，而 $\langle\boldsymbol{a}, \boldsymbol{b}\rangle\in[0°, 180°]$，所以 $\langle\boldsymbol{a}, \boldsymbol{b}\rangle=135°$.

20. (1)设点 $D(x, y)$，则 $\overrightarrow{AB}=(5, 3)$，$\overrightarrow{DC}=(-4-x, -1-y)$. 又因为 $\overrightarrow{AB}=\overrightarrow{DC}$，所以 $\begin{cases}-4-x=5,\\ -1-y=3,\end{cases}$ 解之得 $\begin{cases}x=-9,\\ y=-4.\end{cases}$ 因此点 D 的坐标是 $(-9, -4)$.

(2)因为 $\overrightarrow{AD}=(-9+2, -4-1)=(-7, -5)$，所以 $|\overrightarrow{AD}|=\sqrt{(-7)^2+(-5)^2}=\sqrt{74}$.

21. (1)设点 B 的坐标是 (x, y)，则 $\begin{cases}x-(-7)=-12,\\ y-3=-9,\end{cases}$ 解之得 $\begin{cases}x=-19,\\ y=-6.\end{cases}$ 因此，点 B 的坐标是 $(-19, -6)$.

(2)设点 B 的坐标是 $(x, 0)$，则 $\overrightarrow{AB}=(x+7, -3)$，由 $|\overrightarrow{AB}|=9$ 有 $\sqrt{(x+7)^2+(-3)^2}=9$，即有 $(x+7)^2=72$，解之得 $x=-7\pm6\sqrt{2}$. 因此，点 B 的坐标为 $(-7-6\sqrt{2}, 0)$ 或 $(-7+6\sqrt{2}, 0)$.

第8章　直线与圆的方程单元检测试卷

1. C　2. B　3. B　4. A　5. B　6. B　7. A　8. A　9. C　10. B

11. -1，$135°$　　12. $\sqrt{3}x+y-2\sqrt{3}+2=0$

13. $4x-y-7=0$　　14. $(-2,1)$

15. $x-y-2=0$

16. (1) $k_{AB}=\frac{9-3}{4-(-2)}=1$.

(2)由于 $k_{AB}=1>0$，所以直线 AB 的倾斜角是锐角.

17. (1)因为 l_1 与 l_2 相交，所以 $\frac{2}{6+m}\neq\frac{4+m}{4}$，即 $m^2+10m+16\neq0$，解之得 $m\neq-2$ 且 $m\neq-8$.

(2)因为 $l_1//l_2$，所以 $\frac{2}{6+m}=\frac{4+m}{4}\neq\frac{m-2}{5}$，解之得 $m=-8$ 或 $m=-2$.

18. (1)设直线 l_1 的方程为 $2x-3y+m=0$，则 $2\times(-2)-3\times3+m=0$，解之得 $m=13$. 故 l_1 的方程为 $2x-3y+13=0$.

(2)设直线 l_2 的方程为 $-3x-2y+n=0$，则 $-3\times(-2)-2\times3+n=0$，解之得 $n=0$. 故 l_2 的方程为 $-3x-2y=0$，即 $3x+2y=0$.

19. (1)因为 $\frac{|3m-4\times6-1|}{\sqrt{3^2+(-4)^2}}=2$，所以 $|3m-25|=10$，即有 $3m-25=\pm10$，解之得 $m=5$ 或 $m=\frac{35}{3}$.

(2)因为直线 l 的方程可化为 $6x-8y-2=0$，所以直线 $6x-8y+1=0$ 与直线 l 的距离为 $d=\frac{|-2-1|}{\sqrt{6^2+(-8)^2}}=\frac{3}{10}$.

20. 由题意可知直线 l 的斜率存在，不妨设为 k，则直线 l 的方程为 $y+4=k(x-3)$ 即 $kx-y-3k-4=0$. 因此 $\frac{|-3k-4|}{\sqrt{k^2+(-1)^2}}=5$，即有 $16k^2-24k+9=0$，所以 $(4k-3)^2=0$，解之得 $k=\frac{3}{4}$. 因此，直线 l 的方程为 $\frac{3}{4}x-y-\frac{9}{4}-4=0$，即 $3x-4y-25=0$.

21. 圆 $(x-1)^2+y^2=1$ 的圆心为 $(1,0)$，半径 $r=1$. 圆心 $(1,0)$ 到直线 $x-y+m=0$ 的距离 $d=\frac{|1+m|}{\sqrt{1^2+(-1)^2}}=\frac{|m+1|}{\sqrt{2}}$.

(1)因为 $d=\frac{|m+1|}{\sqrt{2}}=1$，所以 $m+1=\pm\sqrt{2}$，即有 $m=-1-\sqrt{2}$ 或 $m=-1+\sqrt{2}$.

(2)因为 $d=\frac{|m+1|}{\sqrt{2}}<1$，即有 $-1-\sqrt{2}<m<-1+\sqrt{2}$.

(3) 因为 $d=\frac{|m+1|}{\sqrt{2}}>1$，所以 $|m+1|>\sqrt{2}$，即有 $m<-1-\sqrt{2}$ 或 $m>-1+\sqrt{2}$.

第 9 章　立体几何单元检测试卷

1. B　2. D　3. A　4. C　5. C　6. B　7. C　8. D　9. B　10. A

11. 平行或相交　12. 30°　13. 45　14. 45

15. $4\sqrt{13}\pi\text{cm}^3$　**解析：**由 $S_{圆锥侧}=\pi rl$ 得 $5\pi r=10\sqrt{3}\pi$，解之得 $r=2\sqrt{3}$，所以圆锥的高 $h=\sqrt{l^2-r^2}=\sqrt{5^2-(2\sqrt{3})^2}=\sqrt{13}$. 因此，圆锥的体积 $V=\frac{1}{3}Sh=\frac{1}{3}\times\pi\times(2\sqrt{3})^2\times\sqrt{13}=4\sqrt{13}\pi\text{cm}^3$.

16. 连结 BC，CD. 因为 $AC\perp AB$，所以 $AC\perp\beta$，$AC\perp BD$. 又 $BD\perp AB$，所以 $BD\perp\alpha$，$BD\perp BC$. 所以$\triangle BAC$ 和$\triangle CBD$ 都是直角三角形. 在 Rt$\triangle BAC$ 中，有 $BC=\sqrt{3^2+4^2}=5$；在 Rt$\triangle CBD$ 中，有 $CD=13$.

17. 在正方体 $ABCD-A'B'C'D'$ 中，因为 $AB\perp$平面 $ADD'A'$，所以$AB\perp AD'$，$AB\perp AD$，因此$\angle D'AD$ 即为二面角 $D'-AB-D$ 的平面角. 由于$\triangle D'AD$ 是等腰直角三角形，因此$\angle D'AD=45^\circ$，所以二面角 $D'-AB-D$ 的大小为 45°.

18. 在$\triangle ABC$ 和$\triangle ABD$ 中，因为 $AB=8$ m，$BC=BD=6$ m，$AC=AD=10$ m，所以 $AB^2+BC^2=6^2+8^2=10^2=AC^2$，$AB^2+BD^2=6^2+8^2=10^2=AD^2$. 因此$\angle ABC=\angle ABD=90^\circ$，即 $AB\perp BC$，$AB\perp BD$. 又知 B，C，D 三点不共线，所以 $AB\perp$平面 BCD，即旗杆和地面垂直.

19. (1)因为 $AD\perp BD$，$AD\perp DC$，所以 $AD\perp$平面 BDC，因为平面 ABD 和平面 ACD 都过 AD，所以平面 $ABD\perp$平面 BDC，平面 $ACD\perp$平面 BDC.

(2)在 Rt$\triangle BAC$ 中，因为 $AB=AC=a$，所以 $BC=\sqrt{2}a$，$BD=DC=\frac{\sqrt{2}}{2}a$. 因为$\triangle BDC$ 是等腰直角三角形，所以 $BC=\sqrt{2}BD=\sqrt{2}\times\frac{\sqrt{2}}{2}\times a=a$. 所以 $AB=AC=BC$. 因此$\angle BAC=60^\circ$.

20. (1)因为 $4\pi\times h=20\pi$，所以圆柱的高 $h=5$ cm.

(2)圆柱的全面积 $S=2\pi r(h+r)=2\pi\times2\times(5+2)=28\pi\text{cm}^2$.

21. (1)因为 $A_1A\perp$底面 ABC，$BA\subseteq$平面 ABC，所以 $BA\perp A_1A$. 又 $AB\perp AC$，$A_1A\cap AC=A$，所以 $BA\perp$平面 ACC_1A_1.

(2)由(1)可知，$B_1A_1\perp$平面 ACC_1A_1. 因为 $B_1A_1/\!/BA$，所以 $B_1A_1\perp$平面 ACC_1A_1. 连接 A_1C，则$\angle B_1CA_1$ 为直线 B_1C 与平面 ACC_1A_1 所成的角. 因为 $B_1A_1=BA=1$，$B_1C=\sqrt{B_1B^2+BC^2}=\sqrt{(\sqrt{3})^2+(\sqrt{2})^2}=\sqrt{5}$，所以 $\sin\angle B_1CA_1=\frac{B_1A_1}{B_1C}=\frac{1}{\sqrt{5}}=\frac{\sqrt{5}}{5}$. 故直线 B_1C 与平面 ACC_1A_1 所成的角的正弦值为$\frac{\sqrt{5}}{5}$.

第 10 章　概率与统计初步单元检测试卷

1. C　2. A　3. B　4. D　5. B　6. C　7. D　8. A　9. D　10. D

11. 18　　12. $\frac{1}{50}$　　13. $\frac{2}{5}$　　14. $\frac{1}{5}$　　15. $\frac{5\sqrt{2}}{2}$

16. (1)$12\times10\times8=960$(种).

(2)$12\times10+12\times8+10\times8=296$(种).

17. (1)设 M={抽到 3 号签}，则 $P(M)=\frac{1}{20}$.

(2)设 A={抽到 1 号考签}，B={抽到 2 号考签}，C={抽到 3 号考签}，则 A，B，C 两两互不相容(互斥)，且 $P(A)=\frac{1}{20}$，$P(B)=\frac{1}{20}$，$P(C)=\frac{1}{20}$. 由概率的加法公式可知考生抽到前 3 号考签的概率为 $P(A)+P(B)+P(C)=\frac{1}{20}+\frac{1}{20}+\frac{1}{20}=\frac{3}{20}$.

18. (1)从 1，2，3，4，5 这五个数中任取 2 个数，基本事件有 10 个：{取出 1 和 2}，{取出 1 和 3}，{取出 1 和 4}，{取出 1 和 5}，{取出 2 和 4}，{取出 2 和 5}，{取出 3 和 4}，{取出 3 和 5}，{取出 4 和 5}，这 10 中情况是等可能的．两个数都是偶数的事件共有 1 个：{取出 2 和 4}. 设 A={取出的两个数都是偶数}，则 $P(A)=\frac{1}{10}$.

(2)取出的两数都是奇数的事件共有 3 个：{取出 1 和 3}，{取出 1 和 5}，{取出 3 和 5}. 设 B={取出的两数都是奇数}，则 $P(B)=\frac{3}{10}$.

19. $\overline{x}_{甲}=\frac{1}{5}(8+9+10+5+8)=8$，$\overline{x}_{乙}=\frac{1}{5}(6+9+8+8+9)=8$，$s_{甲}^2=\frac{1}{4}[(8-8)^2+(9-8)^2+(10-8)^2+(5-8)^2+(8-8)^2]=3.5$，$s_{乙}^2=\frac{1}{4}[(6-8)^2+(9-8)^2+(8-8)^2+(8-8)^2+(9-8)^2]=1.5$.

虽然 $\overline{x}_{甲}=\overline{x}_{乙}$，但是 $s_{甲}^2>s_{乙}^2$．因此，应该选乙去参加射击比赛.

20. (1)所有可能的抽法有 $10\times9=90$ 种，即基本事件总数为 90. 记 A={甲抽到选择题、乙抽到填空题}，则事件 A 包括的基本事件个数为 $4\times6=24$，所以 $P(A)=\frac{24}{90}=\frac{4}{15}$.

(2)记 B={甲、乙两人至少有一人抽到选择题}，则 $\overline{B}$={甲、乙两人都没有抽到选择题}. 因此，则 $P(B)=1-P(\overline{B})=1-\frac{6\times5}{90}=\frac{2}{3}$.

21. (1)月收入在[1 000，1 500)内的频率为 $0.000\ 8\times500=0.4$，而且收入在[1 000，1 500)内的有 800 人，因此，样本容量 $n=\frac{800}{0.4}=2\ 000$.

(2)因为月收入在[2 500，3 000)内的频率为 $1-(0.008+0.004+0.000\ 12+0.000\ 1)\times500=0.289$，所以样本中月收入在[2 500，3 000)内的人数为 $0.289\times2\ 000=578$(人).

期中考试试卷

1. B　2. C　3. B　4. C　5. D　6. C　7. C　8. D　9. A　10. A

11. $3n-4$　　12. $\frac{1}{3}$　　13. $-\frac{9}{2}$　　14. 135°　　15. $\frac{4}{3}$

16.(1)由 $a_n=a_1+(n-1)d$ 得 $a_1+(100-1)\times\frac{1}{3}=36$，所以 $a_1=3$.

(2)$S_{100}=\frac{(a_1+a_{100})\times100}{2}=\frac{(3+36)\times100}{2}=1950$.

17.(1)由 $a_n=a_1q^{n-1}$ 得 $-8=-1\times q^{4-1}$，即 $q^3=8$，$q=2$.

(2)$S_5=\frac{a_1(1-q^5)}{1-q}=\frac{-1\times(1-2^5)}{1-2}=-31$.

18.(1)$2\boldsymbol{a}-\boldsymbol{b}=(4，-2)-(-3，2)=(7，-4)$.

(2)$\boldsymbol{a}\cdot\boldsymbol{b}=2\times(-3)+(-1)\times2=-8$.

19.(1)因为 $\cos\langle\boldsymbol{a}，\boldsymbol{b}\rangle=\frac{\boldsymbol{a}\cdot\boldsymbol{b}}{|\boldsymbol{a}|\ |\boldsymbol{b}|}=\frac{-\sqrt{2}}{\sqrt{2\times\sqrt{2}}}=-\frac{\sqrt{2}}{2}$，又 $\langle\boldsymbol{a}，\boldsymbol{b}\rangle\in[0°，180°]$，所以 $\langle\boldsymbol{a}，\boldsymbol{b}\rangle=135°$.

(2)$\boldsymbol{a}\cdot\boldsymbol{b}=|\boldsymbol{a}|\ |\boldsymbol{b}|\cos\langle\boldsymbol{a}，\boldsymbol{b}\rangle=\sqrt{2}\times\sqrt{2}\times\frac{1}{2}=1$.

20.(1)因为斜率 $k=\tan45°=1$，所以直线 l 的方程为 $y-0=1\times(x-2)$，即 $x-y-2=0$.

(2)因为直线 $4x-my+1=0$ 的斜率为$\frac{4}{m}$，所以$\frac{4}{m}=1$，$m=4$.

21.(1)直线 l 的斜率 $k=\frac{1}{2}$，所以直线 l 的方程为 $y-(-1)=\frac{1}{2}(x-2)$，即 $x-2y-4=0$.

(2)圆 C 的圆心为点$(0，0)$，半径 $r=a$. 由于圆心 C 到直线 l 的距离 $d=\frac{|0-2\times0-4|}{\sqrt{1^2+(-2)^2}}=\frac{4}{\sqrt{5}}$，所以$\frac{4}{\sqrt{5}}=a$，即 $a=\frac{4\sqrt{5}}{5}$.

期末考试试卷

1.D　2.B　3.B　4.A　5.D　6.D　7.B　8.B　9.B　10.A

11.-10　12.100　13.$2\sqrt{5}$　14.$4x+y+2=0$　15.5

16.(1)因为 $a_4=a_1q^3$，所以 $2\times q^3=16$，$q=2$. 因此，数列$\{a_n\}$的通项公式为 $a_n=2\times2^{n-1}=2^n$，即 $a_n=2^n$.

(2)因为 $S_n=\frac{a_1(1-q^n)}{1-q}$，所以 $S_n=\frac{2(1-2^n)}{1-2}=2(2^n-1)=2^{n+1}-2$.

17.(1)从 1，2，3，4 中任取两个数，包含的基本事件有 6 个：{取出 1 和 2}，{取出 1 和 3}，{取出 1 和 4}，{取出 3 和 4}，{取出 2 和 3}，{取出 2 和 4}，这 6 种情况是等可能的."和为 5"的事件共有 2 个：{取出 1 和 4}，{取出 2 和 3}. 设 A={取出的两数之和为 5}，则 $P(A)=\frac{2}{6}=\frac{1}{3}$.

(2)因为末位数字只能是 2 或 4，所以所求四位数的个数为 $2\times3\times2\times1=12$(个).

18.(1)因为 $A_1B_1/\!/DC$ 且 $A_1B_1=DC$，所以四边形 A_1B_1CD 为平行四边形. 由此可知 $B_1C/\!/A_1D$，而 $B_1C\subseteq$平面 A_1BD，$A_1D\subseteq$平面 A_1BD. 因此，$B_1C/\!/$平面 A_1BD.

(2)体积 $V=\frac{1}{3}Sh=\frac{1}{3}\times\left(8\times8\times\frac{1}{2}\right)\times6=64$.

19.(1)样本中的这100名学生中一周内课外阅读时间不少于12 h的学生有 $6+2+2=10$ 人，所以样本中这100名学生中一周内课外阅读时间少于12 h的概率为 $1-\frac{10}{100}=0.9$.

(2)课外阅读时间在[4，6)内的有17人，频率为0.17，所以 $m=\frac{频率}{组距}=\frac{0.17}{2}=0.085$. 课外阅读时间在[8，10)内的有25人，频率为0.25，所以 $n=\frac{频率}{组距}=\frac{0.25}{2}=0.125$.

20.(1)在△PAC中，因为$PA=PC$，所以$PO\perp AC$. 在△PBD中，因为$PB=PD$，所以$PO\perp BD$. 又因为$AC\cap BD=O$，因此，$PO\perp$平面AC.

(2)由题意可知，$PA=PB=PC=PD$. 因此，所求全面积为 $S=\left[\frac{1}{2}\times\sqrt{(\sqrt{5})^2-1^2}\times1\right]\times4+2\times2=4+4=8$.

21.(1)由 $\begin{cases}x+y-1=0,\\3x+2y-4=0\end{cases}$ 得 $\begin{cases}x=2,\\y=-1,\end{cases}$ 即有点$M(2，-1)$.

(2)因为圆心$M(2，-1)$到直线l的距离 $d=\frac{|3\times2+4\times(-1)+18|}{\sqrt{3^2+4^2}}=4<5$，即 $d<r$. 因此，直线l与圆M相交.

基础模块检测试卷

1. D　2. B　3. D　4. C　5. D　6. C　7. C　8. B　9. C　10. A

11. $\frac{3a+2b}{2}$.

12. $\left(\frac{81}{16}\right)^{-\frac{3}{4}}=\left[\left(\frac{3}{2}\right)^4\right]^{-\frac{3}{4}}=\left(\frac{3}{2}\right)^{4\times\left(-\frac{3}{4}\right)}=\left(\frac{3}{2}\right)^{-3}=\left(\frac{2}{3}\right)^3=\frac{8}{27}$.

13. $\frac{P_3^3+2P_2^2}{3P_3^3}=\frac{10}{18}=\frac{5}{9}$.

14. 因为 $2a=(-2，4)$，所以 $(2a)\cdot b=-2m+3\times4=0$，解之得 $m=6$.

15. -2.

16.(1)因为 $f(2)=a^2=4$，而 $a>0$，所以 $a=2$，$f(x)=2^x$.

(2)因为 $f(2)=2^x$ 在 $(-\infty，+\infty)$ 内是增函数，所以当 $x\in[-1，2]$ 时，$f(x)\in[\frac{1}{2}，4]$.

17.(1)因为 $\sin\alpha+\cos\alpha=\frac{2}{3}$，所以 $(\sin\alpha+\cos\alpha)^2=\frac{4}{9}$，即 $\sin^2\alpha+\cos^2\alpha+2\sin\alpha\cos\alpha=\frac{4}{9}$，而 $\sin^2\alpha+\cos^2\alpha=1$，所以 $\sin\alpha\cos\alpha=-\frac{5}{18}$.

(2)由于 $\alpha\in\left(\frac{\pi}{2}，\pi\right)$，所以 $\sin\alpha>0$，$\cos\alpha<0$，从而可知 $\sin\alpha-\cos\alpha>0$，又因为 $(\sin\alpha-\cos\alpha)^2=\sin^2\alpha+\cos^2\alpha-2\sin\alpha\cos\alpha=1+\frac{5}{9}=\frac{14}{9}$，所以 $\sin\alpha-\cos\alpha=\sqrt{\frac{14}{9}}=\frac{\sqrt{14}}{3}$.

18.(1) $|\boldsymbol{a}+\boldsymbol{b}|^2=(\boldsymbol{a}+\boldsymbol{b})\cdot(\boldsymbol{a}+\boldsymbol{b})=|\boldsymbol{a}|^2+|\boldsymbol{b}|^2+2\boldsymbol{a}\cdot\boldsymbol{b}=4+4+2|\boldsymbol{a}||\boldsymbol{b}|\cos120^\circ$ $=8+2\times2\times2\times\left(-\frac{1}{2}\right)=4$，故 $|\boldsymbol{a}+\boldsymbol{b}|=2$.

(2) $|\boldsymbol{a}-\boldsymbol{b}|^2=(\boldsymbol{a}-\boldsymbol{b})\cdot(\boldsymbol{a}-\boldsymbol{b})=|\boldsymbol{a}|^2+|\boldsymbol{b}|^2-2\boldsymbol{a}\cdot\boldsymbol{b}=4+4-2|\boldsymbol{a}||\boldsymbol{b}|\cos120^\circ$ $=8-2\times2\times2\times\left(-\frac{1}{2}\right)=12$，故 $|\boldsymbol{a}-\boldsymbol{b}|=2\sqrt{3}$.

19.(1)因为 PA 垂直平面 $ABCD$，所以 $PA\perp AC$，而 $AC=\sqrt{AB^2+BC^2}=10$，所以 $PA=\sqrt{PC^2-AC^2}=\sqrt{15^2-10^2}=5\sqrt{5}$.

(2)棱锥 $P-ABCD$ 的体积 $V=\frac{1}{3}Sh=\frac{1}{3}\times8\times6\times5\sqrt{5}=80\sqrt{5}$.

20.(1)可设点 N 的坐标为 $(a, a+1)$，则有 $\frac{a+1+1}{a-0}\times\left(-\frac{1}{2}\right)=-1$，解之得 $a=2$，所以点 N 的坐标为 $(2, 3)$.

(2) $|MN|=\sqrt{(2-0)^2+(3-1)^2}=2\sqrt{5}$.

21.(1)从 2017 年起，该市各年完成的土地平整面积依次组成一个等比数列，不妨设为 $\{a_n\}$，则 $a_1=60$，公比 $q=1+10\%=1.1$，前 n 项和 $S_n=400$，所以有 $S_n=\frac{a_1(1-q^n)}{1-q}=\frac{60\times(1-1.1^n)}{1-1.1}=400$，化简得 $1.1^n=\frac{5}{3}$. 由于 $1.1^5\approx1.6105$，$1.1^6\approx1.7716$，所以 $n=6$，即 6 年内能完成土地平整任务.

(2)从 2017 年起，该市各年完成的土地平整面积依次组成一个等差数列，不妨设此数列为 $\{b_n\}$，则 $b_1=60$，公差 $d=10$，$S_n=nb_1+\frac{n(n-1)}{2}\times d=60n+\frac{n^2-n}{2}\times10=400$，即有 $n^2+11n-80=0$，解之得 $n=-16$(舍去)或 $n=5$，即 2021 年可以完成土地平整任务.